企业数字化生产运营管理

微课版

陆榕 徐亚文 / 主编
姚和平 邴綦纶 / 副主编

人民邮电出版社
北京

图书在版编目（CIP）数据

企业数字化生产运营管理 : 微课版 / 陆榕，徐亚文主编. -- 北京 : 人民邮电出版社，2023.2
ISBN 978-7-115-60456-9

Ⅰ. ①企… Ⅱ. ①陆… ②徐… Ⅲ. ①企业管理－生产管理－运营管理－数字化 Ⅳ. ①F273

中国版本图书馆CIP数据核字(2022)第216377号

内 容 提 要

本书依托“金蝶云星空”数字化云管理软件平台，以集团公司下属两家子公司的业务数据作为案例，详细介绍了企业生产制造及其相关业务的数字化管理方法。本书共分为八章，前三章主要介绍金蝶云星空虚拟化环境的搭建和部署、系统管理以及企业基础信息设置。第四章至第八章分别介绍供应链管理、生产管理、车间管理、委外管理以及计划管理的业务应用。

本书内容由浅入深，层层递进，既可以作为高等院校相关专业的实验教材或参考书，也可以为企业管理人员和技术人员了解和实施企业数字化生产运营管理提供参考。

◆ 主　　编　陆　榕　徐亚文
副 主 编　姚和平　郦綦纶
责任编辑　刘向荣
责任印制　李　东　胡　南

◆ 人民邮电出版社出版发行　　北京市丰台区成寿寺路 11 号
邮编　100164　　电子邮件　315@ptpress.com.cn
网址　https://www.ptpress.com.cn
固安县铭成印刷有限公司印刷

◆ 开本：787×1092　1/16
印张：12.25　　　　2023 年 2 月第 1 版
字数：301 千字　　　　2025 年 1 月河北第 3 次印刷

定价：48.00 元

读者服务热线：(010)81055256　印装质量热线：(010)81055316
反盗版热线：(010)81055315
广告经营许可证：京东市监广登字 20170147 号

前言 FOREWORD

近年来，互联网、大数据、人工智能和实体经济深度融合，推动了数字经济的快速发展，制造业、服务业、农业等产业纷纷开始了数字化转型。为了顺应数字经济时代的发展趋势，现有的经济管理类人才培养模式也面临转型和改革，这给高校和相关机构的教育工作带来了新的挑战。我们认为，培养创新型、全面型的经济管理类人才应着力建设基于数字经济和云管理背景的课程体系和教材体系。本书依托“金蝶云星空”这一管理实务中广泛使用的企业数字化云管理软件编写，旨在培养读者企业数字化运营的素质和能力。

本书通过金蝶云星空搭建云管理虚拟仿真环境，以集团公司下两家子公司的业务数据作为案例，详细介绍了企业生产制造及其相关业务的数字化管理方法。在学习本书相关内容后，读者可以掌握系统管理、数据初始化、销售管理、采购管理、库存管理、生产管理、车间管理、委外管理、计划管理等基本知识与操作技能。

本书共分为八章，内容由浅入深、循序渐进。第一章介绍企业数字化管理的内涵以及如何搭建和部署金蝶云星空虚拟化环境；第二章介绍数据中心管理、组织机构管理和用户权限管理等系统管理方法；第三章介绍如何设置企业基础信息，包括企业基础档案以及各业务系统期初数据；第四章介绍供应链管理，包括标准销售、寄售销售、标准采购、VMI 采购、组装拆卸、盘点等各类供应链业务的数字化管理方法；第五章介绍生产管理，包括简单生产、直接入库生产、汇报入库生产、倒冲领料生产等各类生产业务的数字化管理方法；第六章介绍车间管理，讲述工序汇报入库生产的两种业务类型的完整业务流程处理方法；第七章介绍委外管理，讲述委外生产和受托生产的完整业务流程处理方法；第八章介绍计划管理，包括物料需求计划的编制以及预测冲销功能的使用。

本书除前三章外，其他各章均包括概述、基础数据设置和相关业务三个部分。概述部分主要讲述各个系统的基本功能、相关子系统的关系以及需要重点理解的名词术语；基础数据设置部分主要讲述各个系统相关基础数据的录入；相关业务部分包括业务场景、业务解析、操作步骤和友情提示等内容。“业务场景”对业务背景进行介绍，“业务解析”结合业务流程图对业务场景进行分析并梳理其逻辑，“操作步骤”对操作细节进行详细说明，“友情提示”对操作中应该重点注意的问题进行提醒。本书的内容编排符合学生的认知规律，有助于学生快速掌握相关的知识和操作技能。

本书提供丰富的配套学习资源供读者使用。资源一：操作微课。读者可扫描书中二维码观看操作微课视频。资源二：初始化数据包。读者可在线下载初始化数据完成练习。资源三：备份数据包。每章节的备份数据文件均可在人邮教育社区网站下载。

本书由湖北经济学院陆榕、徐亚文担任主编，湖北经济学院姚和平、邴綦纶担任副主编，湖北日报传媒集团技术部张冬、湖北经济学院孙一平参编。具体分工如下：第一章和第八章由徐亚文撰写，第二章由张冬撰写，第三章由邴綦纶撰写，第四章由姚和平撰写，第五章和第六章由陆榕撰写，第七章由孙一平撰写，最后由陆榕修改、统稿，总纂成书。

在编写过程中，编者得到了湖北经济学院实验教学中心陈新武教授、马苗苗等各位同仁及友人的大力支持和帮助。同时，金蝶精一信息科技服务有限公司也为本书的编写提供了教学平台及相关教学资源，在此一并表示衷心感谢。

在编写过程中，编者查阅并借鉴了大量文献资料，包括图书和各类网络资源等，在此向这些文献和网络资源的作者一并表示感谢。由于编者水平有限，书中难免存在不当和疏漏之处，恳请广大读者批评和指正，联系邮箱：407177692@qq.com。

编　者

2023 年 1 月

目录 CONTENTS

第一章　概述

从今天开始，本书将带你进入企业数字化管理的世界。第一章将概括地介绍企业数字化管理的基本知识，后续内容将以金蝶云星空软件为应用平台，以一套综合案例为主线，带你系统学习在企业开展数据化生产运营管理的原理、流程和方法。本章主要内容包括企业数字化管理的相关知识，如何部署金蝶云星空系统，以及金蝶云星空系统的常规操作方法。

第一节　企业数字化管理概述

一、企业数字化管理基本概念

企业数字化管理就是借助计算机和网络技术手段，在企业的研发、生产、营销、人力资源、财务、战略、企业供应链管理中，运用数字化手段让先进的管理思想和理论得以实施和具体化，稳定、快速、准确地为企业的战略层、战术层、决策层提供决策支持，提高供应链的竞争力，提高企业管理效率，降低企业经营成本，赢得市场，增强企业的“核心竞争力”。

数字化管理有三层基本含义，一是企业管理活动的数字化，即企业管理对象，如人、财、物、知识等资源数字化，企业的管理方式和手段即资源的配置方式和手段数字化；二是企业交易活动的数字化，即企业内部各部门之间，企业与企业、市场、顾客之间的交易活动通过数字神经网络系统实现数字化；三是企业管理度量评估的数字化，即对管理对象、管理方法和管理手段进行科学计量，使管理具有可计算性，资源配置可进一步优化。

二、企业数字化管理的内涵

（一）企业数字化管理目标

企业数字化管理目标是快速发现和响应企业内外环境的变化，发现并优化企业价值链，敏捷地满足客户的个性化需求，提高企业管理效率，增强管理决策的科学化，降低企业经营成本，提高供应链的竞争力，从而增强企业的“核心竞争力”。

（二）企业数字化管理手段

企业数字化管理手段是通过计算机、通信网络和管理软件等相关组合，实现业务数据数字化、业务流程数字化、生产制造自动化、管理决策数字化、供应链管理数字化，以及商务电子化。企业数字化管理实现了人机合一，可将管理人员和业务人员、管理流程、业务流程、生产流程以及数字化技术相结合。

（三）企业数字化管理涉及的范围

企业数字化管理涉及企业内部各个部门，包括研发、生产、营销、人力资源、财务、物流等各职能部门，还涉及同行企业、供应链上下游的供应商、客户等。企业数字化管理应用于战略管理层、战术管理层、业务管理层。

三、企业数字化管理的外延

数字化管理是一门综合的学科，涵盖管理学、信息科学、系统工程、控制理论、经济学、生物学、心理学等方面的知识。它是一个发展和开放的概念，其内容和方法随着现代管理理论和信息技术的发展而发展。

数字化管理是一种融合管理和技术的人机合一的管理方式，通过数字化手段将管理思想固化为标准流程，从而实现管理的科学化和规范化。信息系统提供的企业内外部集成信息，为管理者做出决策奠定了科学的基础；信息系统的人工智能、知识库、数据挖掘等技术，使科学决策变得更容易实现。通过信息流，企业数字化管理实现了对企业内部及其供应链的物流、资金流等的管理，企业物流和资金流能够在企业及其供应链中迅速流动，传递给任何需要的人。信息流的有效流动推动了物流和资金流的有效流动，从而实现企业资源的快捷、高效配置，为企业创造价值。数字化管理的实质是通过数字化手段，结合先进的管理思想，将先进的管理方法固化在企业数字化管理的流程和工具中，将企业由“人治”转向“法治”。

数字化管理有利于创新与发展。企业信息系统仅仅是实施数字化管理的工具和手段，硬件和软件的投入仅是实施数字化管理的一部分，客户的价值创造、企业文化更新、业务流程的改进、员工的支持才是数字化管理实施过程中最重要和最困难的部分。同时，实施数字化管理后，管理的作用不仅没有被削弱或者取代，反而通过数字化手段实现了创新和发展。

数字化管理是一个系统工程。数字化管理的实施包含了管理变革、流程和业务重组、组织学习、咨询服务、方案设计、设备采购、网络建设、软件选型、应用培训、二次开发等过程。企业数字化管理的基础是企业业务数据标准化和业务流程规范化。只有基础管理数字化之后，整个企业才具备实施数字化管理的基础。

数字化管理的关键在于数据的真实性、实时性、共享性。企业业务和经营信息的高度集成化和深度分析，以及信息分析的智能化和自动化使得数字化管理数据比传统的管理数据更真实，实时性更强、范围更广、深度更深，使得企业的资源配置更为快捷和有效。

四、企业数字化管理的演化

伴随着计算机和网络技术在企业管理中的应用，企业的电算化管理、电子化管理、企业信息化等概念不断涌现，从广义角度讲，企业数字化管理包含了计算机和网络在企业管理应用中从低级到高级各个阶段的内容。

（一）电算化管理

电算化管理是部门级的数字化管理，可理解为点上的数字化。即企业各部门利用计算机和网络技术，将生产经营过程中的信息数字化，实现数据准确快捷的信息查询和传递，从而实现生产经营数据的共享。通过电算化管理，企业管理者可以更加科学有效地进行计划、组织、领导和控制。

（二）信息化管理

信息化管理是流程级的数字化管理，可理解为线上的数字化。在实现生产经营信息数字化基础上，对企业的组织管理、生产、营销、人力资源等流程进行数字化管理，从而提高管理的规范性、制度性、科学性，同时提高管理效率，降低管理成本，使管理活动更具实时性和有效性。

（三）数字化管理

数字化管理是决策级的数字化管理，可理解为面上的数字化。在生产经营数据数字化和管理流程数字化的基础上，运用数据挖掘、决策支持、知识库和人工智能等技术，对生产经营数据和管理流程数据进行整理、归纳和分析，为管理决策提供支持，为企业的生产经营提供指导，同时能够实现同类知识的智能借鉴和共享。

（四）供应链的企业数字化管理

供应链的企业数字化管理是供应链级的数字化管理，可理解为链上的数字化。供应链上的主体包括上游供应商、策略联盟商、下游分销商、顾客等。通过供应链的企业数字化管理，企业可在供应链这一级别实现资源有效配置，降低成本，提高供应链的竞争力，从而提高企业的市场价值。

（五）电子商务的企业数字化管理

电子商务的企业数字化管理是电子商务级的数字化管理，可理解为体上的数字化。随着买方市场的形成，企业的生产经营必须以市场为导向，以顾客为中心。同时，企业之间的竞争逐渐发展为供应链之间的竞争。企业数字化管理必然要适应这些变化，实现面向电子商务和供应链的企业数字化管理。顾客对企业产品和服务的需求拉动企业的电子商务和供应链系统的发展，进而拉动企业的生产经营系统的发展，使企业能在最短的时间内生产或者提供满足顾客需求的产品或者服务，并且按照规定的数量和质量，在规定的时间内通过供应链系统送到顾客指定的地方。同时，企业应不断跟踪调查产品或服务的使用情况和顾客的建议，为产品或服务的改进和新产品的研发提供参考。

企业的数字化管理经历了“点、线、面、链、体”五个发展阶段，反映了企业数字化管理由低到高五个不同的水平等级，是企业实施数字化管理必经的五个阶段。

五、数字化背景下企业管理范式的转变

随着社会经济的发展，企业管理的内容不断丰富，其范式也日趋复杂化、完善化、科学化，并出现以下几个方面的转变。

（一）从“垂直管理”到“水平管理”

在工业化时代，企业组织的目的是使产品从一个部门流向另一个部门。有关产品价格、生产技术和投资等知识被少数人掌控，信息从下向上流动，命令从上向下发出，垂直管理成为必然，这也是工业社会产品开发迟缓的原因。到了信息社会，知识和信息成为基础的资源，各部门可自由获取，从而水平管理成为必要。由于网络技术的普及，水平管理使得研究开发部门可直接与用户互动、对话。企业大量引进智能型工具，采用柔性生产方式，生产出知识含量高、个性化的产品，以适应多样化的消费需求。

（二）从“物的管理”到“人的管理”

服务于资源经济或工业经济时代大工业生产需要的传统管理方式，是以机器为中心的管理，工人被当作机器系统中的配件，人被异化为物，管理的中心是物。因此，管理部门要求雇员成为“标准人”，以便实行规范化的管理。这种管理不利于人的创造性的发挥。随着科学技术的发展、信息社会的来临，“人”的因素——创造性、个性、才能，在生产活动中的作用越来越重要。这就使企业的管理部门日益重视人的因素，管理方式也发生了相应的变化，管理的中心从物转移到人。新的生产系统将以人为中心，而且是以人的创造性活动为中心。

（三）从“刚性管理”到“柔性管理”

在工业社会占主导地位的管理模式是刚性管理，即依靠严明的纪律、赏罚分明来进行管理。随着信息社会的来临，一方面，管理重心由物转到人，研究人的需要、人的行为、人与组织的关系，强调“人本主义”，管理倾向于柔性化；另一方面，柔性管理也是与信息社会崭新的生产制造方式——“柔性制造系统”的生产方式相伴而生的。信息社会的标志性特征之一就是知识和信息在生产中的应用，产生了诸如计算机辅助设计、计算机辅助制造系统等一系列技术。这些高新技术的进一步集成形成了一种新型的生产制造模式——柔性制造系统，从而直接促成管理模式由“刚性化”向“柔性化”转化。

（四）从“直接管理”到“远程管理”

企业管理的典型特征是管理者对被管理者的领导，是直接的面对面的管理。规模经济曾一度在工业社会的发展中占据主导地位。而在信息社会中，知识和信息技术的革命使得企业的规模效应面临着新的挑战。一方面，在知识与信息的共同作用下，企业采用智能的生产系统可以促进与顾客之间的直接联系，按顾客要求分别设计和制作产品，使成本降低；另一方面，信息技术还可以帮助企业根据市场行情做出及时有效的生产处理，增大经营的灵活性，从而使企业的微观经济活动日益依赖于传播网络和处理系统，如此，经营与管理方式将发生根本变化。随着生产组织形式和工作方式的转变，企业的远程管理成为信息社会的一大特色。

（五）从“生产管理”到“知识管理”

在工业经济社会，企业的管理主要面向生产过程，有人称之为生产管理，也有学者将之称为市场管理。而信息社会的到来不仅迅速改变着世界的经济增长方式，而且使人力资本在企业多种要素中的作用越来越明显，企业对知识型工人的需求与日俱增，知识创新成为企业最重要的活动。知识和信息越来越成为影响一个企业生死存亡的关键因素。面向信息社会的企业管理也由生产管理转向以知识为核心的管理，即知识管理。知识管理的出发点是把拥有较多知识作为企业竞争力提高的关键。人是知识的重要载体，因此人力资源管理是知识管理的重要组成部分。知识管理把人从传统的生产管理中解放出来，充分发挥人的主观能动性，这正是信息社会企业管理的核心所在。

六、企业数字化管理发展展望

纵览我国企业数字化管理发展历史，每经过十年，其都要跃上一个新台阶。今天，以云计算、人工智能、移动互联网和大数据为代表的新的信息技术革命对企业管理工作的渗透越来越深入，影响也越来越广泛，企业数字化管理将呈现网络化、集成化、移动化、实时化、全息化、智能化、自动化、标准化、精细化、差异化的态势，同时伴随着处理规则国际化、票据电子化、风险威胁扩大化等特点。

随着信息技术的逐步推广与应用，企业信息的实时披露将成为现实，对企业数据的深度分析、利用也将很好地实现，企业管理也将因此更加科学化、精细化。对信息质量的有效监管将随着企业数字化的发展得到进一步加强，企业管理水平和质量也将随着企业数字化的发展得到全面提高。

当然，由于我国经济和社会发展的多样性和复杂性，不同经济领域、不同地区和不同企业的企业数字化建设具有不平衡性。一种软件不可能全面彻底地解决所有企业在企业数字化建设中遇到的所有问题。因此，企业数字化软件应用的局面将是高端、中端、低端软件应用并存，复杂应用与简单应用并存。不同企业和经济组织应根据国家统一制度的要求，结合自身实际情况，建立满足企业内外需要的企业数字化软件，最大限度地提高企业数字化管理应用水平。

七、国内外企业数字化管理软件公司

金蝶国际软件集团有限公司（以下简称“金蝶”）总部位于中国深圳，始创于 1993 年，是香港联交所主板上市公司（股票代码：0268.HK）。金蝶旗下的多款云服务产品获得标杆企业的青睐，包括金蝶云苍穹（新一代企业级 PaaS 平台）、金蝶云星瀚（大型企业 SaaS 解决方案）、金蝶云星空（中型企业 SaaS 解决方案）、金蝶云星辰（小微企业 SaaS 解决方案）、云之家（智能协同云）、管易云（企业电商云服务平台）、车商悦（汽车经销行业云）及我家云（建筑房地产及物业行业云）等。截至 2020 年 12 月，金蝶通过管理软件与云服务，已为世界上超过 680 万家企业、政府等组织提供服务。

用友网络科技股份有限公司（以下简称“用友”）总部位于北京，成立于 1988 年。2001 年 5 月在上海证券交易所 A 股上市，股票代码为 600588；2014 年 6 月，用友旗下畅捷通信息技术股份有限公司在香港 H 股主板上市，股票代码为 01588。在营销、采购、制造、供应链、金融、财务、人力、协同服务等领域为客户提供数字化、智能化、全球化、社会化、生态化、平台化、高弹性、安全可信的企业云服务产品与解决方案。截至 2020 年 12 月，其全球客户超过 627 万家。

浪潮集团通用软件有限公司总部位于山东济南，创立于 1994 年，现已发展成为具有一定规模的企业管理软件、分行业 ERP 解决方案与咨询服务供应商，是我国中高端企业信息化应用的领导厂商之一。

SAP 公司成立于 1972 年，总部位于德国沃尔多夫市，是全球最大的企业管理软件及协同商务解决方案供应商，也是全球第三大独立软件供应商。

Oracle 公司成立于 1977 年，总部位于美国加州，是全球最大的企业级软件公司、世界领先的信息管理软件开发商、全球第二大独立软件供应商。

第二节 金蝶云星空系统简介

经历了全球金融风暴及欧洲债务危机，世界经济环境从未像现在这般脆弱且复杂多变。而身处这样一个大环境中的企业，如何充分利用各种内、外部资源有效应变，对于企业的生存与发展是非常关键的。

新技术与应用的发展，如互联网、移动互联网、云计算技术、社交网络等，给企业以往的经营管理方式带来了冲击，如何运用这些新技术从容应对经营中的种种挑战，也是企业经营管理者们需要面对的重要问题。

当前世界经济的竞争焦点在于制造业，发展制造业既是各国缓解就业压力的最佳途径，也是各国国内生产总值能落实的根本途径之一。

为了抵御世界各国的制造业竞争压力及发达国家的反倾销、反补贴，我国制造业已经紧跟世界趋势，由传统的单兵作战向产业链竞争转变。现代制造业的竞争是整个产业链之间的生存竞争，只有整条产业链具备技术领先性和成本竞争力，整条产业链的企业与实体才有生存的空间。产业链的核心成本竞争力则来源于以下两个方面：一是高效的产业链协同，如计划协同、排产协同、库存共享等；二是产业链上每个企业单元的低成本化，如何降低每个企业单元的成本是制造业永恒的话题。

金蝶云星空是移动互联网时代的新型 ERP，是基于 Web2.0 与云技术的新时代企业管理服务平台，既能帮助企业实现产业链高效协同，又能帮助企业实现自我成本管理与优化。金蝶云星空采用 SOA 架构，完全基于 Cloud-BOS 平台组建而成，业务架构上贯穿流程驱动与角色驱动思想，结合我国管理模式与我国管理实践，精细化支持企业财务管理、供应链管理、生产管理、s-HR 管理、供应链协同管理等核心应用。在技术架构上，金蝶云星空采用平台化的构建方式，支持跨数据应用，支持本地部署、私有云部署与公有云部署三种部署方式，同时还在公有云上开放中国第一款基于 ERP 的云协同开发平台。任何一家使用金蝶云星空产品的企业，都可拥有包含金蝶在内的众多基于同一个平台提供服务的 IT 服务伙伴。

一、产品特性

金蝶云星空以其独特的“标准、开放、社交”三大特性为企业提供开放的 ERP 云平台，支撑企业全生命周期管理需求，是中国“智”造“引擎”。

（一）标准

金蝶云星空在总结百万家客户管理最佳实践的基础上，提供了标准的管理模式；通过标准的业务架构：多会计准则、多币别、多地点、多组织、多税制应用框架等，有效支持企业的运营管理；金蝶云星空提供了标准的业务建模：35 种标准 ERP 领域模型、1046 种模型元素、21243 种模型元素属性组合，288 个业务服务构件，让企业及伙伴可快速构建行业化及个性化的应用。

（二）开放

金蝶云星空动态构建的多核算体系与业务流程设计模型，为企业提供了适应其动态发展的开放性管理平台；其 SOA 架构，以及纯 Web 应用、跨数据库应用、多端支持、云应用等新兴特性，为企业提供了开放的信息化整合平台；金蝶云星空打造的开放 ERP 开发云平台，为伙伴、客户提供完整的 ERP 服务生态圈，为企业提供真正的一站式应用。

（三）社交

金蝶云星空深度集成金蝶“云之家”，并与微信账号对接，基于社交网络技术，借助企业员工网络、客户网络、供应商网络，实现企业内、外部业务协作，突破组织边界、资源与时空限制，为企业用户构筑高效、协同的社交门户；通过面向角色的移动应用，为企业及用户搭建跨越空间、时间限制的工作环境；通过面向群组、责任人的社交化流程驱动应用，将互联网技术完美融入管理。

金蝶云星空旨在通过开放的 ERP 云平台，为企业构建以人为本的协同应用、开放的产业生态链，以及个性化的协同开发云平台；从管理方法、流程控制、管理对象、应用模式等方面，引导企业从常规管理迈向深入应用，使企业在激烈的竞争环境中不断提升边际利润，实现企业的卓越价值和基业常青。

二、体系结构

本书实验环境采用金蝶云星空 V7.51。金蝶云星空 V7.51 共有 89 个子系统和 6 个客户化工具包。金蝶云星空 V7.51 的体系结构如表 1-1 所示。

表 1-1　金蝶云星空 V7.51 的体系结构

模块	子系统				
共享服务中心（2 个子系统）	任务共享中心	财务共享			
财务会计（13 个子系统）	总账	应收款管理	应付款管理	出纳管理	网上银行
	智能会计平台	报表	发票管理	费用管理	人人报销
	资金管理	阿米巴报表	合并报表		
资产管理（1 个子系统）	固定资产				
管理会计（2 个子系统）	预算管理	经营会计			
供应链（7 个子系统）	采购管理	销售管理	信用管理	库存管理	组织间结算
	供应商协同	条码管理			
电商与分销（8 个子系统）	营销网络	电商集成	B2B 电商中心	B2C 电商中心	返利管理
	全网会员	要补货管理	促销管理		
零售管理（8 个子系统）	连锁档案	价格促销	会员管理	礼券管理	门店协同
	门店收银	商品返利	报表中心		

续表

模块	子系统				
PLM（10个子系统）	工作中心	项目管理	文档管理	研发物料管理	超级BOM管理
	设计BOM管理	设计变更管理	研发智库	鹰眼	系统建模
成本管理（3个子系统）	存货核算	产品成本核算	标准成本分析		
生产制造（7个子系统）	工程数据	计划管理	生产管理	委外管理	车间管理
	生产线生产	智慧车间MES			
质量管理（2个子系统）	质量管理	质量追溯			
流程中心（3个子系统）	工作流	业务流程	信息中心		
客户关系管理（5个子系统）	客户管理	日程管理	销售过程管理	服务管理	市场营销
经营分析（3个子系统）	财务分析	销售分析	轻分析		
基础系统（13个子系统）	基础资料	公共设置	组织机构	业务监控	实施平台
	系统管理	门户管理	数据中心管理	许可管理	集成平台
	翻译平台	移动设置	报表秀秀		
移动应用（2个子系统）	公共管理	星空LIVE			
客户化工具包（6个工具）	BOS集成开发平台	套打设计平台	万能报表平台	移动平台	数据引入工具
	数据清理工具				
	协同开发平台				
	协同开发网站				

三、整体业务架构图

金蝶云星空结合当今先进管理理论和数十万家国内客户应用实践，面向事业部制、多地点、多工厂等运营协同与管控型企业及集团公司，提供一个通用的 ERP 服务平台。金蝶云星空支持的协同应用包括但不限于：集中/分散销售、集中/分散采购、B2B 电商管理、B2C 电商中心、供应商协同、多工厂计划、跨工厂领料、跨工厂加工、工厂间调拨、内部交易及结算等，满足企业越来越多的多地点、多工厂、多法人组织间协同需求，提供多组织的采购协同、产销协同、服务协同等应用，其整体业务架构如图 1-1 所示。

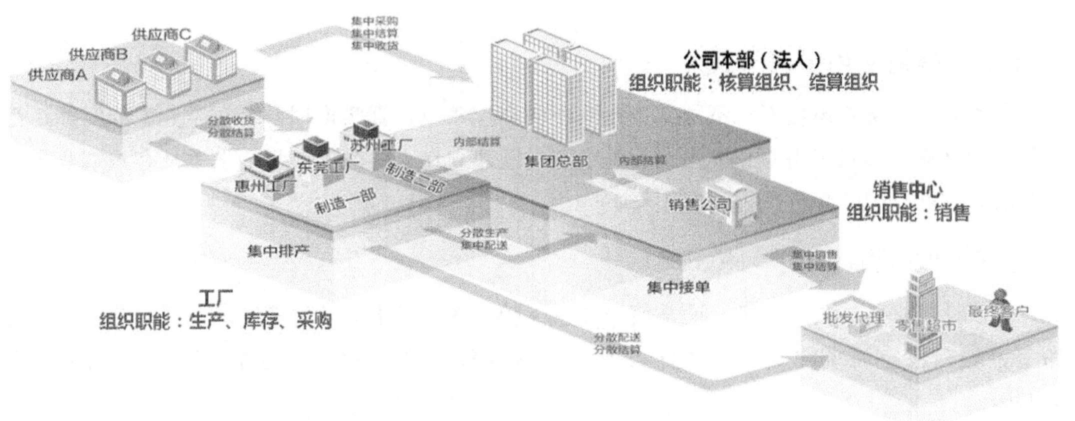

图 1-1　多组织架构图

四、三层架构

在软件体系架构设计中，分层式结构是最常见也是最重要的一种结构。通常意义上的三层架构就是将整个业务应用划分为：表示层（也叫界面层）、业务逻辑层、数据访问层。区分层次的目的是实现“高内聚低耦合”。

这里所说的三层架构，不是指物理上的三层（不是简单地放置三台机器就是三层架构，也不是只有 B/S 应用才是三层体系结构），而是指逻辑上的三层，即把这三层放置到一台机器上。

三层架构的应用程序将业务规则、数据访问、合法性校验等工作放到了中间层进行处理。通常情况下，客户端不直接与数据库进行交互，而是通过 COM/DCOM 通信与中间层建立连接，再经由中间层与数据库进行交互。

（1）数据访问层。主要负责数据库的访问，职责为读取数据和传递数据。具体来说，就是实现对数据表的增加、修改、删除、查询等操作，为业务逻辑层或表示层提供数据服务。

（2）业务逻辑层。主要针对具体问题的操作，也可以理解成对数据访问层的操作，对数据的业务逻辑进行处理。如果说数据访问层是积木，那业务逻辑层就用于搭建这些积木。

（3）表示层。通过 WINFORM 方式或 Web 方式呈现界面，与用户进行交互，主要接收用户请求，返回用户需要的数据，为用户端提供应用程序的访问。表示层只与业务逻辑层交互，不能与数据访问层交互，业务逻辑层将数据访问层与表示层进行了隔离，以保证数据的安全。

金蝶云星空系统的安装过程遵循标准三层架构逻辑。安装 IIS（互联网信息服务）的目的是为业务逻辑层提供环境，安装数据库是为数据访问层提供环境，最后才能安装金蝶云星空系统。

五、教学环境建议

（一）单机应用学习模式

学生在教师的引导下，扮演多种岗位角色，通过完成规定的操作，熟悉软件的功能和操作流程。对于日常教学，推荐采用单机应用学习模式。

（二）网络应用学习模式

在局域网完备的环境下，不同学生扮演不同岗位角色，真实模拟系统在企业中的实际运行过程。网络应用模式采用 C/S 模式，数据中心只能建立在服务器上，每个学生从客户端登录到服务器，按所分配的角色进行相应工作。

（三）虚拟机应用学习模式

学校计算机是共用计算机，通常使用硬盘保护技术，很难为学生提供练习安装的条件，再加上金蝶云星空系统的安装过程比较复杂，因此较为理想的解决方案是安装虚拟机软件 VMware。

1. 在机房中安装虚拟机软件 VMware

虚拟机软件可以在一台物理计算机上模拟出一台或多台虚拟的计算机。在虚拟机中进行软件操作时，可能系统一样会崩溃，但是，崩溃的只是虚拟机上的操作系统，而不是物理计算机上的操作系统，使用虚拟机的快照恢复功能，可以将虚拟机的状态恢复到崩溃之前。在放开硬盘保护的条件下，大家可安装 VMware 软件，新建一个虚拟机。在虚拟机中安装操作系统，然后建立第一个快照；完成第一个实训后，再建立第二个快照；完成第二个实训后，再建立第三个快照；依次建立所有实训的快照。若因为系统崩溃，或者练习错误，需要在不同进度环境下练习，就只需要快速还原相应快照即可。

2. 提供学生自由安装的下载服务

教师可在校园网中建立专用的 FTP 服务器，将安装好金蝶云星空系统的虚拟机文件上传至服务器，使学生可以在校园网内自由下载。学生下载文件后，即可在较短时间内在自己的计算机上安装金蝶云星空系统，需要练习时，只需要打开虚拟机即可。

3. 学生自己搭建虚拟机环境

教师提供虚拟机安装文件、操作系统安装文件、数据库安装文件、金蝶云星空系统安装文件，学生自己从头到尾安装，搭建个性化虚拟机环境。

4. 搭建桌面虚拟化环境

桌面虚拟化建设已成为实验室建设的一个趋势。学校搭建好桌面虚拟化环境，提供 PCI-e 闪存加速卡解决 I/O 并发问题，然后在虚拟化桌面安装好金蝶云星空系统。学生可在校园网内使用远程桌面。个人也可以租用阿里云或腾讯云服务器搭建远程桌面，学生申请云服务器有创业优惠，腾讯云最低价格为每月 1 元。

第三节　金蝶云星空系统部署

一、环境要求

企业应用环境，推荐按不低于表 1-2 的要求进行配置。个人练习可按 Windows7 SP1 或以上版本，SQL Server 2014，内存 4GB 以上进行安装。安装前，应按照要求检查硬件配置和系统软件。

表 1-2 硬件和操作系统软件环境

项目	硬件	操作系统和数据库软件
客户端	内存 4GB 以上 CPU 双核 2.0GHz 以上 系统盘 200MB 以上本地空余存储空间	浏览器可选用 Google Chrome 浏览器、Safari 浏览器、Opera 浏览器、IE 浏览器，任一操作系统，支持 HTML5 即可。 专用客户端需要 Windows7 SP1 或以上版本，并安装.NET Framework 4.0/4.5 以上环境
数据服务器	内存 32GB 以上 CPU8 核 2.4GHz 以上 SAS 内储，15K，RAID 10 磁盘 100GB 以上	操作系统： Windows Server 2008+SP1 或以上版本 数据库： SQLServer 2008R2 或以上版本
应用服务器	内存 16GB 以上 CPU8 核 2.0GHz 以上 SAS 内储，15K，RAID 1/5 磁盘 100GB 以上	操作系统： Windows Server 2008+SP1 或以上版本
网络配置	服务器之间采用千兆以太网连接 客户端有效带宽：最低 256kbit/s，推荐 1.0Mbit/s 或以上 服务器出口带宽：（并发客户端数/5）×1.0Mbit/s	

二、逐步搭建金蝶云星空虚拟化环境

（一）安装虚拟机

由于金蝶云星空系统对系统的环境要求很高，我们可通过安装虚拟机为金蝶云星空系统提供适合的系统环境。有很多软件可用于安装虚拟机，推荐使用 VMware workstation。

版本号为 16 的 VMware workstation 只支持 64 位操作系统，如果是 32 位操作系统，则建议安装版本号为 10 的软件。操作步骤如下。

（1）打开虚拟机安装文件夹，双击“VMware-workstation-full-16.0.0-16894299”文件，如图 1-2 所示。

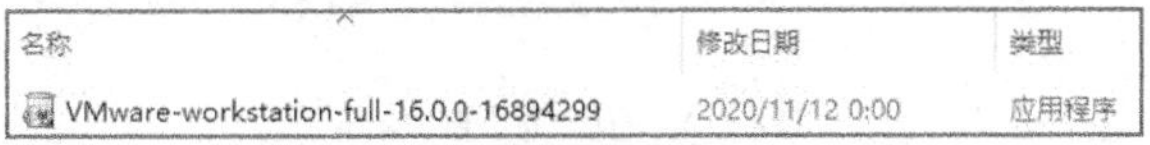

图 1-2 选择虚拟机安装文件

（2）在自动打开的对话框中单击“下一步”按钮，如图 1-3 所示。

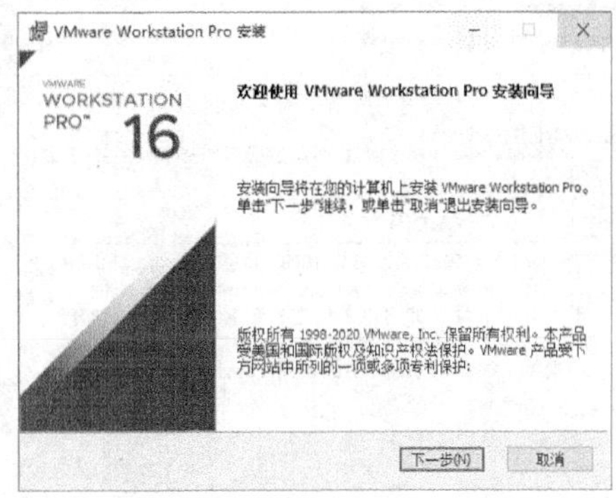

图 1-3 单击“下一步”按钮

（3）进入“最终用户许可协议”对话框，勾选“我接受许可协议中的条款”复选框，单击“下一步”按钮，如图 1-4 所示，进入“自定义安装”对话框。

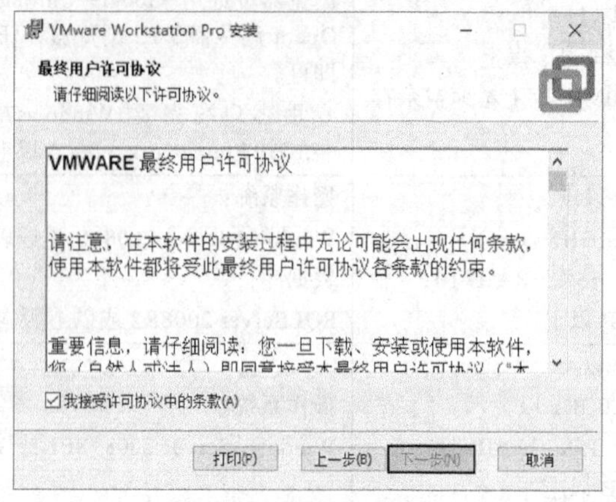

图 1-4　许可协议

（4）在“自定义安装”对话框中选择安装位置（建议保留原位置），单击“下一步”按钮，如图 1-5 所示。

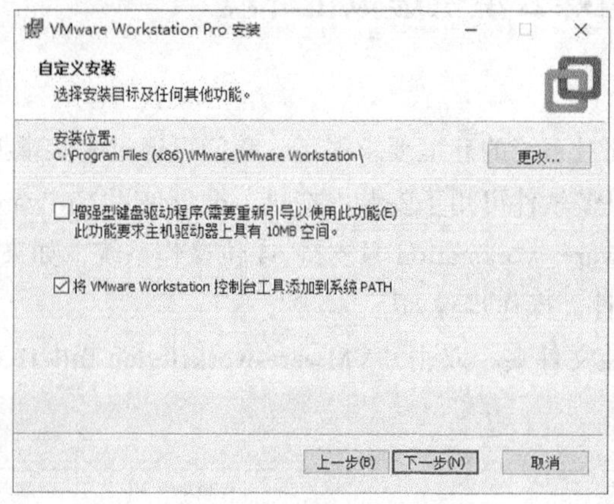

图 1-5　安装位置选择

（5）进入“用户体验设置”对话框，保持默认设置，单击“下一步”按钮，如图 1-6 所示。

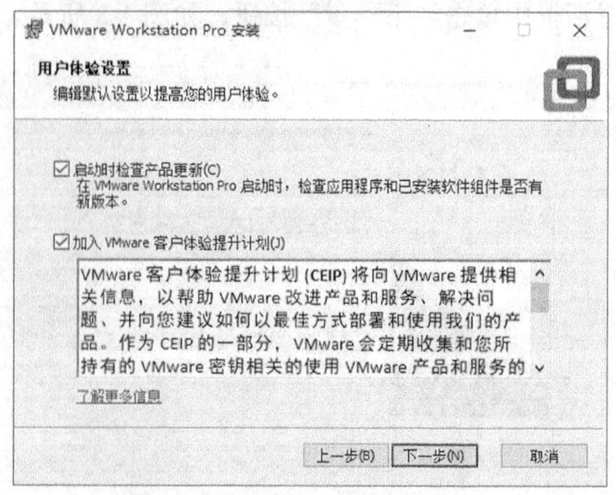

图 1-6　用户体验设置

（6）进入“快捷方式”对话框，保持默认设置，单击“下一步”按钮，如图 1-7 所示。

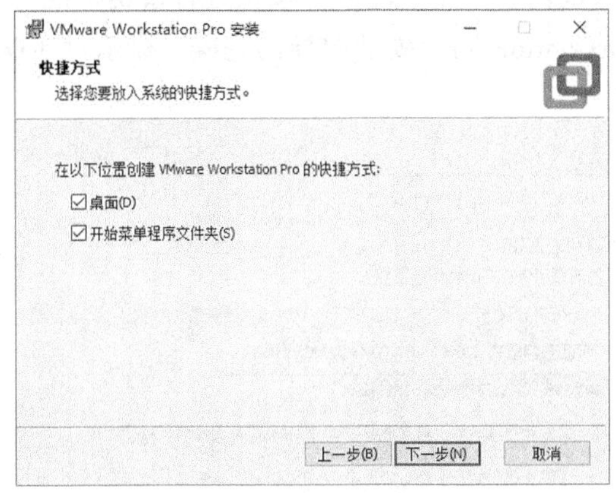

图 1-7 快捷方式选择

（7）进入“已准备好安装 VMware Workstation Pro”提示对话框，单击“安装”按钮，进行虚拟机的安装，如图 1-8 所示。安装过程大概需要 10 分钟，请耐心等待。

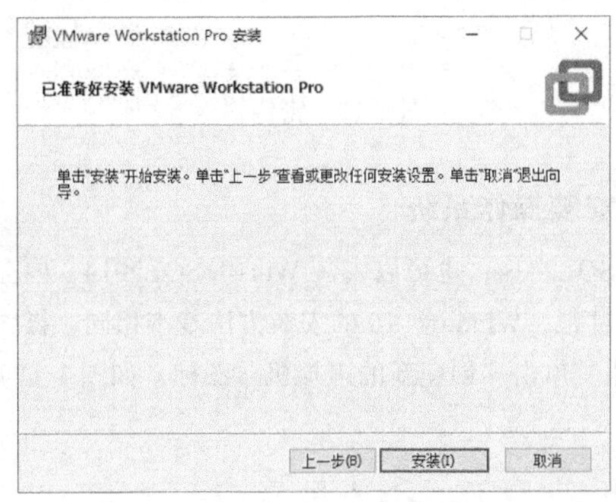

图 1-8 虚拟机安装

（8）安装完成后，在“VMware Workstation Pro 安装向导已完成”提示对话框中单击“许可证”按钮，如图 1-9 所示。

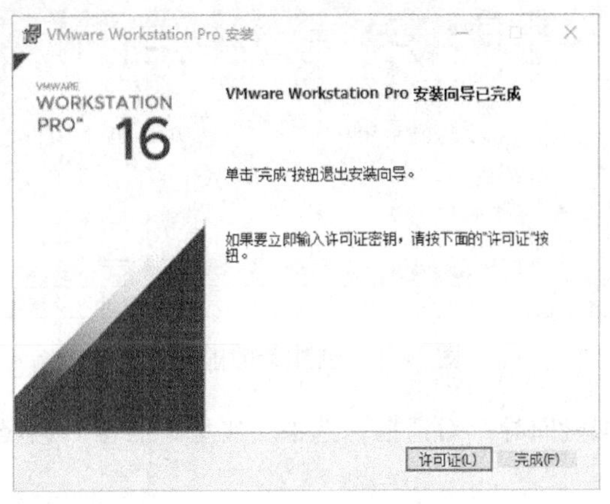

图 1-9 许可证

（9）进入“输入许可证密钥”对话框，将虚拟机安装文件夹内的激活码文件打开，复制密钥并粘贴到密钥输入框内，单击“输入”按钮进行密钥认证，如图 1-10 所示。稍等片刻，返回“VMware Workstation Pro 安装向导已完成”提示对话框，单击“完成”按钮，完成虚拟机的安装。

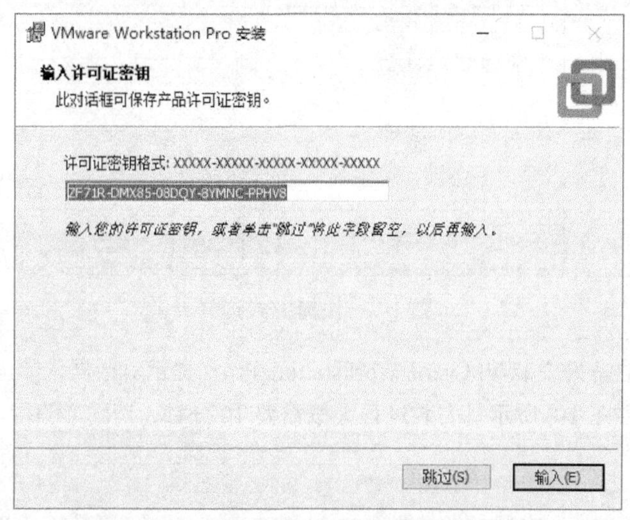

图 1-10　密钥输入

（二）在虚拟机内安装操作系统

推荐安装 Win7SP1+SQL2014，也可以安装 Win10+SQL2014，内存至少 4GB。这里主要介绍 Windows 7×64 位安装过程，Windows 10 的安装方法基本相同，操作步骤如下。

（1）打开虚拟机软件，单击“创建新的虚拟机”图标，如图 1-11 所示。

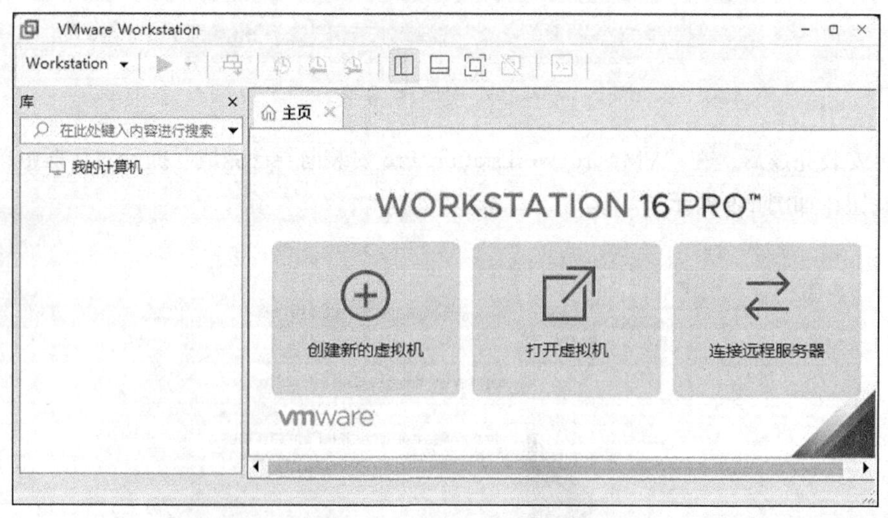

图 1-11　创建新的虚拟机

（2）进入“新建虚拟机向导”对话框，选中“典型（推荐）”单选按钮，单击“下一步”按钮，如图 1-12 所示。

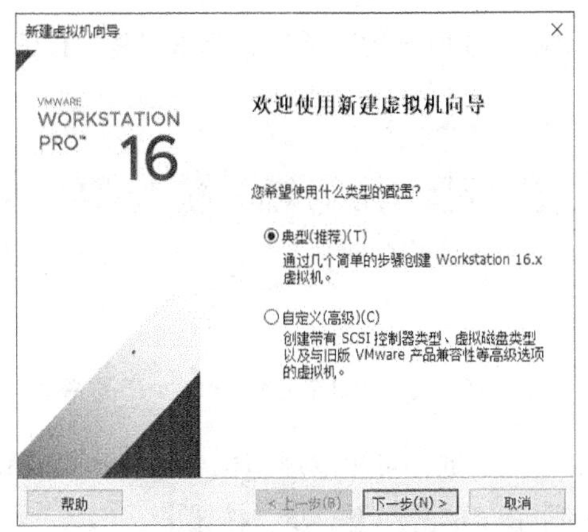

图 1-12　配置类型选择

（3）进入“安装客户机操作系统”对话框，选中“安装程序光盘映像文件”单选按钮，单击“浏览”按钮，选择已下载的 Windows7×64 操作系统安装文件，单击“下一步”按钮，如图 1-13 所示。

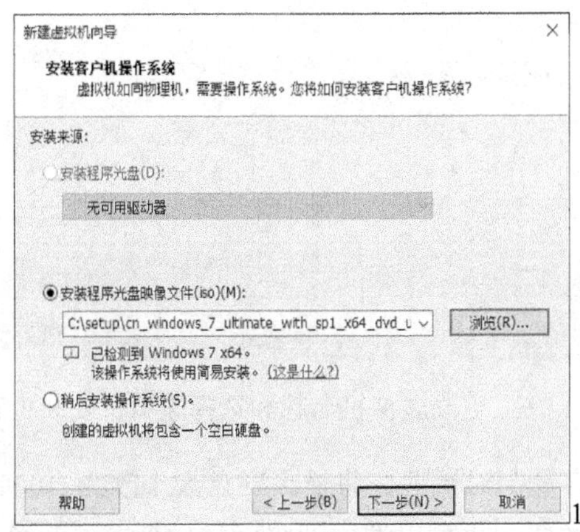

图 1-13　操作系统选择

（4）进入“简易安装信息”对话框，选择“Windows 7 Ultimate”操作系统，单击“下一步”按钮，如图 1-14 所示。

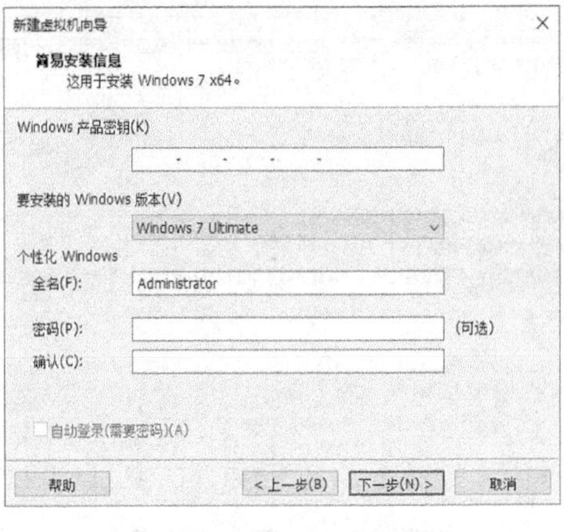

图 1-14　Windows 版本选择

（5）这时系统自动跳出图 1-15 所示的对话框，单击“是”按钮，继续进行安装。

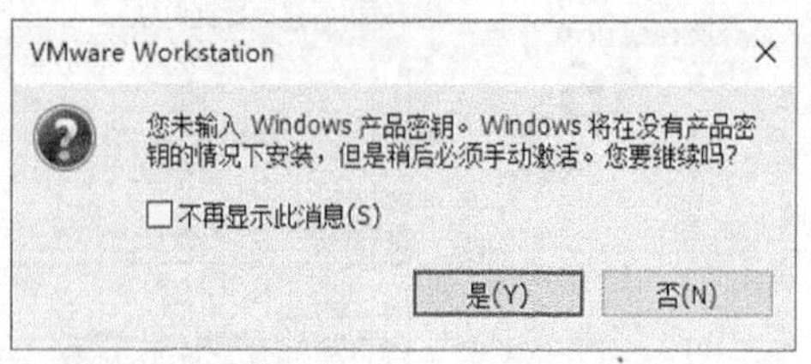

图 1-15　提示未输入 Windows 产品密钥

（6）进入“命名虚拟机”对话框，可更改虚拟机名称并选择安装位置（建议单独建立文件夹存放虚拟机），如图 1-16 所示，单击“下一步”按钮。

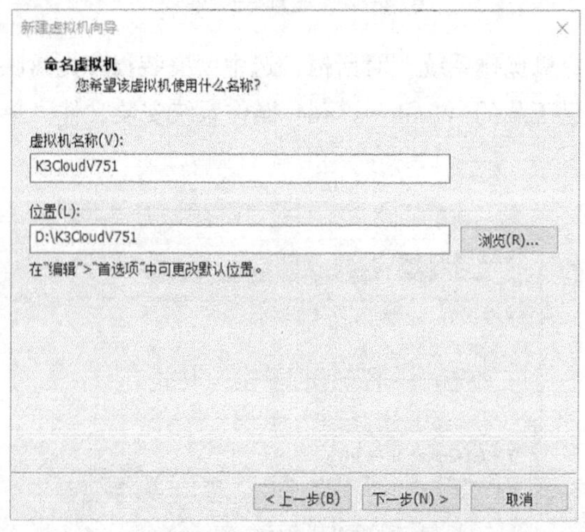

图 1-16　更改虚拟机名称和选择虚拟机安装位置

（7）进入“指定磁盘容量”对话框，将最大磁盘大小改为 100GB，默认选中“将虚拟磁盘拆分成多个文件”单选按钮，也可以选中“将虚拟磁盘存储为单个文件”单选按钮，单击“下一步”按钮，如图 1-17 所示。

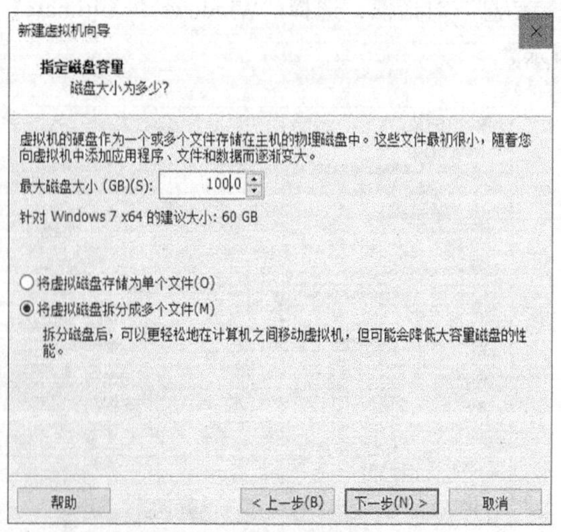

图 1-17　设置磁盘容量

（8）进入“已准备好创建虚拟机”对话框，保持默认硬件配置，单击“完成”按钮，如图 1-18 所示。

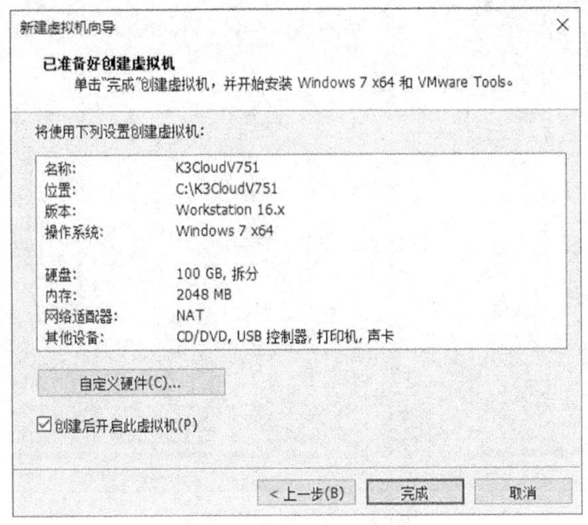

图 1-18　虚拟机配置

（9）等待虚拟机创建磁盘，如图 1-19 所示。

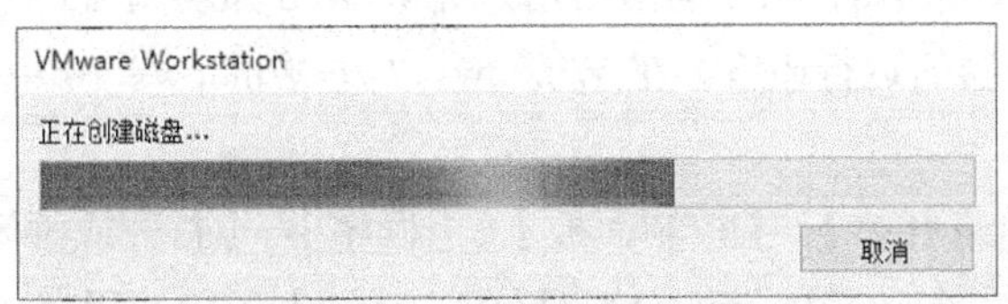

图 1-19　等待虚拟机创建磁盘

（10）磁盘创建完成后虚拟机自动开启，等待虚拟机自动安装操作系统，如图 1-20 所示。

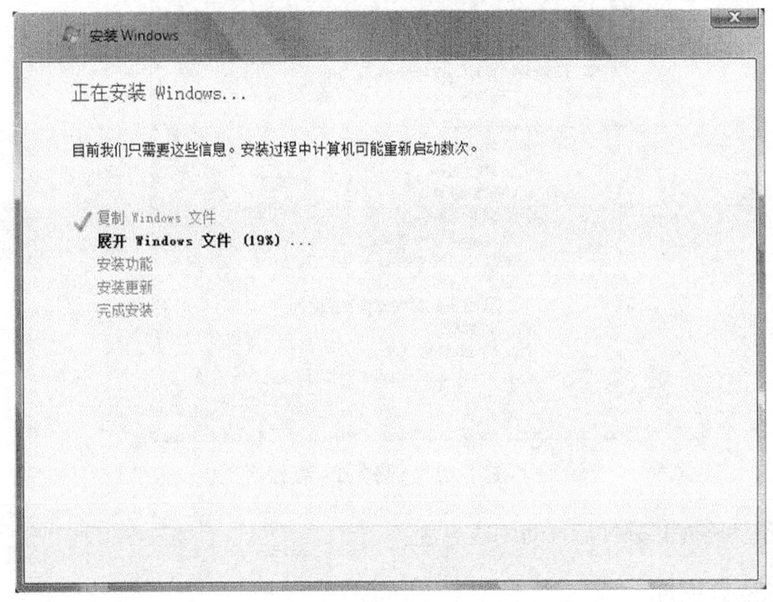

图 1-20　等待虚拟机自动安装操作系统

（11）系统自动安装完成。虚拟机重启后自动进入虚拟机桌面，如图 1-21 所示。

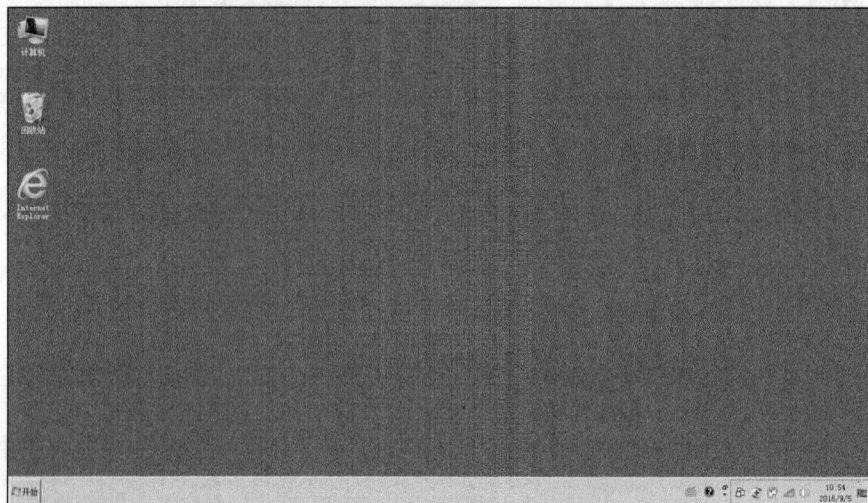

图 1-21 虚拟机桌面

（三）安装 IIS

Internet 信息服务简称 IIS，用于向网络用户提供 Web 服务与 FTP 服务，金蝶云星空系统需要 IIS 作为应用服务器的运行环境。在 Windows 7 与 Windows 10 中安装 IIS 的方法基本相同，操作步骤如下。

（1）单击系统菜单【开始】-【控制面板】-【程序】-【打开或关闭 Windows 功能】，打开 Windows 组件向导，勾选“Internet 信息服务”复选框（勾选所有下级复选框），单击“确定”按钮，如图 1-22 所示。

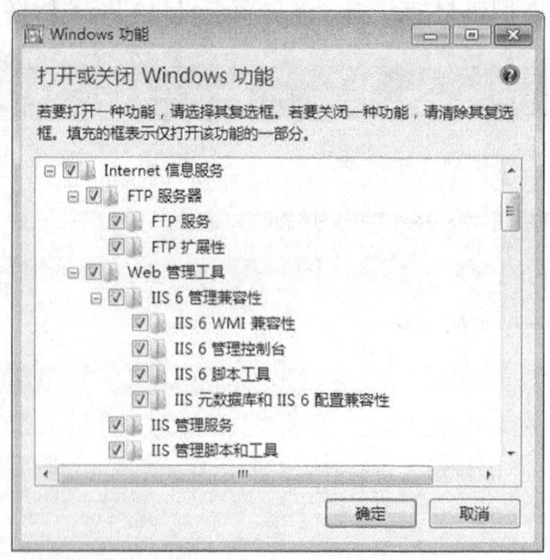

图 1-22 选择 IIS 组件

（2）IIS 组件将在几分钟后自动安装完成。

（四）安装数据库

SQL Server 用于向网络用户提供数据流服务，金蝶云星空系统需要 SQL Server 数据库作为数据库服务器运行环境。系统自带数据中心演示数据为 SQL Server 2014。大家还可以安装 SQL Server 2008、SQL Server 2010、SQL Server 2012 数据库，安装方法基本相同，但无法恢复演示数据。操作步骤如下。

（1）将 SQL Server 2014 安装镜像文件加载到虚拟机光驱中。

（2）双击光驱中的“setup”文件，进入安装程序选择界面，单击“安装”选项，单击“全新 SQL Server 独立安装或向现有安装添加功能”功能入口，如图 1-23 所示。

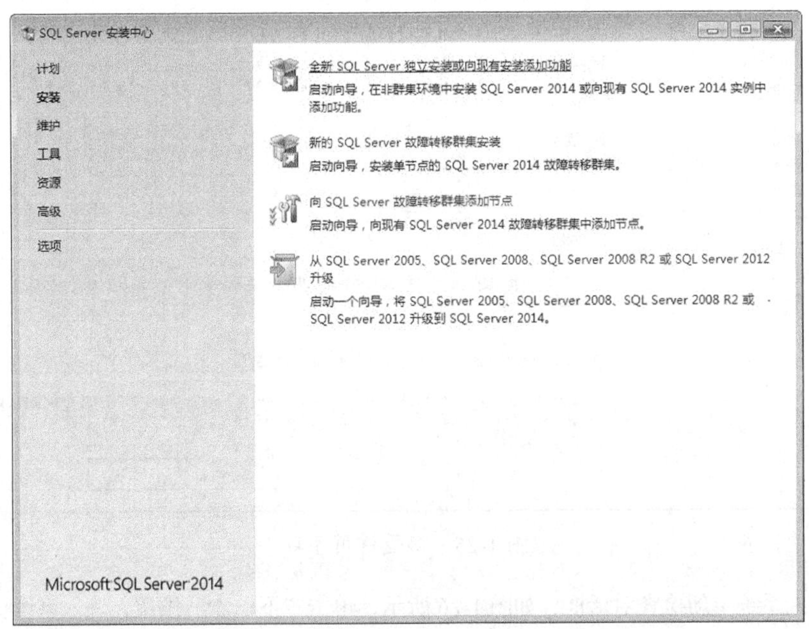

图 1-23　数据库安装操作

（3）进入“产品密钥”对话框，输入产品密钥，单击“下一步”按钮，如图 1-24 所示。

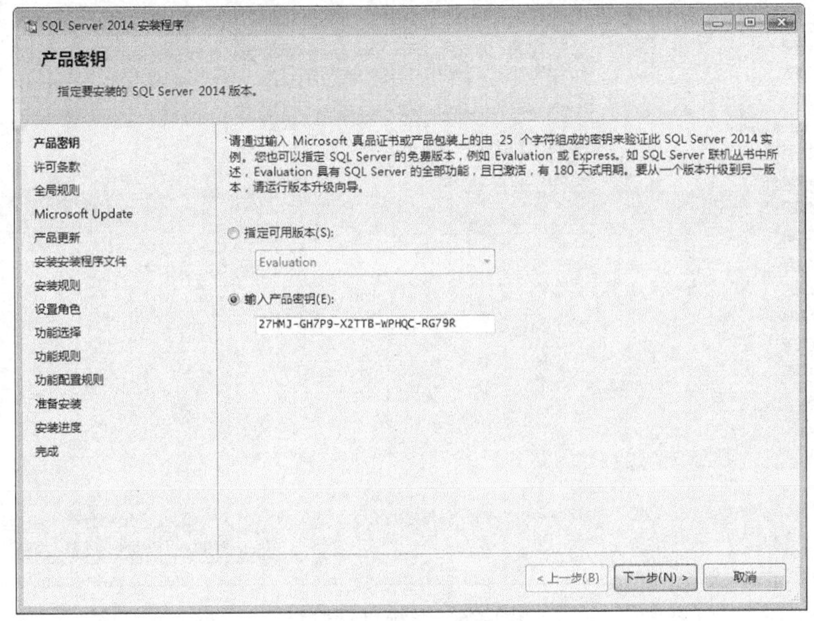

图 1-24　输入产品密钥

（4）进入“许可条款”对话框，勾选“我接受许可条款”复选框，单击“下一步”按钮，如图 1-25 所示。

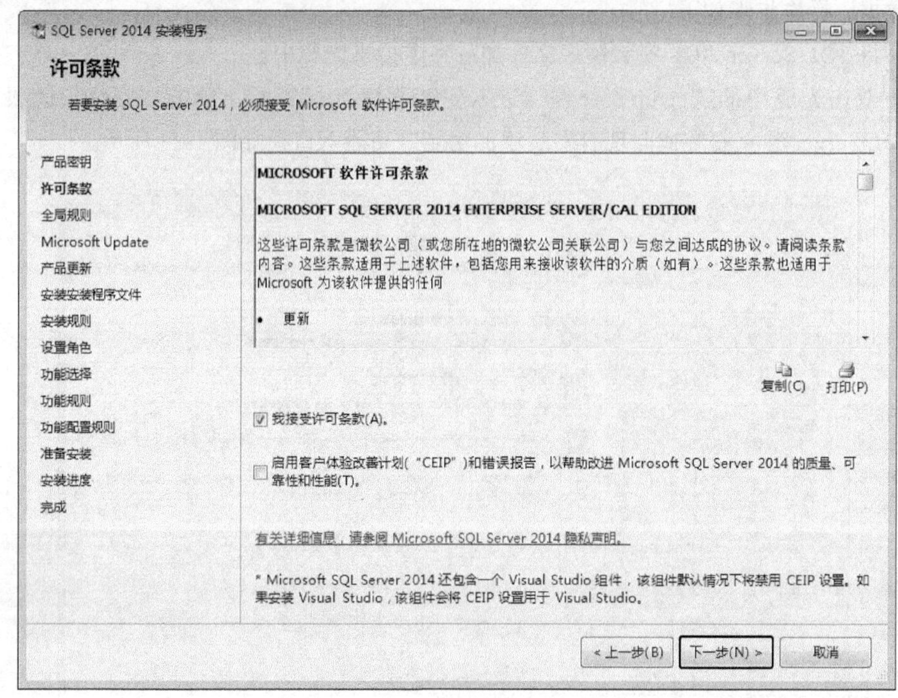

图 1-25　接受许可条款

（5）进入系统更新检查对话框，如图 1-26 所示，单击“下一步”按钮，进入系统更新状态。

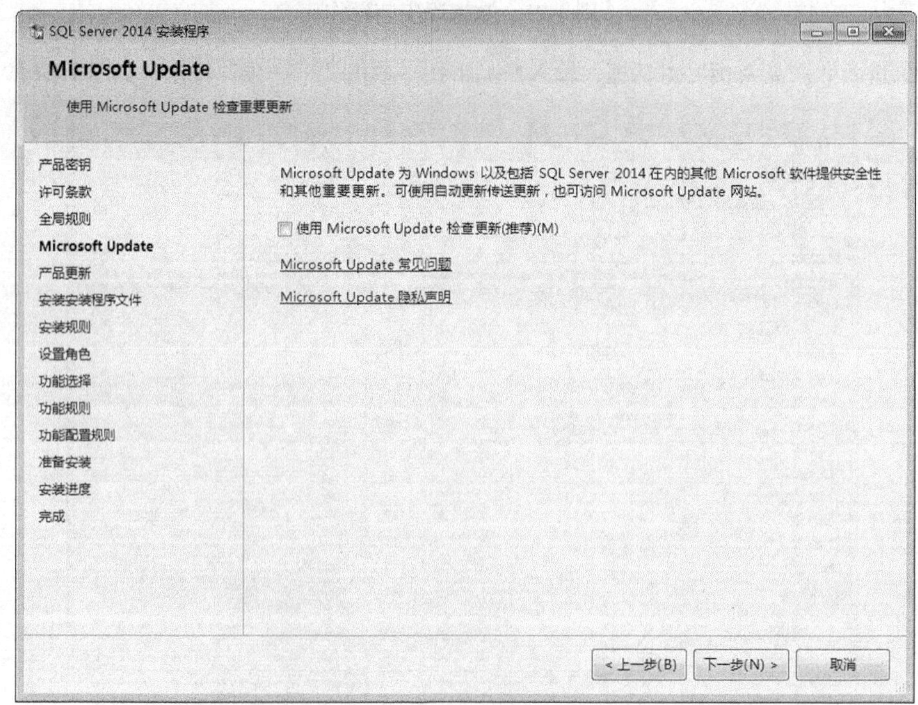

图 1-26　系统更新检查

（6）在更新过程中可跳过检查，这时出现安装规则检查结果对话框，单击“下一步”按钮，如图 1-27 所示。

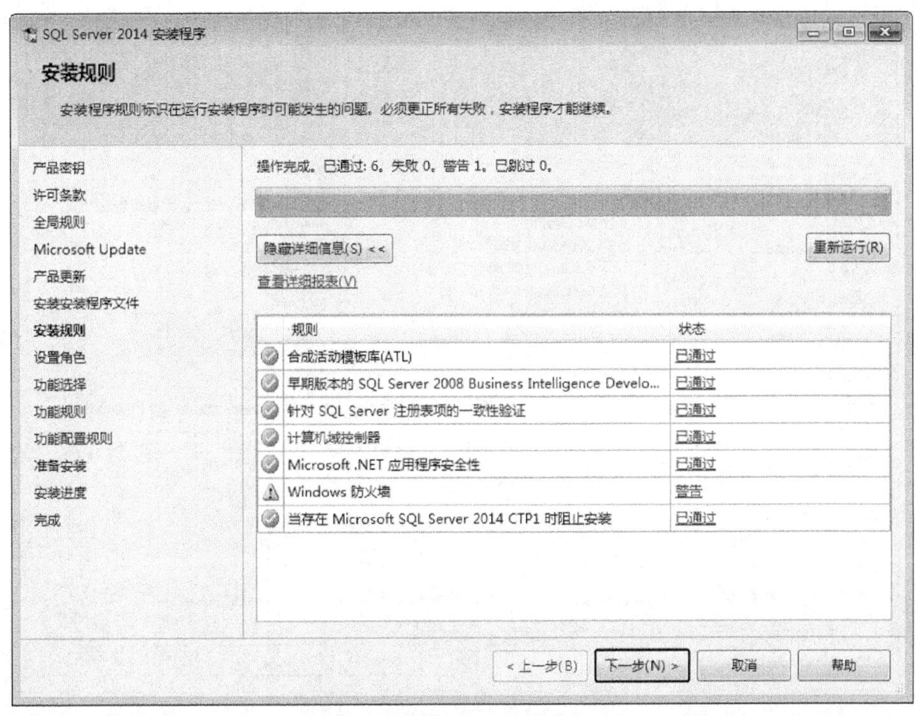

图 1-27　安装规则检查结果

（7）进入“设置角色”对话框，选中“SQL Server 功能安装”单选按钮，单击“下一步”按钮，如图 1-28 所示。

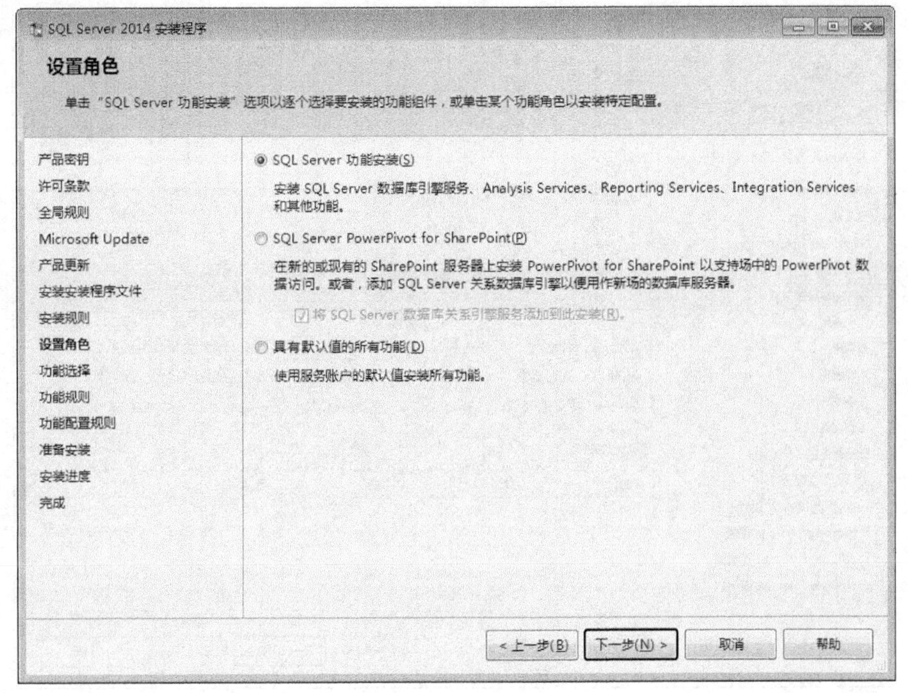

图 1-28　角色选择

（8）进入“功能选择”对话框，单击“全选”按钮，选择全部功能，使共享功能目录文件夹不变，单击“下一步”按钮，如图 1-29 所示。

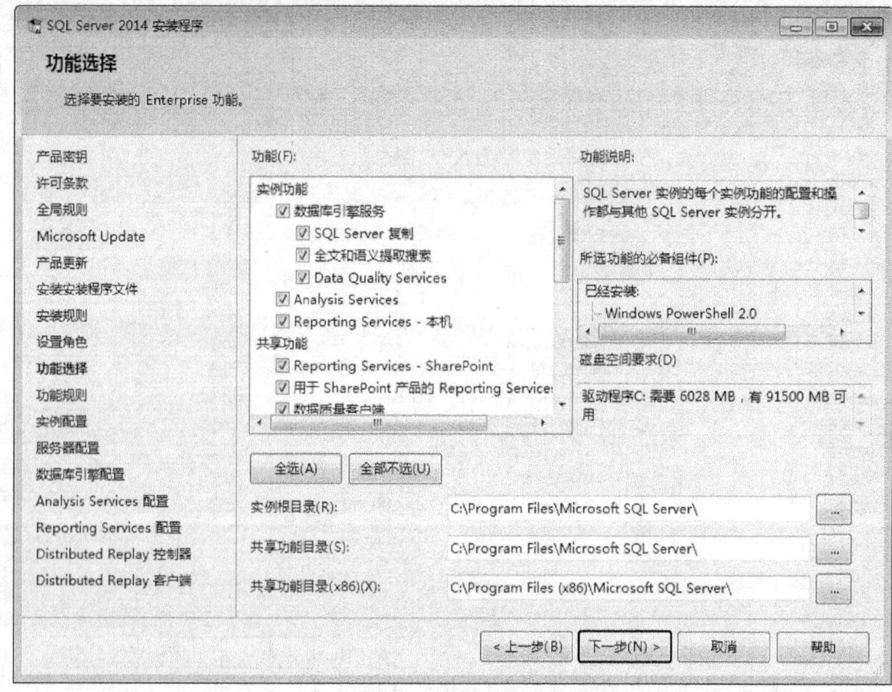

图 1-29　功能选择

（9）进入“实例配置”对话框，选中“默认实例”单选按钮，单击“下一步”按钮，如图 1-30 所示。

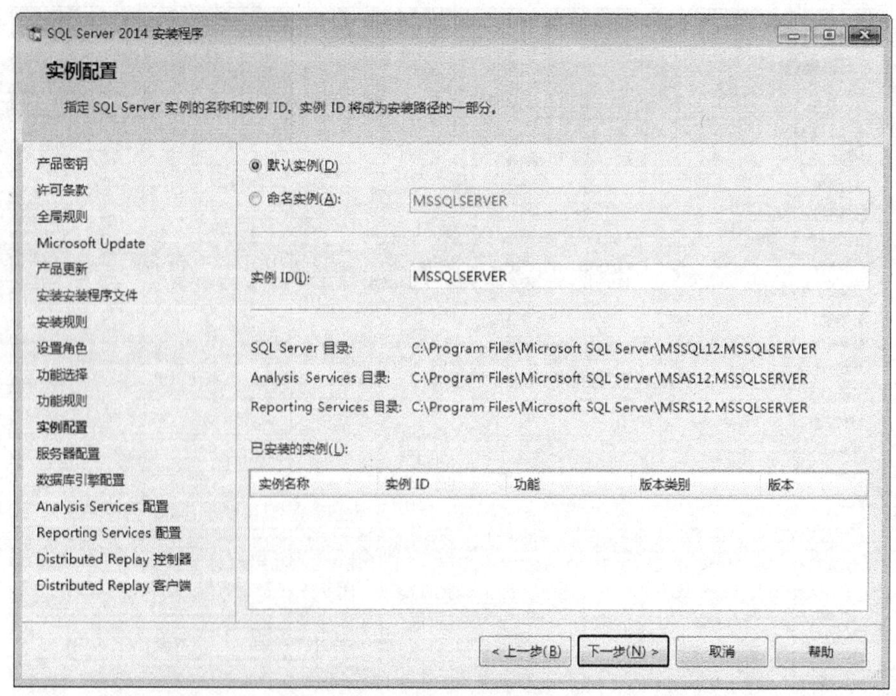

图 1-30　实例配置

（10）进入“服务器配置”对话框，服务账户与排序规则保持默认设置，单击“下一步”按钮，如图 1-31 所示。

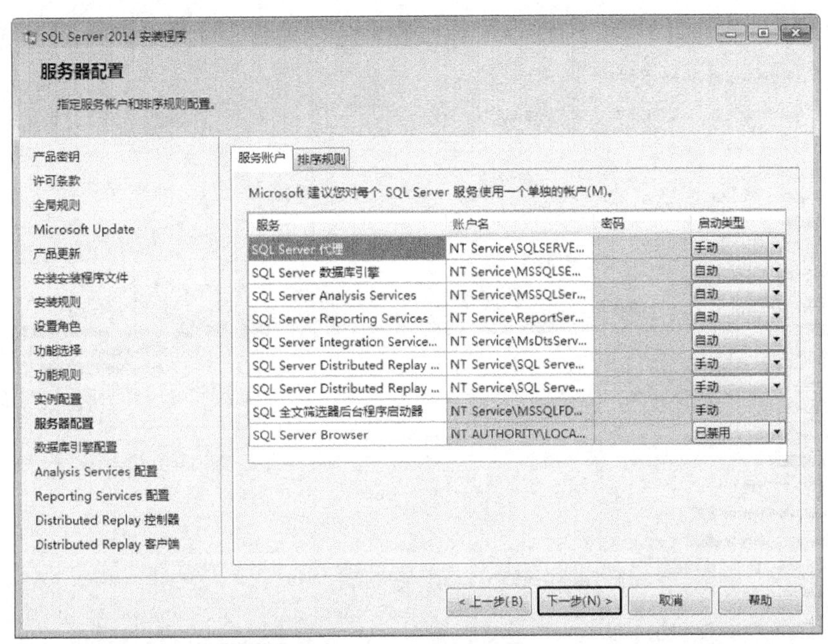

图 1-31 服务器配置

（11）进入“数据库引擎配置”对话框，将身份验证模式选为“混合模式”，并设定密码，不能为空（密码要求由英文、数字、字符组成，请牢记此密码，在金蝶云星空系统安装的最后环节需要使用），单击“添加当前用户”按钮，指定 SQL Server 管理员，单击“下一步”按钮，如图 1-32 所示。

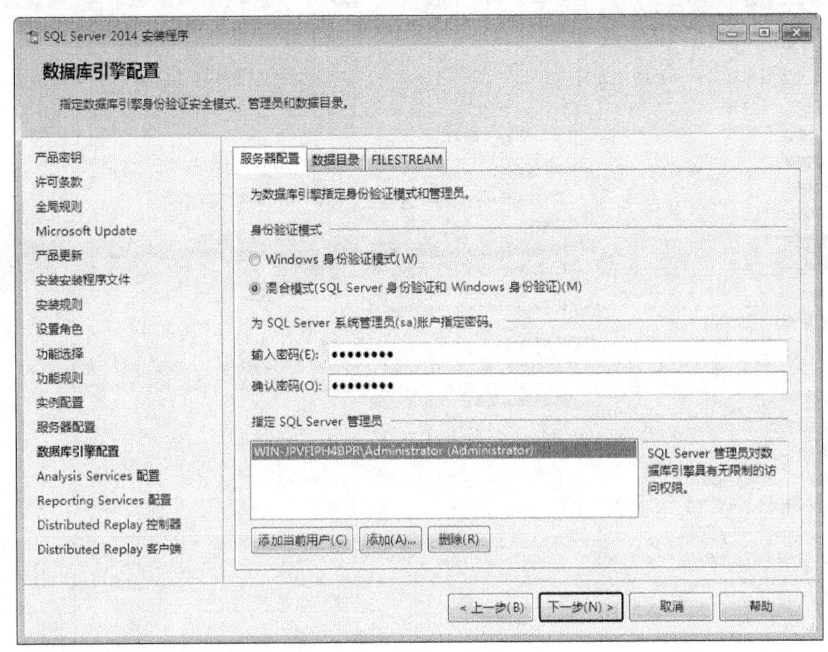

图 1-32 数据库引擎配置

（12）进入“Analysis Services 配置”对话框，选中“多维和数据挖掘模式”单选按钮，单击“添加当前用户”按钮，设置管理权限，单击“下一步”按钮，如图 1-33 所示。

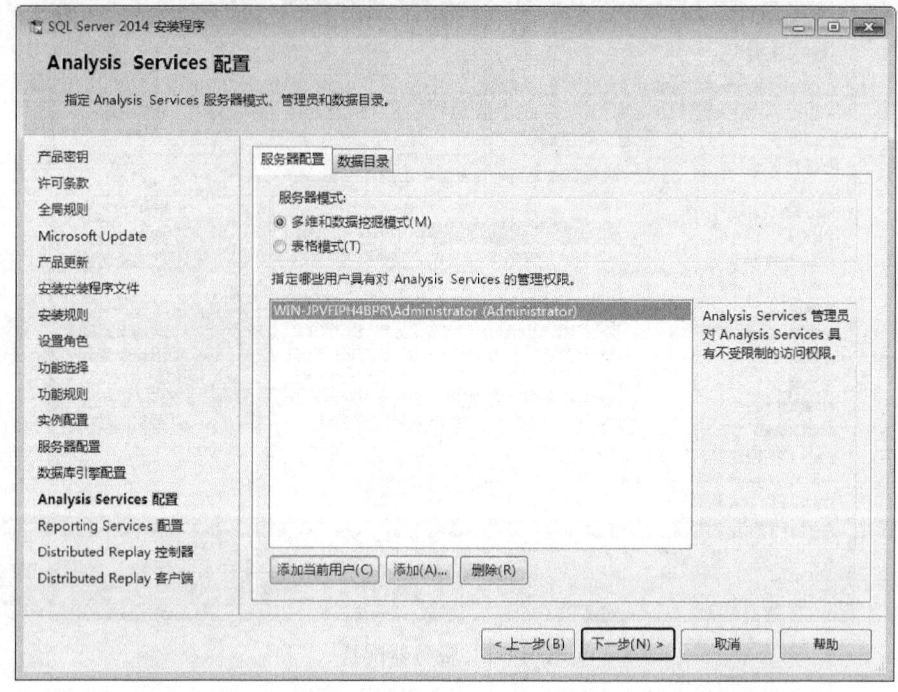

图 1-33　Analysis Services 配置

（13）进入“Reporting Services 配置”对话框，默认选中“安装和配置”单选按钮，单击“下一步”按钮，如图 1-34 所示。

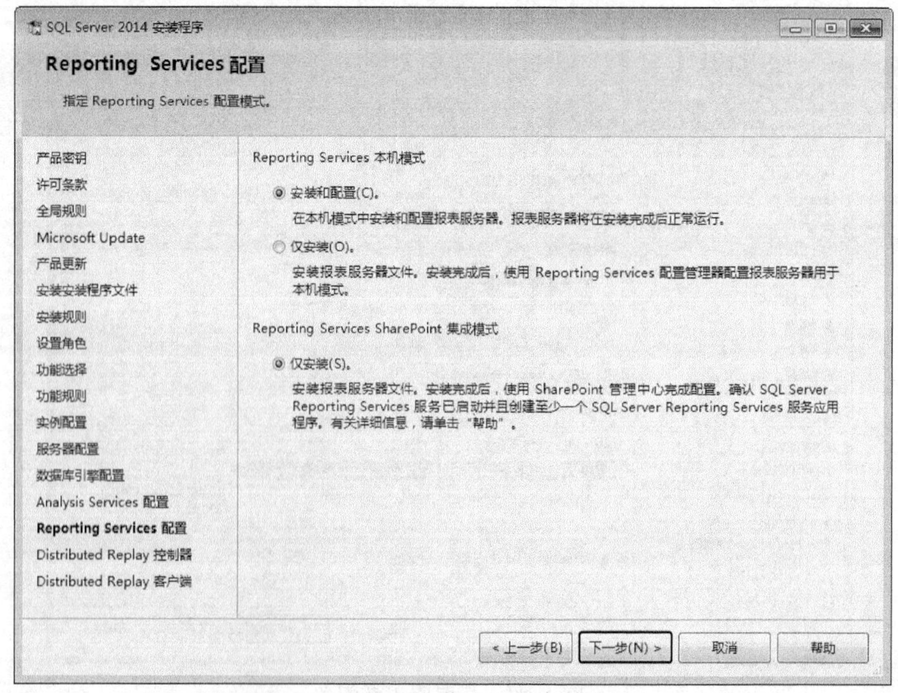

图 1-34　Reporting Services 配置

（14）进入“Distributed Replay 控制器”对话框，单击“添加当前用户”按钮，进行管理权限设置，单击“下一步”按钮，如图 1-35 所示。

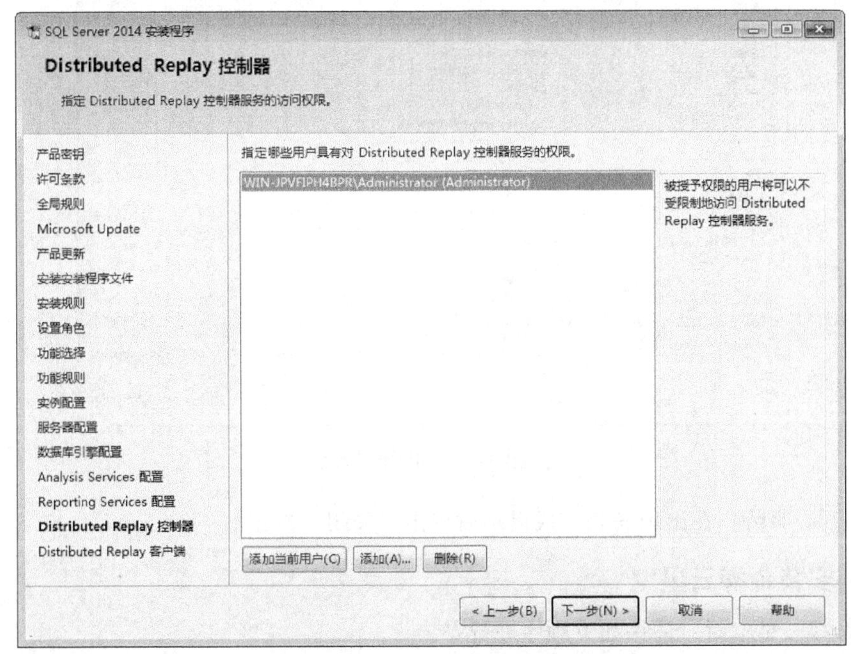

图 1-35　Distributed Replay 控制器

（15）进入“Distributed Replay 客户端”对话框，选择工作目录和结果目录位置，单击“下一步”按钮，如图 1-36 所示。

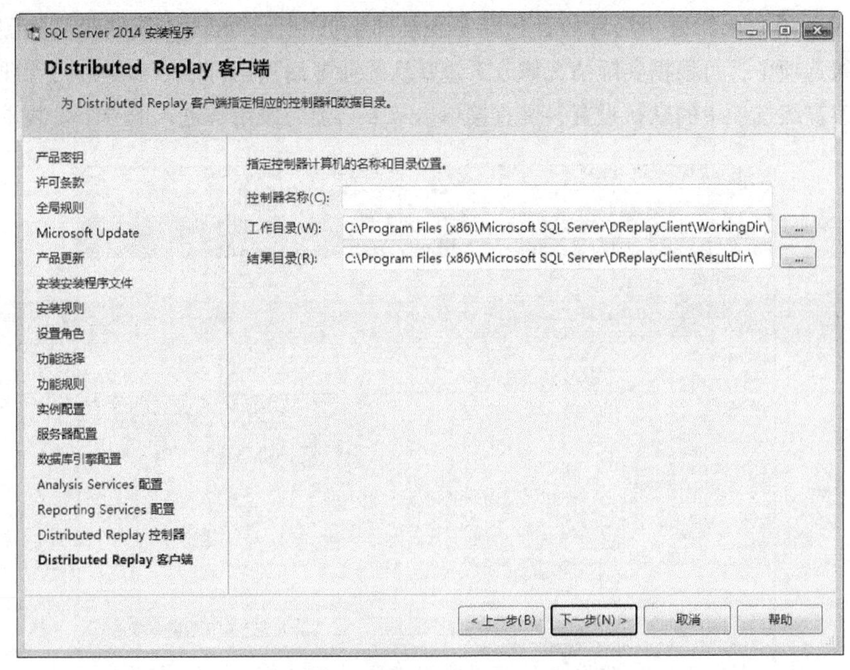

图 1-36　Distributed Replay 客户端

（16）进入“准备安装”对话框，单击“安装”按钮进行安装，如图 1-37 所示。

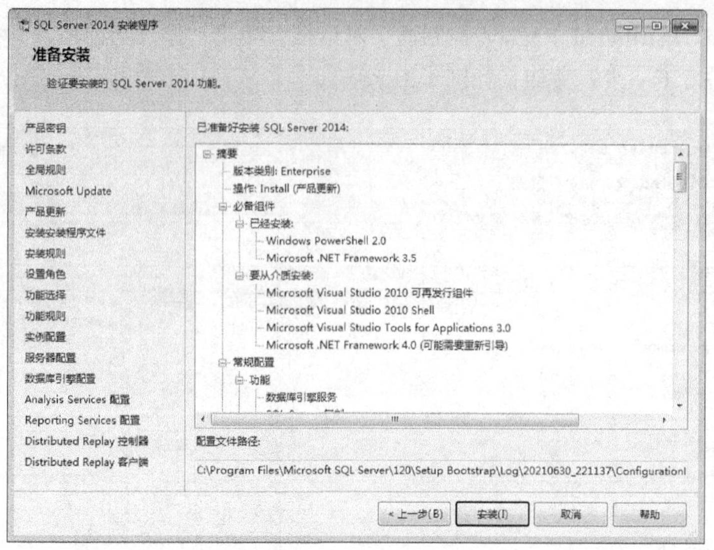

图 1-37　准备安装

（17）耐心等待，在出现安装完成提示后单击“关闭”按钮。

（五）安装金蝶云星空

安装金蝶云星空时，请按如下顺序进行安装。

（1）插入金蝶云星空安装光盘或运行安装文件“setup.exe”，运行安装程序，进入安装欢迎界面，单击“开始”按钮，进入下一步安装步骤。

（2）勾选“本人已阅读并接受上述软件许可协议”复选框后，单击“下一步”按钮，进入下一步安装步骤。

（3）录入用户名和公司名称后，选择安装全部服务内容，修改安装路径，如图 1-38 所示。在高级选项中，可根据实际情况修改系统默认的业务站点运行账号和连接的管理中心。如不需要修改高级选项中的默认设置，则直接单击“下一步”按钮，进入下一个安装步骤。

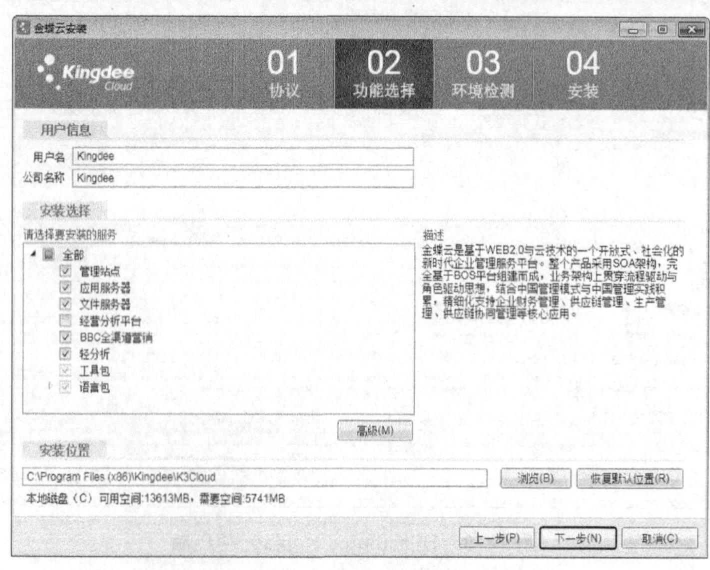

图 1-38　选择安装内容

（4）系统根据选择安装的服务内容进行环境检测，如图 1-39 所示。对未通过的检测项进行处理。红色小图标表示需要安装后才能进行下一步安装的检测处理项；蓝色小图标表示根据现场环境和部署的要求，可选择性安装的检测处理项。单击“自动修复”按钮，可自动安装和启用产品依赖的 Windows 组件和服务。

图 1-39　环境检测

由于对部分操作系统，微软未提供自动修复的方法，所以部分应用服务器会存在无法使用自动修复功能修复异常的检测项，这时可以查看安装/帮助，进行手工修复。

（5）将有红色图标的检测项目全部处理后，再次进行检查确认。检测通过后，可进行金蝶云星空下一步的安装，单击“下一步”按钮，开始安装软件，如图 1-40 所示。

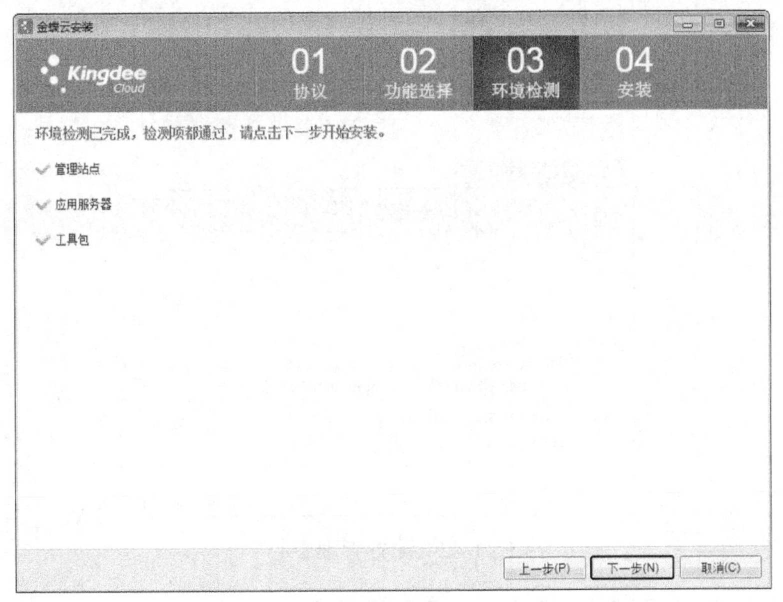

图 1-40　开始安装

（6）完成安装后会显示安装完成提示信息，如图 1-41 所示。系统默认打开管理站点，在此可进行管理数据中心的创建。也可选择打开安装日志，查看安装过程的日志信息，以便于在出现问题时定位问题。单击“完成”按钮，默认打开安装日志与管理中心界面，关闭安装日志界面。

图 1-41　安装完成

（7）进入创建管理数据中心向导界面，如图 1-42 所示。按要求输入数据库服务器、用户名称与密码、文件路径，单击“创建”按钮。

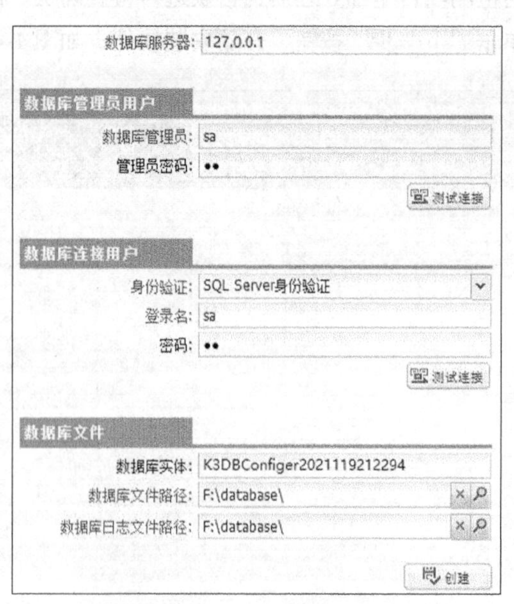

图 1-42　配置管理中心

（8）创建完成后即可登录管理站点。默认管理员用户名为“administrator”，默认密码为“888888”。

三、快速部署金蝶云星空虚拟化环境

金蝶云星空系统的安装可以通过前面介绍的方法实现，其缺点是安装时间长。如果想在短时间内使用金蝶云星空系统，则可以通过下面的方法快速部署，其原理是复制现成的金蝶云星空系统虚拟机。教师需要事先在虚拟机中安装好金蝶云星空系统，得到虚拟机文件夹，供学生快速部署。

第一步：安装 VMware Workstation，安装方法见前文。

第二步：将安装好金蝶云星空系统的虚拟机文件夹复制到计算机中。文件较大，建议放入 D 盘或 E 盘根目录。学生可找教师复制，也可复制其他同学计算机上的此文件夹。

第三步：通过 VMware Workstation 打开第二步中所复制文件夹中的 VMX 文件。此时金蝶云星空系统虚拟机即可附加到虚拟环境中，并显示金蝶云星空系统虚拟机页签。

第四步：修改虚拟机硬件参数，主要修改 CPU 与内存两个参数。

第五步：打开虚拟机电源，测试虚拟机，如果没有问题，则创建虚拟机快照。

有部分计算机在使用这种快速部署方法时无法打开虚拟机，此时建议检查计算机的 CPU 虚拟化参数的设置是否正确。

四、虚拟机使用技巧

虚拟机通过虚拟化的方式，在一台真实计算机环境中模拟一台虚拟的计算机运行。使用虚拟机需要掌握几个常用的使用技巧。

（一）VMware Tools 插件安装

插件安装后，可扩展虚拟机功能，如鼠标的无缝移出移入、剪贴板共享、共享文件夹等，特别是剪贴板共享功能，可直接在虚拟操作系统中复制，在实体操作系统中粘贴，反之亦然，实现数据中心文件在虚拟机与实体机之间的快速复制。此操作必须在打开虚拟机电源的状态下才能完成，操作步骤如下。

（1）单击菜单【虚拟机】－【安装 VMware Tools】，出现图 1-43 所示的对话框，选择“运行 setup64.exe”图标进行安装。

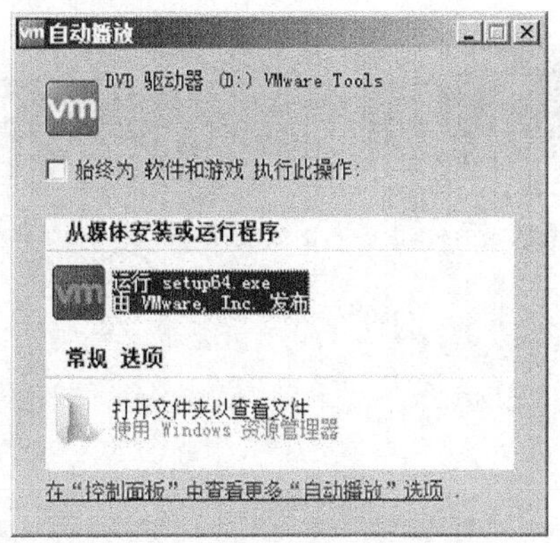

图 1-43　安装插件

（2）进入安装向导对话框，单击“下一步”按钮，如图 1-44 所示。

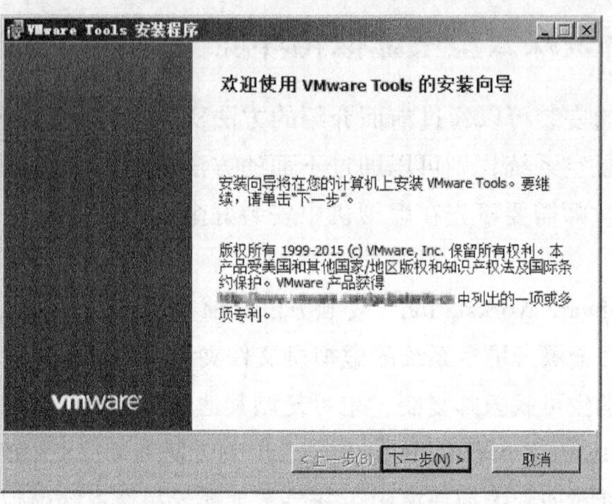

图 1-44　安装向导

（3）进入“选择安装类型”对话框，选中“典型安装”单选按钮，单击“下一步”按钮，如图 1-45 所示。

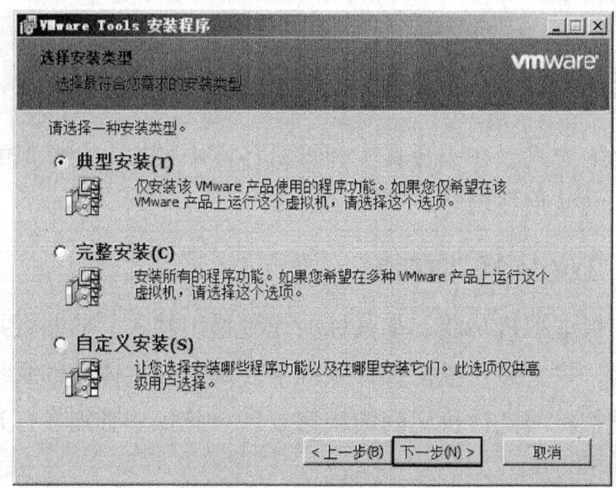

图 1-45　选择安装类型

（4）进入安装界面，单击“安装”按钮进行安装，如图 1-46 所示，直到安装完成。

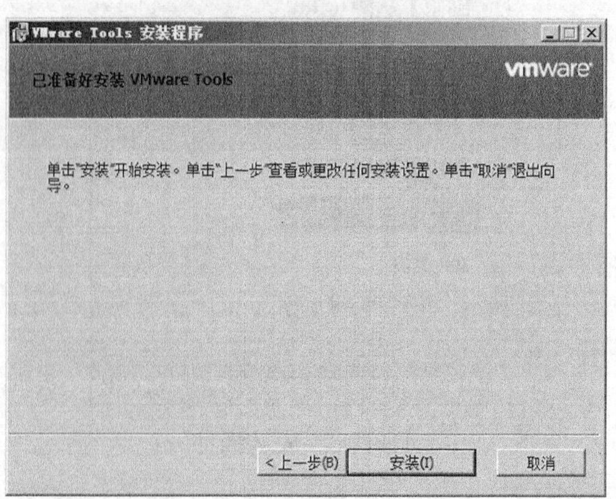

图 1-46　准备安装

（二）创建共享文件夹

创建共享文件夹可在虚拟机与实体机之间建立文件传送通道，实现文件共享。此操作在虚拟机电源打开与关闭状态下都可以进行，操作步骤如下。

（1）单击菜单【虚拟机】-【设置】。

（2）单击“选项”页签，单击“共享文件夹”列表项，选中“总是启用”单选按钮，再选中“在 Windows 客户机中映射为网络驱动器”复选框。

（3）单击“添加”按钮，打开“添加共享文件夹向导”对话框，单击“浏览”按钮，选择需要与虚拟机共享的实体计算机的文件夹位置，单击“下一步”按钮，如图 1-47 所示。

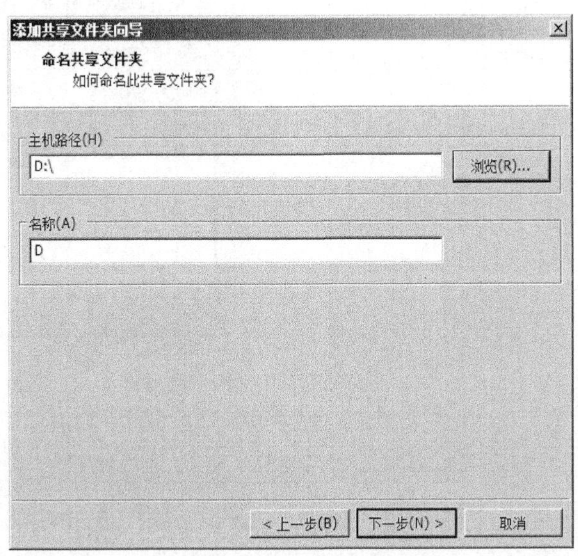

图 1-47　设置共享位置

（4）进入“指定共享文件夹属性”对话框，勾选“启用此共享”复选框，单击“完成”按钮，如图 1-48 所示。

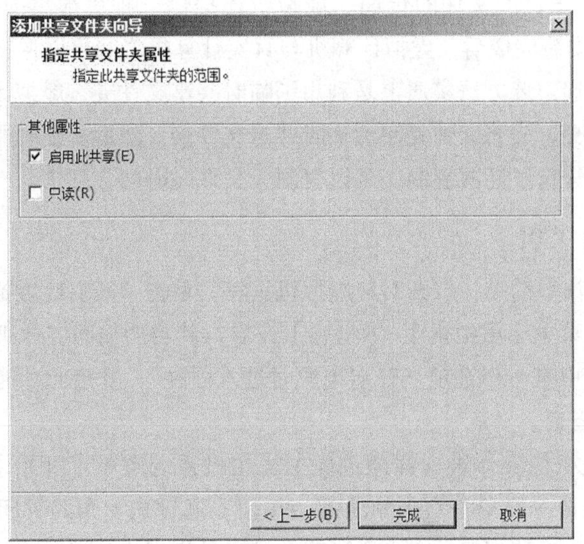

图 1-48　指定共享文件夹属性

（5）完成共享文件夹设置，返回上一对话框，如图 1-49 所示。单击“确定”按钮，保存设置，返回虚拟机，在虚拟操作系统中即可看到共享盘符 Z 盘。

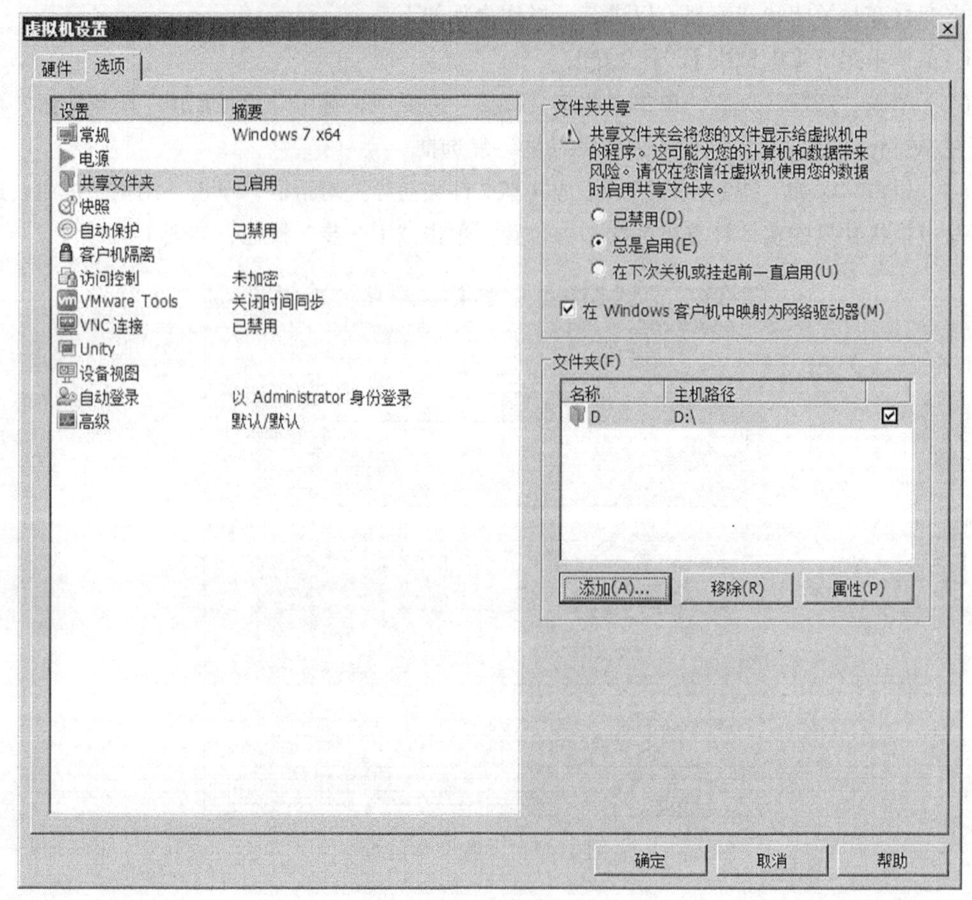

图 1-49　共享文件夹设置

共享文件夹特别适合大文件的传递。虚拟机还提供一种更简单的方法进行文件传递，VMware Tools 插件安装完成后，虚拟计算机与真实计算机之间可以像文件夹之间一样，通过复制粘贴进行文件传递。此方法实质上是利用了临时共享文件夹，虚拟计算机的系统会自动创建一个临时共享文件夹，先将文件复制到临时共享文件夹，然后从临时共享文件夹复制到真实计算机。因为此方法进行了两次复制，所以复制大文件时时间会翻倍。

（三）虚拟机开关机

虚拟机的开机方法很简单：打开对应虚拟机页签，单击“开启此虚拟机”按钮；也可通过工具栏的电源按钮或菜单【虚拟机】-【电源】开启，其功能如同实体机的电源按钮。在菜单【虚拟机】-【电源】中有一个选项“开启电源时进入固件”，开启此功能后，在打开电源后会直接进入 BIOS 设置窗口。

推荐虚拟机的关机像实体机一样通过虚拟机主机系统菜单【开始】-【关机】的方式进行，不建议像关闭窗口一样单击右上角的关闭按钮。通过右上角的关闭按钮关闭如同拔掉电源，容易导致虚拟操作系统崩溃。也可通过菜单或工具栏完成关闭，菜单或工具栏中均有挂起功能，开启该功能后相当于将虚拟机暂停，无须关闭虚拟机的操作系统，下次打开虚拟机时可快速进入暂停前的状态，省略了开关机的等待环节。

（四）快照管理

可通过菜单或工具栏打开快照管理器，如图 1-50 所示。通过“拍摄快照”功能可将虚拟机的当前状态保存，包括开机和关机状态。选择某个快照后，通过“转到”功能可将虚拟的状态恢复到拍照时的状态。通过快照管理，可实现虚拟机状态的快速切换，对开展实验非常有利。建议在调试好虚拟机后建立一个快照，当后期使用过程中出现问题时，可通过恢复快照的方式还原到拍照时的状态。

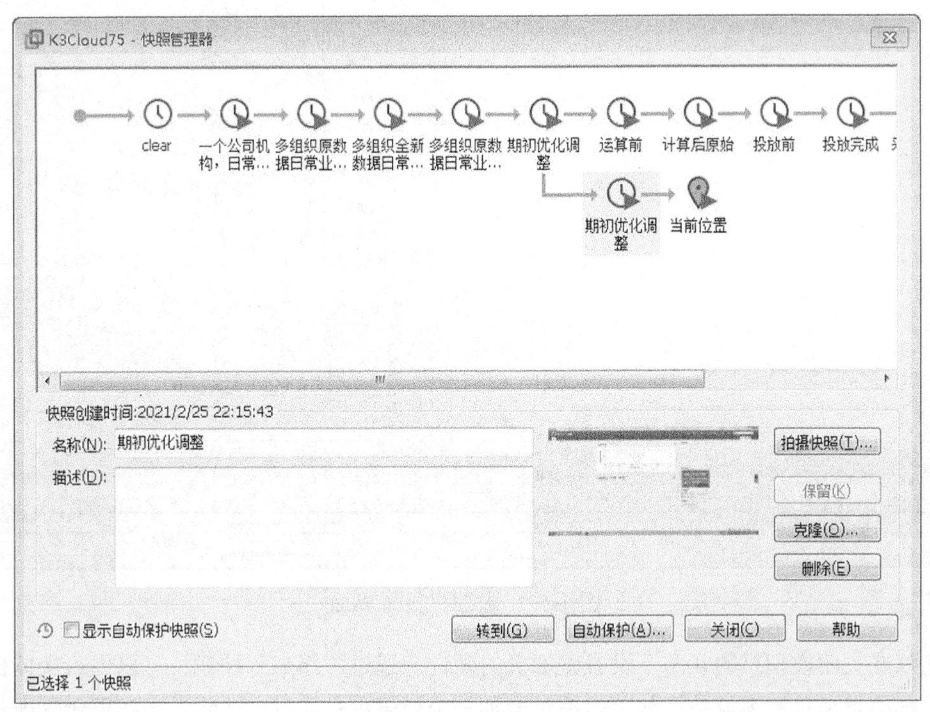

图 1-50 快照管理器

（五）切换 U 盘

当用户把 U 盘插入计算机时，虚拟机与实体机不能同时获取到 U 盘。当虚拟机窗口处于可见状态时，虚拟机获取 U 盘，当虚拟机窗口处于最小化状态时，实体机获取 U 盘。用户可通过插入 U 盘的形式实现虚拟机文件与 U 盘文件之间的交互。

U 盘可在虚拟机与实体机之间切换。第一种方法是单击【虚拟机】-【可移动设备】，此时在其下级菜单中可看到可以切换的设备，可选择“连接”或“断开连接”选项。第二种方法是通过虚拟机窗口右下角的设备图标切换。在图标上单击鼠标右键，然后通过“连接”或“断开连接”选项进行切换。当连接上时，图标为有效状态；当未连接上时，图标为灰色。

（六）虚拟机硬件管理

虚拟机硬件可通过“编辑虚拟机设置”或菜单【虚拟机】-【设置】进行管理。虚拟机设置界面如图 1-51 所示。

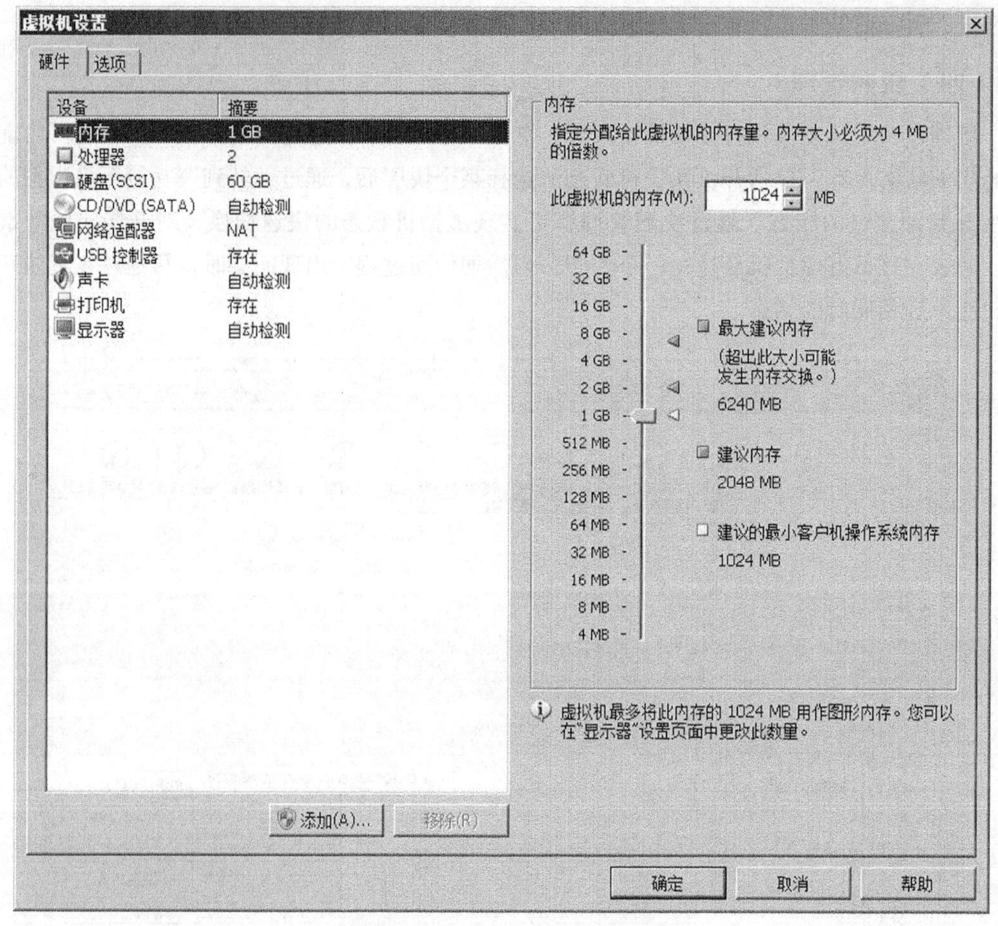

图 1-51　虚拟机设置界面

建议在关闭虚拟机的状态下设置虚拟机的硬件。通过“添加”按钮，可以像给实体机增加设备一样给虚拟机添加设备，如给虚拟机增加一个新硬盘；通过“移除”按钮可删除虚拟机的设备，对现有设备进行参数设置。常用设备的参数如下。

（1）内存。可调整内存的大小，虚拟机内存与实体机内存处于共用状态，建议虚拟机的最大内存不要超过实体机的剩余内存，否则会运行缓慢。

（2）处理器。可设置处理器数量和每个处理器的核心数量。设置的数量只能小于或等于真实处理器的总数，超过会导致虚拟机运行报错。

（3）硬盘。虚拟机新建完成后，已有的硬盘容量很难修改，如果需要增加容量，则可通过添加新硬盘的方式解决。

（4）CD/DVD。可使用实体机的物理光驱，也可通过 ISO 镜像文件使用虚拟光驱。

（5）网络适配器。网络适配器俗称网卡，可设置网络连接方式，常用的方式为桥接模式与 NAT 模式。在桥接模式下，虚拟机将与实体机一样，获取真实 IP，与实体机为“兄弟”关系。在 NAT 模式下，虚拟机通过实体机代理上网，与实体机为“父子”关系。如无特殊需求，一般设置为 NAT 模式即可。

其他参数对虚拟机运行影响不大，可自行研究。

第四节 金蝶云星空常规操作

金蝶云星空系统是移动互联网时代的新型 ERP，是基于 Web2.0 与云技术的新时代企业管理服务平台。

一、用户登录

用户在登录金蝶云星空系统时，既可通过网页登录，也可通过专用客户端登录。在用户名与密码已知的前提下，用户可登录系统，开始系统的使用。

（一）登录管理中心

管理中心主要对数据中心进行管理，登录管理中心的操作方法如下。

（1）打开浏览器。在浏览器的地址栏中输入地址“http://127.0.0.1:8000”，按回车键，打开登录界面。

（2）输入用户名与密码。用户名固定为管理员账户“administrator”，初始密码为“888888”，单击“登录”按钮，打开主窗口。

（二）登录客户端

登录客户端有两种方式，一是通过浏览器登录，二是通过专用客户端登录。使用浏览器登录的操作方法如下。

（1）打开浏览器。在浏览器的地址栏中输入地址“http://127.0.0.1/k3cloud”，按回车键，打开登录界面。

（2）选择数据中心。数据中心需要提前在管理中心创建。

（3）输入用户名与密码。此处用户为管理员账户或由管理员创建的用户，初始密码均为“888888”，单击“登录”按钮，打开主窗口。

使用专用客户端登录的操作方法如下。

（1）打开专用客户端。专用客户端可在金蝶云星空系统主窗口下载并安装。

（2）配置客户端连接参数。单击“服务器设置”按钮，在服务器地址下拉文本框中输入“http://127.0.0.1/k3cloud”，单击“确定”按钮。

（3）选择数据中心。

（4）输入用户名与密码，单击“登录”按钮，打开主窗口。

（三）更换操作员

登录金蝶云星空系统主窗口后，如果要模拟多人操作，则需要频繁更换操作员。为简化操作，不建议在更换操作员时关闭主窗口后再打开，可按以下操作方法进行。

（1）注销。在主窗口的右上角单击“注销”按钮。

（2）输入用户名与密码。在自动打开的金蝶云星空登录界面输入新操作员的用户名和密码，单击“登录”按钮，打开主窗口。

二、客户端主窗口

用户成功登录金蝶云星空系统后，自动进入金蝶云星空系统主窗口。主窗口是所有业务开展的入口，其作用是：提供所有功能的入口，管理所有子窗口，展现业务核心数据，管理当前用户，切换当前组织，提供金蝶云星空专用客户端下载通道。下面以专用客户端为例对主窗口的功能进行说明。

（一）提供所有功能的入口

主窗口提供金蝶云星空系统所有功能的入口。用户要使用某一个功能，需要打开相应的功能菜单，菜单位于主窗口右上角，由四级菜单构成。用户可以根据需要单击相应菜单进行操作。

（二）切换当前组织

在主窗口中，用户可以切换当前组织。当前组织在窗口右上方显示，用户可单击组织，对当前组织进行切换。

（三）下载专用客户端

用户登录金蝶云星空系统时，既可通过网页登录，也可通过专用客户端登录。金蝶云星空系统主窗口提供专用客户端下载功能。用户可在用户名下拉菜单中通过下载中心下载“GUI 客户端”“BOS 设计器”“BOS 套打设计器”“万能报表设计器”“网络检测工具”等。

三、数据列表常规动作

系统中含有大量的数据，这些数据都是通过数据列表的形式展现，数据列表有许多相同的常规操作，以实现对数据的管理。以费用项目、部门列表或采购订单列表为例，有以下操作方法需要掌握。

（1）新增/复制：新增数据的两种模式。新增是指增加一条完全空白的记录，复制是指通过复制现有记录的方式新增一条记录。新增记录中默认保留现有记录，减轻录入新记录的工作量。

（2）保存/暂存：保存当前修改的数据；当数据不符合保存条件时，可暂存。

（3）修改：修改当前记录。

（4）删除：删除当前记录。

（5）提交/撤销：提交当前记录或撤销提交当前记录。

（6）审核/反审核：审核当前记录或反审核当前记录，审核在提交后进行。

（7）刷新：按过滤条件重新读取数据。

（8）搜索：按指定条件查找记录。

（9）过滤：设置过滤条件。

（10）排序：单击表头字段对查询结果进行排序，或在过滤条件中设置排序方式。

（11）筛选：单击表头字段筛选图标进行筛选。

（12）分组：在列表的左边可建立分组，在已审核状态下可修改记录的分组，如费用项目。

（13）显示隐藏列/调整列宽/列位置：可以在表头上拖动设置，也可以在过滤功能中设置。

（14）页管理：可在右下角设置每页显示的记录数，可进行翻页。

（15）禁用/反禁用：对指定记录进行禁止使用或反禁止使用，对部分数据只能禁用，不能反禁用。

（16）分配/取消分配：把选择的记录分配给其他组织机构。

（17）选项：可配置参数，参数存放在本地，仅对当前终端有效。

（18）打印/预览/套打：打印或预览记录，可按套打格式进行输出。

（19）引入/引出：按指定 XLS 格式批量引入或引出数据。

（20）附件：可上传多种格式文件，供其他人下载查看或在线查看，附件可随单据传递到下游（受 BOS 参数控制）。

（21）块选择/取消块选择：进入任意区域的选择模式，方便批量复制数据。

（22）选单/下推：可向下一单据推送数据，或从上一单据中拉取数据，组合使用可实现多对多数据传递。

（23）关联查询：支持上查、下查、业务流程图、全流程跟踪。

（24）关闭/反关闭：单据关闭后，数据无法向下传递。全部传递完成的单据自动关闭。

（25）凭证：针对当前单据，提供生成凭证、查询业务凭证、查询总账凭证功能，也可通过各模块或智能会计平台中的凭证生成、凭证生成情况查询、业务凭证查询、总账凭证查询功能对单据对应的凭证进行管理。

第二章　系统管理

本章的主要内容是介绍企业基本情况，建立企业数据中心，对数据中心进行管理，创建企业组织机构，设置组织机构属性，设定企业基础资料控制类型与控制策略，创建角色与用户，完成系统管理工作。

第一节　企业概况

一、企业基本情况

华商集团成立于 2022 年 1 月 1 日，注册资本 5100 万元人民币，主营业务为电子设备的生产与销售。华商集团下属两个法人组织：华商制造公司与华商商贸公司。华商制造公司于 2022 年 1 月成立，华商商贸公司于 2022 年 11 月成立。管理层经营战略为增加产能，研发新技术，扩大市场。

华商集团作为集团总公司，主要负责整个集团及下属公司的资金管理和企业基础信息管理。集团管理层非常重视企业数字化管理，在管理上采用“分级管理、充分授权”的指导思想，总公司不参与下属公司的具体业务，下属公司具有较大的自主经营权。

华商制造作为主体公司，主要负责集团的生产业务，主要产品为平板Ⅰ和平板Ⅱ，并承接电池半成品的受托加工业务。公司下设生产部，并拥有两个生产车间，一车间主要负责电池半成品的生产制造，二车间负责平板Ⅰ和平板Ⅱ的加工和组装。公司生产线的生产周期为 7 天，原材料的采购周期为 7 天。公司产品在供应给华商商贸公司的同时，也针对特定客户对外销售。华商商贸作为销售公司，主要负责产品的全国销售，所有产品均从华商制造公司要货。

为了应对业务的快速发展，华商集团打算采用金蝶云星空云管理软件对公司业务进行全面管理。本书主要讲述供应链、生产制造及财务部分系统的应用及实施。

二、企业组织架构

华商集团设有华商制造公司与华商商贸公司两个法人组织，组织架构如图 2-1 所示。

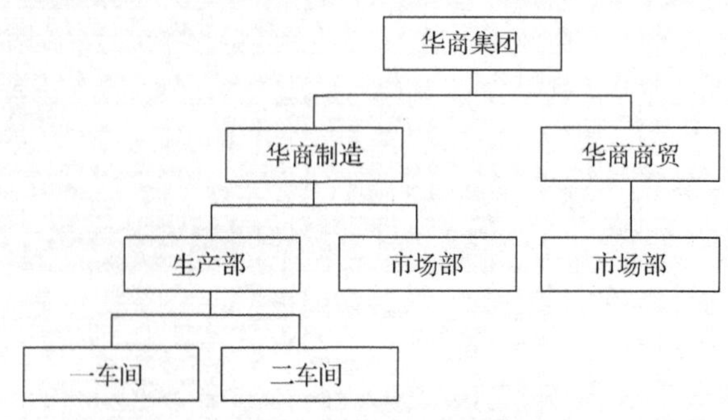

图 2-1　华商集团组织架构

各公司主要业务职责如表 2-1 所示。

表 2-1　各公司主要业务职责

组织	组织形态	业务职责
华商集团	总公司	总公司法人，主要负责整个集团及下属公司的资金管理和企业基础信息管理，但不参与下属公司的具体业务
华商制造	公司	集团下属制造公司，作为独立法人参与生产、销售、采购、结算、资产等业务
华商商贸	公司	集团下属销售公司，作为独立法人参与销售、采购、结算、资产等业务

第二节　数据中心管理

金蝶云星空管理中心是数据中心的管理平台，主要提供创建数据中心、注册与反注册数据中心、备份数据中心、恢复数据中心、删除数据中心、升级数据中心、数据库优化、云备份、云监测、云报告、管理中心高可用、管理员看板等功能，另外，管理中心还可以进行许可的引入、控制以及许可使用状况的查询。

一、创建数据中心

（一）基础数据

请按以下资料创建数据中心。

（1）登录地址：http://127.0.0.1:8000。

（2）数据库服务器地址：127.0.0.1，数据库管理员与连接用户登录名均为“sa”，密码均为“abcd1234”。

（3）数据中心代码：100。数据中心名称：华商集团。

（4）数据库文件与数据库日志文件路径：C:\K3CloudData。

（5）不允许执行计划任务。

（6）不创建日志中心。

（二）操作步骤

（1）登录管理中心。打开浏览器，在地址栏中输入“http://127.0.0.1:8000”，输入登录用户名“administrator”，密码“888888”，单击“登录”按钮，进入数据中心管理主窗口。

（2）打开数据中心列表。操作路径：【数据中心】-【数据中心管理】-【数据中心列表】。

（3）打开创建数据中心界面。单击工具栏中的“创建”-“创建 SQL Server 数据中心”选项，进入“创建 SQL Server 数据中心”界面。

（4）在当前界面中输入数据库服务器的地址。

（5）在当前界面中输入数据库管理员用户名、管理员密码，单击“测试连接”按钮，显示连接成功提示。

（6）输入数据库连接用户。在当前界面中输入用户名、密码，单击“测试连接”按钮，显示连接成功提示。

（7）输入数据中心信息。在当前界面单击“下一步”按钮，进入数据中心信息录入界面，输入数据中心代码、数据中心名称，选择数据库文件路径，这时系统自动填写数据库日志文件路径，取消勾选“执行计划任务”复选框和“创建日志中心”复选框。

（8）创建数据中心。单击“创建”按钮，耐心等待30分钟，直到创建完成。

（9）关闭所有页签。

友情提示

1. 建议使用支持HTML5的浏览器进行登录。

2. “127.0.0.1”专指本地计算机，适用于本地计算机访问本地服务。用户可以将“127.0.0.1”改为应用服务器的IP或域名进行远程登录，实现多人交互、互联网访问、云应用。

3. 数据库用户、密码在安装数据库时创建。

4. 数据中心创建时间比较长，建议通过恢复数据中心的方法恢复空的数据中心，替代创建过程，主讲教师可提供空的数据中心。

二、备份数据中心

（一）基础数据

请按以下资料备份数据中心。

（1）登录地址：http://127.0.0.1:8000。

（2）数据库管理员用户名为“sa”，密码为“abcd1234”。

（3）备份对象：华商集团。

（4）备份路径：C:\K3CloudData。

（5）备份文件名：F华商集团_姓名。

（二）操作步骤

（1）打开管理中心。打开浏览器，在地址栏中输入“http://127.0.0.1:8000”，输入用户名“administrator”，密码“888888”，单击“登录”按钮，进入数据中心管理主窗口。

备份数据中心

（2）打开数据中心列表。操作路径：【数据中心】-【数据中心管理】-【数据中心列表】。

（3）打开备份界面。单击工具栏中的“备份”-“备份”选项，进入数据中心备份界面。

（4）选择备份对象。在当前界面中选择备份对象，系统默认已选中第一个数据中心，如有需要，则可以调整。

（5）输入备份信息。在当前界面中修改备份文件名，输入数据库管理员用户名、密码，选择备份路径。

（6）创建备份文件。在当前界面中单击“执行备份”按钮，系统自动显示备份进度条，完成后会提示备份成功。

（7）关闭所有页面。

友情提示

1. 输出文件可以取个性化的名称，以反映操作进度。

2. 备份路径可以自行创建，如果是分布式部署，则备份路径只能是数据库服务器上的文件夹。

3. 压缩输出文件并不能明显减小文件，因此，没有必要压缩输出文件。

4. 输出文件务必通过U盘或网盘复制带走，供下次上课使用。

三、恢复数据中心

（一）基础数据

请按以下资料恢复数据中心。

（1）登录地址：http://127.0.0.1:8000。

（2）数据库服务器地址：127.0.0.1。数据库管理员和数据库连接用户名均为“sa”，密码均为“abcd1234”。

（3）备份文件：C:\K3CloudData\F华商集团_姓名.bak。

（4）数据中心代码：100。数据中心名称：华商集团。

（5）数据库文件路径：C:\K3CloudData。

（二）操作步骤

（1）登录管理中心。打开浏览器，在地址栏中输入“http://127.0.0.1:8000”，输入用户名“administrator”，密码“888888”，单击“登录”按钮，进入数据中心管理主窗口。

恢复数据中心

（2）打开数据中心列表。操作路径：【数据中心】-【数据中心管理】-【数据中心列表】。

（3）打开恢复界面。单击工具栏中的“恢复”选项，进入“恢复SQL Server数据中心”界面。

（4）输入备份文件信息。在当前界面中输入数据库服务器地址、数据库管理员用户名、密码，选择备份文件，单击“测试连接”按钮，显示连接成功信息。

（5）输入数据库连接用户。在当前界面中输入数据库连接用户名、密码，单击“测试连接”按钮，显示连接成功信息。

（6）输入恢复数据中心。在当前界面中输入数据中心代码、数据中心名称，修改数据库实体（可选），选择数据库文件路径。

（7）恢复数据中心。在当前界面中单击“执行恢复”按钮，系统自动显示恢复进度条，完成后提示恢复备份成功。

（8）关闭所有页面。

友情提示

1. 每次上课前，务必恢复上一次的备份，空的数据中心可以让主讲教师提供。

2. 恢复之前，务必把备份文件复制到虚拟机中容易找到的文件夹中，以便恢复后到这个文件夹中选取备份文件。

3. 如果备份文件是压缩文件，则需要提前解压。

4. 恢复数据中心代码与数据中心名称可以与备份前的代码和名称不相同。

第三节　组织机构管理

组织机构的搭建是多组织应用模式的基石。创建多组织机构可以实施多法人、多事业部、多地点等多组织应用模式。组织机构分为核算组织和业务组织，对业务组织可以配置对应的组织职能，组织机构之间可以实现数据隔离。

基础资料控制类型统一管理所有受控的基础资料，包括共享型、分配型、私有型，通过基础资料控制策略实现基础资料统一管理，有效实现数据隔离。同时可以由 Administrator 创建自动分配计划，实现基础资料的自动分配，并且可以查看分配的执行情况。

一、组织机构

（一）基础数据

华商集团旗下有华商制造、华商商贸两家子公司，其中，华商集团与华商制造具有所有业务职能，华商商贸具有除生产职能外的所有职能，具体如表 2-2 所示。

表 2-2　组织机构明细

组织机构编码	组织机构名称	形态	核算组织	业务职能①
100	华商集团	总公司	法人	销售、采购、库存、工厂、质检、结算、资产、资金、收付、营销、服务、共享、研发
101	华商制造	公司	法人	销售、采购、库存、工厂、质检、结算、资产、资金、收付、营销、服务、共享、研发
102	华商商贸	公司	法人	销售、采购、库存、结算、资产、资金、收付、营销、服务、共享、研发

（二）操作步骤

设置组织机构

（1）以系统管理员身份登录金蝶云星空客户端。打开客户端，选择数据中心，输入用户名“administrator”，密码“888888”，单击“登录”按钮，进入金蝶云星空系统主窗口。

（2）启用多组织。操作路径：【系统管理】-【组织机构】-【组织机构】-【启用多组织】，在打开的页面中勾选“启用多组织”复选框，单击工具栏中的“保存”选项。启用后重新登录客户端。

① 软件中为“业务组织”。

（3）打开组织机构列表。操作路径：【系统管理】-【组织机构】-【组织机构】-【组织机构】。

（4）新增组织机构。单击工具栏中的“新增”选项，进入“组织机构-新增”页面，录入组织机构编码、名称，选择形态，核算组织默认已选择“法人”单选按钮，业务组织根据实验场景勾选，依次单击工具栏中的“保存”“提交”“审核”选项。

（5）关闭所有页面。

友情提示

1. 启用多组织的操作不可逆。

2. 选择的形态只是用于记录，不影响组织机构的功能。

3. 组织机构创建后，名称与代码在后期可以修改。

4. 默认组织机构名称取数据中心的名称，不要随意更改。因在其他地方存在引用关系，记录无法删除，所以启用多组织前的数据中心名称非常重要。

5. 引入组织机构时，所属法人字段需保留，内容需为空值。

二、基础资料控制类型

（一）基础数据

基础资料控制类型用于定义基础资料对应的控制策略类型，需要修改的基础资料类型如表 2-3 所示，其他基础资料保持默认值。

表 2-3 基础资料控制类型

基础资料名称	控制类型
工作日历	共享型
部门	分配型
汇报类型	共享型

（二）操作步骤

设置基础资料控制类型

（1）打开基础资料控制类型管理窗口。操作路径：【系统管理】-【组织机构】-【基础资料控制】-【基础资料控制类型】。

（2）修改“工作日历”的策略类型。双击“工作日历”所在行，在打开的页面中修改策略类型为“共享”，依次单击工具栏中的“保存”“退出”选项。

（3）修改“部门”的策略类型。双击“部门”所在行，在打开的页面中修改策略类型为“分配”，依次单击工具栏中的“保存”“退出”选项。

（4）修改“汇报类型”的策略类型。双击“汇报类型”所在行，在打开的页面中修改策略类型为“共享”，依次单击工具栏中的“保存”“退出”选项。

（5）关闭所有页面。

友情提示

1. 基础资料控制策略类型分为分配型、共享型、私有型。
2. 只有“不可修改”选项为“否”的资料才可以修改策略类型。
3. 基础资料一旦使用，无法再修改策略类型。
4. 排程模型基础资料有默认值，在生成工序计划时调用。

三、基础资料控制策略

（一）基础数据

基础资料均由华商集团创建，分配给其他组织，控制策略如表 2-4 所示，其他基础资料保持默认值。

表 2-4　基础资料控制策略

基础资料名称	控制类型	可修改	创建组织	分配目标
部门	分配		华商集团	华商制造、华商商贸
岗位信息	分配		华商集团	华商制造、华商商贸
工艺路线	分配		华商集团	华商制造
工作中心	分配		华商集团	华商制造
供应商	分配		华商集团	华商制造、华商商贸
客户	分配		华商集团	华商制造、华商商贸
税务规则	分配		华商集团	华商制造、华商商贸
物料	分配		华商集团	华商制造、华商商贸
物料清单	分配		华商集团	华商制造、华商商贸
银行账号	分配	默认账号	华商集团	华商制造、华商商贸
排程模型	分配		华商集团	华商制造

（二）操作步骤

（1）打开基础资料控制策略界面。操作路径：【系统管理】-【组织机构】-【基础资料控制】-【基础资料控制策略】。

（2）新增控制策略。单击工具栏中的“新增”选项，进入“基础资料控制策略-新增”页面，选择基础资料，核对创建组织，在分配目标中将对应组织选入，按要求调整右方的不可修改属性，单击工具栏中的“保存”选项。

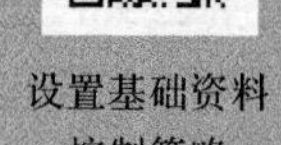

设置基础资料控制策略

（3）依次新增所有基础控制策略。

（4）关闭所有页面。

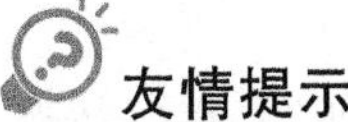

友情提示

1. 分配的资料默认只能由创建组织修改。

2. 可根据需要将资料属性的“不可修改”改为“可修改”。修改后，分配目标组织即可修改对应属性。

3. 分配、共享、私有的资料一旦定义控制策略，此资料只有指定的组织可以增加，如果没有指定任何组织，那么所有组织都可以增加，但是控制类型为“分配”选项的基础资料无法被分配。

完成本节业务后，请备份数据中心，将备份文件命名为“2-3 组织机构管理”，保存到 U 盘或网盘中。备份方法参照第二章第二节备份数据中心相关操作。

第四节 用户权限管理

用户及其权限通过用户对应的角色实现，角色既是用户的职责体现，又是权限的载体，起到很重要的桥梁作用。用户根据授予角色权限展示主控台界面、菜单以及业务应用，能方便快捷地开展业务。

一、角色

（一）基础数据

请增加全功能角色，角色信息如表 2-5 所示。

表 2-5 角色信息

编码	角色名称	权限
100	全功能	全功能

（二）操作步骤

（1）打开角色列表。操作路径：【系统管理】-【系统管理】-【角色管理】-【查询角色】。

设置角色

（2）新增角色。单击工具栏中的“新增”选项，进入“角色-新增”页面，输入编码、名称，如图 2-2 所示，依次单击工具栏中的“保存”“退出”选项。

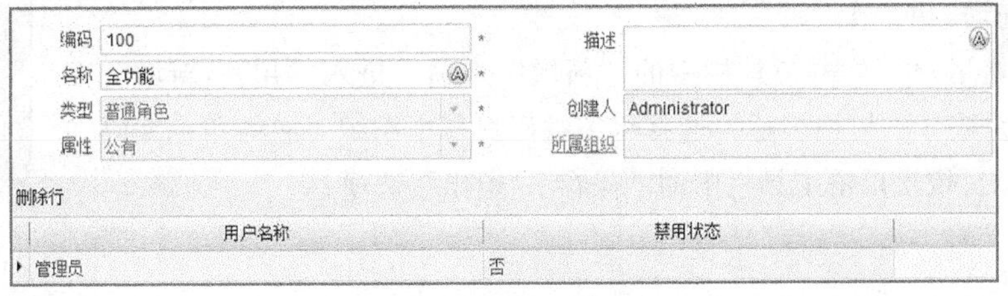

图 2-2 新增全功能角色

（3）打开全功能批量授权界面。操作路径：【系统管理】-【系统管理】-【批量授权】-【全功能批量授权】。

（4）给角色授权。授权角色选中“全功能”，授权模式选择“全功能”，授权状态选择“有权”，如图 2-3 所示，依次单击工具栏中的“授权”“退出”选项。

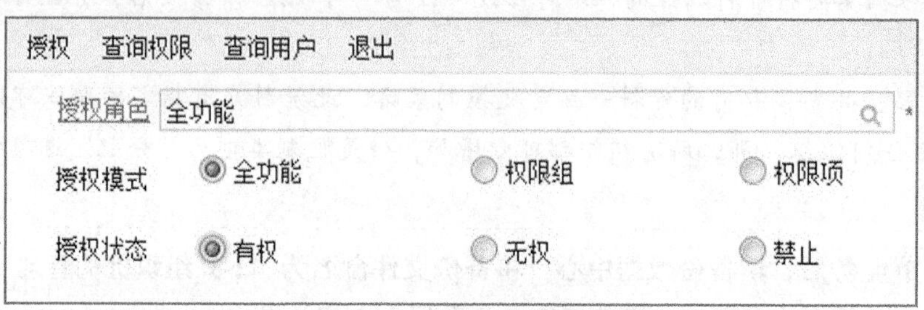

图 2-3 全功能批量授权

（5）关闭所有页面。

友情提示

1. 系统提供全功能、业务领域、子系统、业务对象、字段五个级别的授权。
2. 只能对角色进行授权，不能对用户直接授权。

二、用户

（一）基础数据

请增加用户，基本信息如表 2-6 所示，所有用户密码设置为“123456”，将所有用户设定为全功能角色。可根据需要修改用户信息、增加新的用户、修改角色。

表 2-6 用户信息

账号	用户名称	角色	工作范围
manage	管理员	全功能	具有所有业务的全部操作权限

（二）操作步骤

（1）打开用户列表。操作路径：【系统管理】-【系统管理】-【用户管理】-【查询 用户】。

设置用户

（2）新增用户。单击工具栏中的“新增”选项，进入“用户-新增”页面，录入用户账号、用户名称，选择组织编码、每个组织对应的角色编码，如图 2-4 所示，依次单击工具栏中的“保存”“退出”选项。

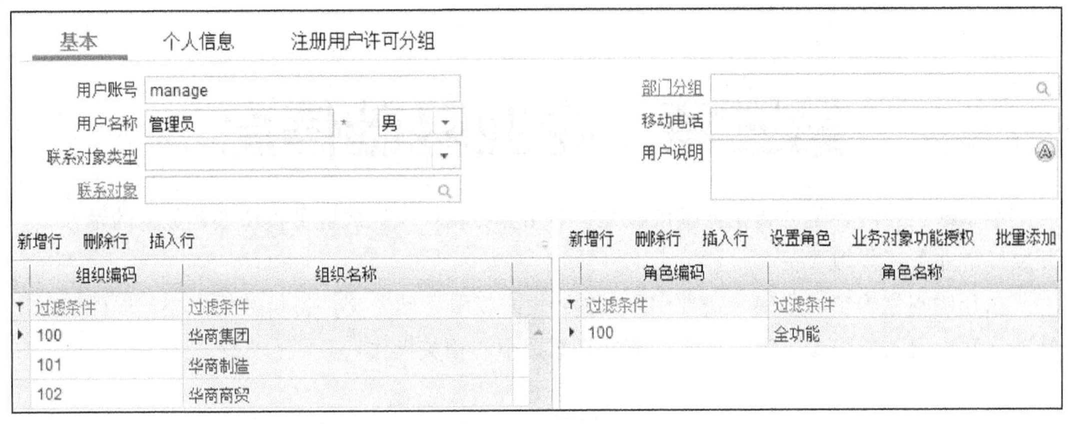

图 2-4 新增用户

（3）修改密码。返回用户列表页面，在列表状态下选中用户，单击工具栏中的“密码策略”-“重置密码”选项，在打开的窗口中输入两次新密码，单击“确定”按钮。

（4）关闭所有页面。

友情提示

1. 为学习方便，消除权限不足带来的困扰，对所有用户设置全功能权限，密码设置为一样的，任一用户可完成所有实验内容。工作中需设置为具体岗位角色，密码需个性化。

2. 用户信息没有要求必须与员工信息一致，可以通过联系对象进行关联。

3. 用户只能与角色对应。

4. 团队协作时，建议将每位成员用户信息全部录入。

5. 新用户初始密码为“888888”，可在密码策略中修改。

6. 新用户可在登录时修改密码，也可以在主窗口右上角的用户名处单击下拉按钮，通过“修改密码”选项重新修改密码。

7. 用户新增后无法删除，请谨慎增加用户。

8. 操作完成后，应及时关闭打开的页面，后文不再写出这一操作步骤。

9. 创建用户前，需提前创建全功能角色并设置全功能权限。

10. 充分利用批量添加功能，提高工作效率。

完成本节业务后，请备份数据中心，将备份文件命名为“2-4 用户权限管理”，保存到 U 盘或网盘中。备份方法参照第二章第二节备份数据中心相关操作。

第三章 企业基础信息

本章的主要内容是创建企业基础档案，启用业务模块，完成业务模块期初数据的录入，为开展日常业务工作做准备。

在开始本章的学习之前，需要引入“2-4 用户权限管理”文件备份数据中心，以保持数据的连续性，引入方法参照第二章第二节恢复数据中心相关操作。

第一节 基础档案

不同的公司有不同的基础数据，在开始日常业务之前，需要完成基础数据的整理与录入工作。本节涉及的基础数据的录入工作，若未作特别说明，均由华商集团完成。

一、部门员工

（一）基础数据

增加部门、岗位、员工、员工任岗、业务员，具体信息如表 3-1 和表 3-2 所示。

表 3-1 部门列表

使用组织	部门名称	部门属性	上级部门
华商商贸、华商制造	市场部	管理部门	
华商制造	生产部	辅助生产部门	
	一车间	基本生产部门	生产部
	二车间	基本生产部门	生产部

表 3-2 员工、岗位明细

使用组织	工号（员工编号）	姓名	所属部门	就任岗位	业务员
华商商贸、华商制造	101	李销售	市场部	销售员	销售员

（二）操作步骤

1．定义部门

（1）核对当前组织。以 manage 账号登录客户端，确保当前组织为华商集团。

（2）打开部门列表。操作路径：【基础管理】-【基础资料】-【主数据】-【部门列表】。

（3）新增部门。单击工具栏中的“新增”选项，进入“部门-新增”页面，录入名称，选择上级部门（若有），选择部门属性，依次单击工具栏中的“保存”“提交”“审核”选项；反复增加，直到所有部门录入完毕。

（4）分配部门。在部门列表中勾选“市场部”，单击工具栏中的“业务操作”-“分配”选项，选择所有组织，选中“分配后自动显示分配明细”“分配后自动审核”复选框，单击“确定”按钮，系统自动分配并审核记录。参照上述操作，将其他部门分配给华商制造。

2．定义岗位信息

（1）核对当前组织。确保当前组织为华商集团。

（2）打开岗位信息列表。操作路径：【基础管理】-【基础资料】-【公共资料】-【岗位信息列表】。

（3）新增岗位。单击工具栏中的“新增”选项，进入“岗位-新增”页面，录入名称，选择所属部门，依次单击工具栏中的“保存”“提交”“审核”选项。

（4）分配岗位。在岗位信息列表中勾选岗位，单击工具栏中的“业务操作”-“分配”选项，选择所有组织，选中“分配后自动显示分配明细”“分配后自动审核”复选框，单击“确定”按钮，由系统自动分配并审核记录。

3．定义员工

（1）打开员工列表。操作路径：【基础管理】-【基础资料】-【主数据】-【员工列表】。

（2）新增员工。单击工具栏中的“新增”选项，进入“员工-新增”页面，录入员工姓名、员工编号，如图 3-1 所示，依次单击工具栏中的“保存”“提交”“审核”选项。

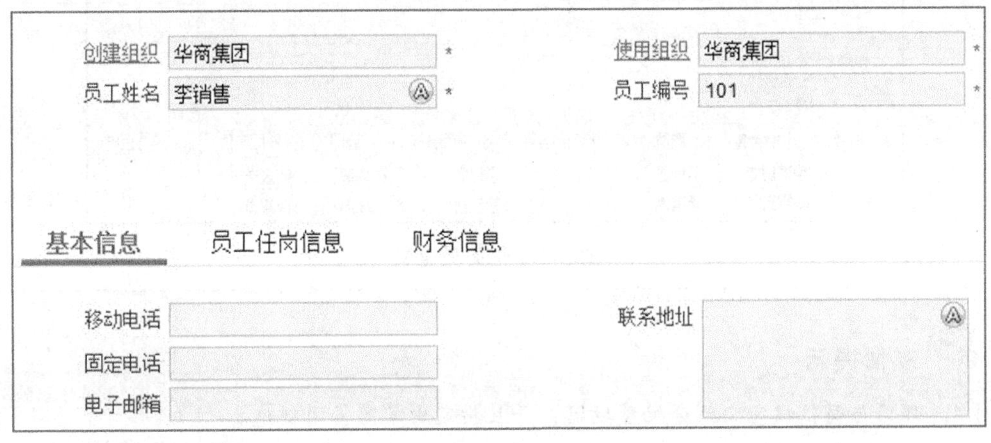

图 3-1 员工定义

4．定义员工任岗

（1）核对当前组织。确保当前组织与使用组织相同，如果不同，则切换当前组织。

（2）打开员工任岗明细。操作路径：【基础管理】-【基础资料】-【公共资料】-【员工任岗明细】。

（3）新增员工任岗信息。单击工具栏中的“新增”选项，进入“员工任岗信息-新增”页面，核对使用组织，选择员工，选择就任岗位，如图 3-2 所示，依次单击工具栏中的“保存”“提交”“审核”选项。

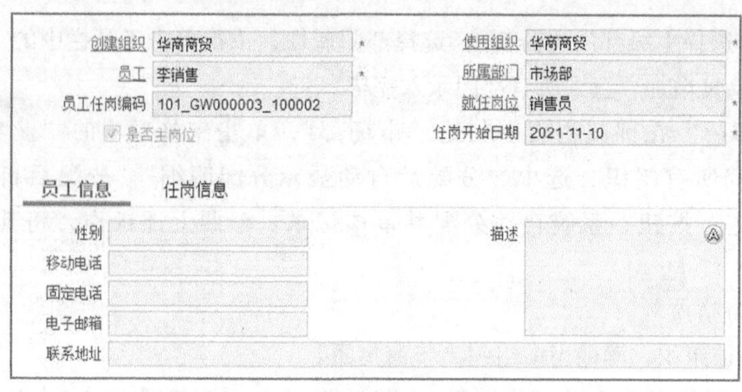

图 3-2　员工任岗定义

5．定义业务员

（1）核对当前组织。确保当前组织与使用组织相同，如果不同，则切换当前组织。

（2）打开业务员列表。操作路径：【基础管理】-【基础资料】-【公共资料】-【业务员列表】。

（3）新增业务员。单击工具栏中的“新增”选项，进入“业务员-新增”页面，选择业务员类型，在自动新增的业务员分录中核对业务组织（默认为当前组织），选择职员（可以多选），确认“启用”复选框已勾选，单击工具栏中的“保存”选项。切换组织，重复上述操作，完成所有组织业务员的新增。操作界面如图 3-3 所示。

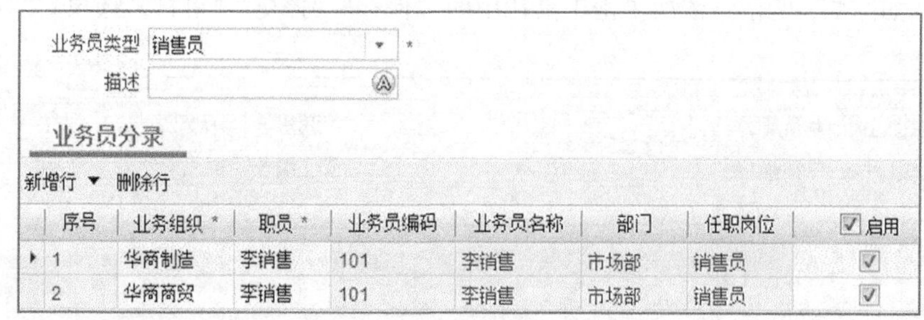

序号	业务组织 *	职员 *	业务员编码	业务员名称	部门	任职岗位	启用
1	华商制造	李销售	101	李销售	市场部	销售员	☑
2	华商商贸	李销售	101	李销售	市场部	销售员	☑

图 3-3　业务员定义

友情提示

1. 部门与岗位被定义为分配型数据，并且指定由华商集团创建。

2. 员工、员工任岗为共享型数据，且没有指定创建组织，所有组织都可增加，均可查看。

3. 在定义员工时可同步完成员工任岗定义，可通过菜单中的人员详细信息功能录入人员的详细数据，如出生地、身高、证件等。

4. 任岗开始日期不做关联检查，业务中对人员的调用不受限制。

5. 一个员工可同时从事多个岗位，可同时在多个组织任岗，但只能有一个主岗位；可出现在多个业务员类型中，可跨组织、跨部门担任业务员。

6. 业务员类型有销售员、采购员、仓管员、计划员、财务人员、质检员、服务人员、驾驶员、程序员九大类型，属于系统自带数据，不可修改。

7. 业务员为私有数据，各组织机构独立使用。只有指定为业务员，才能参与相关业务。

二、往来单位

（一）基础数据

（1）增加客户，创建组织为华商集团，具体信息如表 3-3 所示。

表 3-3 客户信息

客户名称	简称	客户类别	分配目标
西宁天友商贸有限公司	西宁天友	普通销售客户	华商商贸、华商制造
北京丰缘商贸有限公司	北京丰缘	寄售客户	华商商贸、华商制造

（2）增加供应商，创建组织为华商集团，具体信息如表 3-4 所示。

表 3-4 供应商信息

供应商名称	简称	供应类别	分配目标
重庆鸿旺制造有限公司	重庆鸿旺	采购	华商商贸、华商制造
长沙金诚制造有限公司	长沙金诚	采购	华商商贸、华商制造

（二）操作步骤

1．定义客户

（1）核对当前组织。确保当前组织为华商集团。

（2）打开客户列表。操作路径：【基础管理】-【基础资料】-【主数据】-【客户列表】。

设置往来单位

（3）新增客户。单击工具栏中的“新增”选项，进入“客户-新增”页面，录入名称，选择客户类别，依次单击工具栏中的“保存”“提交”“审核”选项；反复增加，直到所有客户录入完毕。

（4）分配客户。在客户列表中全选所有客户，单击工具栏中的“业务操作”-“分配”选项，选择所有组织，选中“分配后自动显示分配明细”“分配后自动审核”复选框，单击“确定”按钮，由系统自动分配并审核记录。

2．定义供应商

（1）核对当前组织。确保当前组织为华商集团。

（2）打开供应商列表。操作路径：【基础管理】-【基础资料】-【主数据】-【供应商列表】。

（3）新增供应商。单击工具栏中的“新增”选项，进入“供应商-新增”页面，录入名称，核对供应类别，依次单击工具栏中的“保存”“提交”“审核”选项；反复增加，直到所有供应商录入完毕。

（4）分配供应商。在供应商列表中全选所有供应商，单击工具栏中的“业务操作”-“分配”选项，选择所有组织，选中“分配后自动显示分配明细”“分配后自动审核”复选框，单击“确定”按钮，由系统自动分配并审核记录。

友情提示

1. 客户与供应商被定义为分配型数据，并且指定由华商集团创建。
2. 可以进一步补充客户与供应商的开票信息。

三、物料

（一）基础数据

增加物料，要求由华商集团定义，分配给所有组织，基本信息如表 3-5 所示。

表 3-5 物料明细-基本信息

物料属性	存货类别	物料名称	默认税率	采购	销售	生产	库存	委外	资产	分配组织
外购	原材料	机板Ⅰ	13%	√	√		√			华商商贸、华商制造
	原材料	机板Ⅱ	13%	√	√		√			华商商贸、华商制造
	原材料	屏幕	13%	√	√		√			华商商贸、华商制造
	原材料	电芯	13%	√	√		√			华商制造
	原材料	保护板	13%	√	√		√			华商制造
	原材料	外壳	13%	√	√		√			华商制造
	产成品	触控笔	13%	√	√		√			华商商贸
自制	产成品	平板Ⅰ套装	13%		√	√	√			华商商贸
	自制半成品	电池	13%	√	√	√	√	√		华商制造
	产成品	平板Ⅰ	13%		√	√	√			华商商贸、华商制造
	产成品	平板Ⅱ	13%		√	√	√			华商商贸、华商制造

（二）操作步骤

（1）核对当前组织。确保当前组织为华商集团。

（2）打开物料列表。操作路径：【基础管理】-【基础资料】-【主数据】-【物料列表】。

设置物料

（3）新增物料。单击工具栏中的“新增”选项，进入“物料-新增”页面，录入名称，选择物料属性，核对 6 项控制内容，核对默认税率，核对存货类别，依次单击工具栏中的“保存”“提交”“审核”选项，完成页面如图 3-4 所示。反复增加，直到所有物料录入完毕。

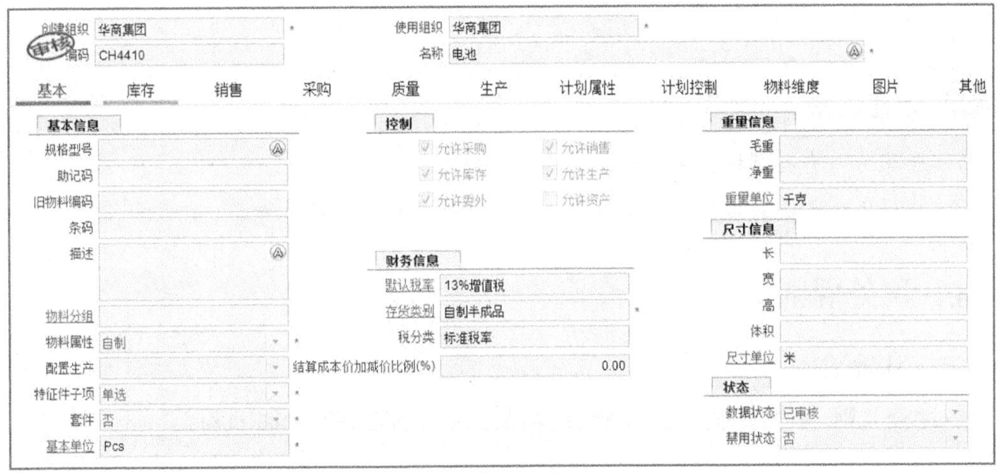

图 3-4 定义物料

（4）分配物料。在物料列表中勾选相应物料，单击工具栏中的“业务操作”-“分配”选项，选择相应组织，选中“分配后自动显示分配明细”“分配后自动审核”复选框，单击“确定”按钮，由系统自动分配并审核记录。重复上述操作，直到所有物料分配完毕。

友情提示

1. 物料被定义为分配型数据，并且指定由华商集团创建。
2. 物料有 6 项控制内容，只有勾选相应内容，该物料才能被相应业务使用。

四、仓库

（一）基础数据

定义仓库，信息如表 3-6 所示。

表 3-6 仓库明细

创建组织	仓库	仓库属性
华商商贸、华商制造	原料仓	普通仓库
	成品仓	普通仓库

（二）操作步骤

（1）核对当前组织。确保当前组织与创建组织相同，如果不同，则切换当前组织。

（2）打开仓库列表。操作路径：【基础管理】-【基础资料】-【供应链】-【仓库列表】。

（3）新增仓库。单击工具栏中的“新增”选项，进入“仓库-新增”页面，核对组织机构，录入仓库名称，核对仓库属性，依次单击工具栏中的“保存”“提交”“审核”选项。反复增加，直到录入完毕。

友情提示

1. 仓库为私有型数据，由各组织机构自行创建。

2. 可以进一步设置仓库的其他信息，如库存状态和控制属性等。

五、税务规则

（一）基础数据

核对税务规则，具体要求如表3-7所示，将税务规则分配给所有组织机构。

表3-7 税务规则

结果来源	名称	税收制度	单据范围
物料的税率	销售业务税率—物料	中国税制	应收单、销售合同、B2C订单、销售增值税专用发票、销售普通发票、寄售结算单、发货通知单、期初销售出库单、销售出库单、销售报价单、退货通知单、销售退货单、销售订单、销售订单新变更单
供应商的税率	采购业务税率—供应商	中国税制	应付单、要货申请单、采购增值税专用发票、采购普通发票、采购退料单、采购价目表、采购订单、收料通知单、期初采购入库单、采购入库单

（二）操作步骤

（1）核对当前组织。确保当前组织为华商集团。

设置税务规则

（2）打开税务规则列表。操作路径:【基础管理】-【基础资料】-【税务管理】-【税务规则列表】。

（3）核对税务规则。系统默认已创建“物料的税率”与“供应商的税率”，并已审核。

（4）分配税务规则。在税务规则列表中选择“物料的税率”与“供应商的税率”记录，单击工具栏中的“业务操作”-“分配”选项，选择所有组织，选中“分配后自动显示分配明细”“分配后自动审核”复选框，单击“确定”按钮，由系统自动分配并审核记录。

友情提示

1. 税收制度、税种、税率为共享数据，均有默认值。

2. 税务规则为分配数据，有默认值，需要分配，如果不分配，则在填写业务单据时，无法自动带出税率。

六、出纳管理

（一）基础数据

（1）新增银行，具体要求如表3-8所示。

表 3-8　银行

编码	名称
001	中国工商银行藏龙岛支行

（2）请新增银行账号，具体要求如表 3-9 所示。

表 3-9　银行账号

创建组织	银行账号	开户银行	账户名称	默认账号	分配组织
华商集团	6222304024101011111	中国工商银行藏龙岛支行	华商集团	√	
华商集团	6222304024101011112	中国工商银行藏龙岛支行	华商制造	√	华商制造
华商集团	6222304024101011113	中国工商银行藏龙岛支行	华商商贸	√	华商商贸

（二）操作步骤

1．新增银行

（1）核对当前组织。确保当前组织为华商集团。

（2）打开银行列表。操作路径：【基础管理】-【基础资料】-【财务会计】-【银行】。

（3）新增银行。单击工具栏中的“新增”选项，进入“银行-新增”页面，录入名称，依次单击工具栏中的“保存”“提交”“审核”选项。

2．新增银行账号

（1）核对当前组织。确保当前组织为华商集团。

（2）打开银行账号列表。操作路径：【基础管理】-【基础资料】-【财务会计】-【银行账号】。

（3）增加银行账号。单击工具栏中的“新增”选项，进入“银行账号-新增”页面，录入银行账号，选择开户银行，录入账户名称，账户收支属性选择“收支”，依次单击工具栏中的“保存”“提交”“审核”选项。

（4）分配银行账号。单击工具栏中的“业务操作”-“分配”选项，根据账户名称选择待分配组织，选中“分配后自动显示分配明细”复选框，取消选中“分配后自动审核”复选框，单击“确定”按钮，由系统自动分配记录。

（5）设置默认银行账号。在自动打开的分配页面中双击记录，选中“默认银行账号”复选框，依次单击工具栏中的“保存”“提交”“审核”选项。

友情提示

1. 银行为共享型数据，且没有指定创建组织，所有组织都可增加，均可查看。
2. 系统自带网商银行与微众银行，无法反审核，但可以禁用。
3. 银行账户名称可以用组织机构名称进行命名。
4. 银行账户为分配数据，由华商集团创建并分配给其他组织使用。
5. 可以填写开户申清单，推送银行账号。
6. 新建华商制造与华商商贸的银行账号时，默认账号不能选，分配后再选默认，再审核。

七、总账

（一）基础数据

（1）修改默认会计政策，修改要求如表 3-10 所示。

表 3-10　会计政策

名称	中国准则会计政策
主币别	人民币
会计日历	系统预设会计日历
会计要素表	中国会计要素表
默认汇率类型	固定汇率
成本政策	成本以不含税金额进行核算；启用即时成本，启用的核算体系为财务会计核算体系

（2）修改默认会计核算体系，修改要求如表 3-11 所示。

表 3-11　会计核算体系

创建组织	会计核算体系名称	核算组织	适用会计政策	下级组织
华商集团	财务会计核算体系（默认核算体系：法人核算体系）	华商集团	中国准则会计政策	华商集团
		华商制造	中国准则会计政策	华商制造
		华商商贸	中国准则会计政策	华商商贸

（二）操作步骤

1. 定义会计政策

（1）核对当前组织。确保当前组织为华商集团。

（2）打开会计政策列表。操作路径：【基础管理】-【基础资料】-【财务会计】-【会计政策】。

（3）修改会计政策。双击系统自带的“中国准则会计政策”所在行，进入修改状态，在成本政策处选中“即时成本”复选框，在启用核算体系处选择“财务会计核算体系”，单击工具栏中的“保存”选项。

2. 定义会计核算体系

（1）核对当前组织。确保当前组织为华商集团。

（2）打开会计核算体系列表。操作路径：【基础管理】-【基础资料】-【财务会计】-【会计核算体系】。

（3）修改会计核算体系。双击系统自带的“财务会计核算体系”所在行，进入修改状态，在核算组织中批量增加核算组织，批量填充适用会计政策，分别选择自己的组织作为对应下级组织，如图 3-5 所示，操作完成后单击工具栏中的“保存”选项。

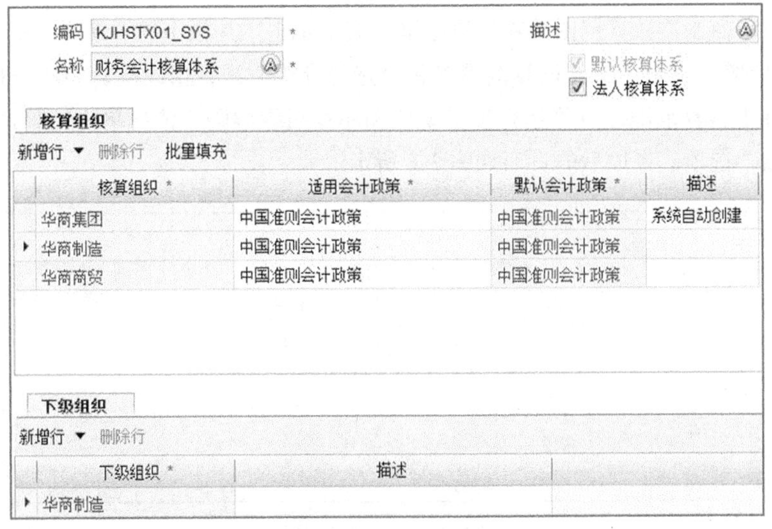

图 3-5 定义会计核算体系

友情提示

1. 当会计政策在审核状态下时，用户可以修改即时成本参数。

2. 当会计核算体系在审核状态下时，用户可以新增核算组织。

3. 财务会计核算体系已被会计政策的启用即时成本与存货核算中的核算范围调用，不能反审核。财务会计核算体系在已审核状态下时，用户仍可新增核算组织与下级组织，可批量填充适用会计政策。

八、成本管理

（一）基础数据

完成核算范围的定义，具体要求如表 3-12 所示。

表 3-12 核算范围

核算范围名称	计价方法	核算组织	会计政策	划分依据	货主	库存组织
华商集团核算范围	先进先出法	华商集团	中国准则会计政策	货主+库存组织	华商集团	华商集团
华商制造核算范围	先进先出法	华商制造	中国准则会计政策	货主+库存组织	华商制造	华商制造
华商商贸核算范围	先进先出法	华商商贸	中国准则会计政策	货主+库存组织	华商商贸	华商商贸

（二）操作步骤

成本管理

（1）核对当前组织。确保当前组织为华商集团。

（2）打开核算范围列表。操作路径：【成本管理】-【存货核算】-【基础资料】-【核算范围】。

（3）修改华商集团核算范围。双击默认记录，修改核算范围名称，选择计价方法，核对核算组织编码。在【核算范围】页签选择货主编码和库存组织编码，依次单击工具栏中的“保存”“提交”“审核”选项。

（4）新增华商制造核算范围。在核算范围列表下单击工具栏中的“新增”选项，进入“核算范围设置-新增”页面，录入核算范围名称，选择计价方法，修改核算组织编码，选择会计政策编码。在【核算范围】页签选择货主编码和库存组织编码，依次单击工具栏中的“保存”“提交”“审核”选项。完成后的页面如图 3-6 所示。

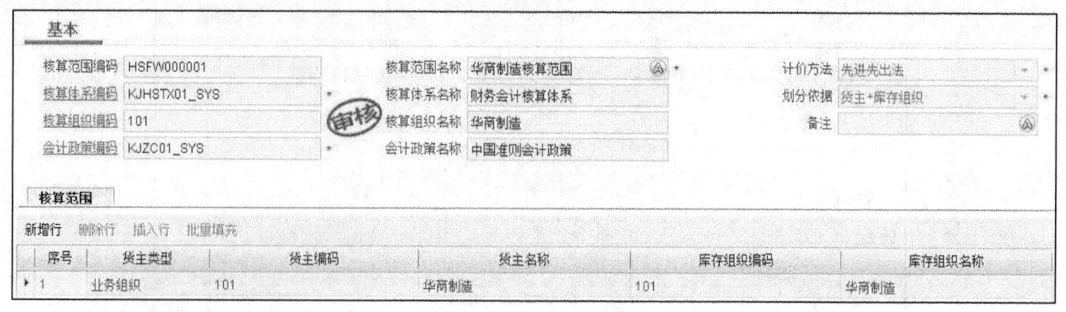

图 3-6　定义核算范围

（5）新增华商商贸核算范围。在核算范围列表下单击工具栏中的“新增”选项，进入“核算范围设置-新增”页面，录入核算范围名称，选择计价方法，修改核算组织编码，选择会计政策编码。在【核算范围】页签选择货主编码和库存组织编码，依次单击工具栏中的“保存”“提交”“审核”选项。

友情提示

1. 每个核算组织均采用先进先出法，并确定货主和库存组织。
2. 核算范围为采购入库与销售出库成本计算服务。
3. 每个核算组织都需要单独添加。只有先切换核算组织，才能添加货主组织。
4. 核算范围按“货主+库存组织”进行划分，存货核算时，系统将搜索核算范围中设置的库存组织下所有仓库中属于已设置货主的单据，并按核算范围分别核算。

完成本节业务后，请备份数据中心，将备份文件命名为“3-1 基础档案”，保存到 U 盘或网盘中。备份方法参照第二章第二节备份数据中心相关操作。

第二节　业务系统期初数据

开始日常业务之前，需要进行初始化设置，具体工作包括启用模块、录入业务系统期初数据、结束初始化等。其中，业务系统期初数据的录入是重点工作，其特点是数据量大，对准确性有要求。除传统手工录入外，用户还可以通过导入的方式批量处理。

一、启用模块

（一）基础数据

启用相关模块，具体模块启用时间如表 3-13 所示。

表 3-13 模块对应启用时间表

序号	模块名称	启用时间	要求
1	库存管理	2022.12.1	启用所有组织
2	存货核算	2022.12	启用所有组织
3	应收款管理	2022.12.1	启用所有组织
4	应付款管理	2022.12.1	启用所有组织
5	出纳管理	2022.12.1	启用所有组织
6	总账（账簿）	2022.12	创建所有组织的账簿

（二）操作步骤

1．启用库存管理模块

（1）打开功能窗口。操作路径：【供应链】-【库存管理】-【初始化】-【启用库存管理】。

启用模块 3

（2）启用模块。选择所有组织机构，修改启用日期，单击工具栏中的“保存”选项。

2．启用存货核算模块

（1）打开功能窗口。操作路径：【成本管理】-【存货核算】-【初始化】-【启用存货核算系统】。

（2）启用模块。选择所有核算体系，修改启用年度与会计期间，单击工具栏中的“启用”选项。

3．启用应收款管理模块

（1）打开功能窗口。操作路径：【财务会计】-【应收款管理】-【初始化】-【启用日期设置】。

（2）启用模块。选择所有结算组织，修改启用日期，单击工具栏中的“启用”选项。

4．启用应付款管理模块

（1）打开功能窗口。操作路径：【财务会计】-【应付款管理】-【初始化】-【启用日期设置】。

（2）启用模块。选择所有结算组织，修改启用日期，单击工具栏中的“启用”选项。

5．启用出纳管理模块

（1）打开功能窗口。操作路径：【财务会计】-【出纳管理】-【初始化】-【启用日期设置】。

（2）启用模块。选择所有组织，修改启用日期，单击工具栏中的“启用”选项。

6．创建账簿

（1）打开功能窗口。操作路径：【财务会计】-【总账】-【基础资料】-【账簿】。

（2）创建账簿。在左边选中组织机构，单击工具栏中的“新增”选项，进入“账簿-新增”页面，录入核算组织名称，选择启用期间为“2022.12”，依次单击工具栏中的“保存”“提交”“审核”选项。重复上述操作，创建所有账簿。操作界面如图 3-7 所示。

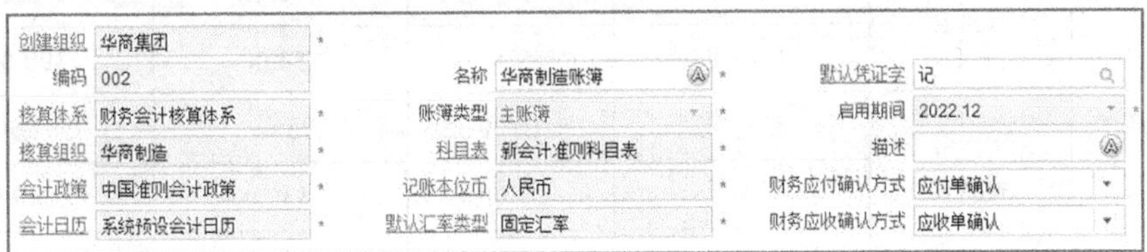

图 3-7 创建账簿

友情提示

1. 库存管理模块不支持反启用，如果没有期初库存，则可以修改库存启用日期。

2. 如果无法启用存货核算模块，则可能的原因有两个：一是没有定义核算范围，二是所有组织机构的库存没有全部启用。

3. 库存管理、存货核算模块在期初生产领料后启用最优。

4. 账簿中财务应付与应收确认方式分别默认为“应付单确认”和“应收单确认”，也可以选择以发票进行确认。

5. 本书实验场景设定为 2022 年，所有模块启用时间为 2022 年。如果使用本书的时间为 2022 年以后的年份，则将所有模块启用时间调整为当年或下一年。

二、物料期初

（一）基础数据

（1）华商制造物料期初明细如表 3-14 所示。

表 3-14　华商制造物料期初明细

货主	仓库	物料	期初数量	单价（元）	金额（元）
华商制造	原料仓	机板Ⅰ	1,350	620.00	837,000.00
		机板Ⅱ	1,330	750.00	997,500.00
		电芯	4,100	60.00	246,000.00
		保护板	4,200	20.00	84,000.00
		外壳	2,250	120.00	270,000.00
		屏幕	2,230	350.00	780,500.00
	成品仓	电池	2,220	150.00	333,000.00
		平板Ⅰ	1,310	1,530.00	2,004,300.00
		平板Ⅱ	1,320	1,680.00	2,217,600.00

（2）华商商贸物料期初明细如表 3-15 所示。

表 3-15　华商商贸物料期初明细

货主	仓库	物料	期初数量	单价（元）	金额（元）
华商商贸	原料仓	机板Ⅰ	610	620.00	378,200.00
		机板Ⅱ	520	750.00	390,000.00
	成品仓	触控笔	1,100	75.00	82,500.00
		平板Ⅰ	3,300	1,530.00	5,049,000.00
		平板Ⅱ	3,500	1,680.00	5,880,000.00

（二）操作步骤

1．期初库存录入

（1）核对当前组织。确保当前组织与货主相同，如果不同，则切换当前组织。

设置物料期初

（2）打开功能窗口。操作路径：【供应链】-【库存管理】-【初始化】-【初始库存列表】。

（3）录入期初库存。单击工具栏中的“新增”选项，进入“初始库存-新增”页面，选择仓库，在明细信息中选择物料编码，录入期初数量，依次单击工具栏中的“保存”“提交”“审核”选项，完成页面如图 3-8 所示。重复上述操作，依次增加其他仓库库存。

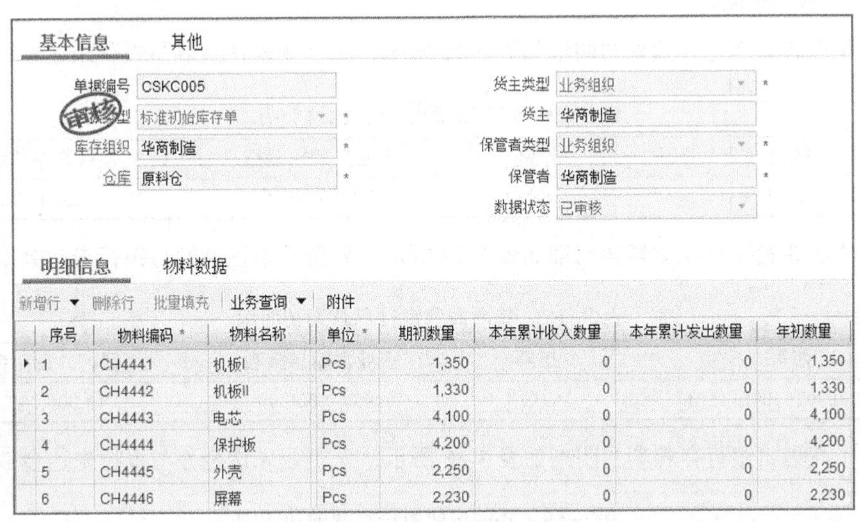

基本信息　其他

单据编号 CSKC005　　货主类型 业务组织
单据类型 标准初始库存单　　货主 华商制造
库存组织 华商制造　　保管者类型 业务组织
仓库 原料仓　　保管者 华商制造
数据状态 已审核

明细信息　物料数据

新增行　删除行　批量填充　业务查询　附件

序号	物料编码	物料名称	单位	期初数量	本年累计收入数量	本年累计发出数量	年初数量
1	CH4441	机板I	Pcs	1,350	0	0	1,350
2	CH4442	机板II	Pcs	1,330	0	0	1,330
3	CH4443	电芯	Pcs	4,100	0	0	4,100
4	CH4444	保护板	Pcs	4,200	0	0	4,200
5	CH4445	外壳	Pcs	2,250	0	0	2,250
6	CH4446	屏幕	Pcs	2,230	0	0	2,230

图 3-8　期初库存数据录入

2．期初存货录入

（1）核对当前组织。确保当前组织与货主相同，如果不同，则切换当前组织。

（2）打开功能窗口。操作路径：【成本管理】-【存货核算】-【初始化】-【初始核算数据录入】。

（3）录入期初存货。单击工具栏中的“新增”选项，进入“初始核算数据录入-新增”页面，选择核算组织，单击工具栏中的“业务操作”-“获取库存期初数据”选项，获取成功后在物料数据中录入期初单价，如图 3-9 所示，单击工具栏中的“保存”选项。

物料编码	物料名称	规格型号	批号	BOM版本	库存状态	基本单位	期初数量	期初单价	期初金额	零成本	仓库
CH4441	机板I				可用	Pcs	1,350	¥620.000000	¥837,000.00		原料仓
CH4442	机板II				可用	Pcs	1,330	¥750.000000	¥997,500.00		原料仓
CH4443	电芯				可用	Pcs	4,100	¥60.000000	¥246,000.00		原料仓
CH4444	保护板				可用	Pcs	4,200	¥20.000000	¥84,000.00		原料仓
CH4445	外壳				可用	Pcs	2,250	¥120.000000	¥270,000.00		原料仓
CH4446	屏幕				可用	Pcs	2,230	¥350.000000	¥780,500.00		原料仓
CH4448	平板I				可用	Pcs	1,310	¥1,530.00000C	¥2,004,300.00		成品仓
CH4449	平板II				可用	Pcs	1,320	¥1,680.00000C	¥2,217,600.00		成品仓
CH4410	电池				可用	Pcs	2,220	¥150.000000	¥333,000.00		成品仓

图 3-9　期初存货数据录入

友情提示

1. 期初库存只需要录入数量，不需要录入金额。
2. 货主类型与保管者类型都分为业务组织、供应商、客户。
3. 可以按库存组织、仓库进行组合，分别录入物料数据。
4. 存货为账面数，需要记录数量与金额。

三、资金期初

（一）基础数据

（1）华商制造银行存款期初明细如表 3-16 所示，无企业未达金额与银行未达金额。

表 3-16　华商制造银行存款期初明细

账号	币别	企业方期初余额	银行方期初余额
6222304024101011112	人民币	5,232,000.00	5,232,000.00

（2）华商商贸银行存款期初明细如表 3-17 所示，无企业未达金额与银行未达金额。

表 3-17　华商商贸银行存款期初明细

账号	币别	企业方期初余额	银行方期初余额
6222304024101011113	人民币	10,000,000.00	10,000,000.00

（3）华商集团银行存款期初明细如表 3-18 所示，无企业未达金额与银行未达金额。

表 3-18　华商集团银行存款期初明细

账号	币别	企业方期初余额	银行方期初余额
6222304024101011111	人民币	51,000,000.00	51,000,000.00

（二）操作步骤

1. 录入华商制造资金期初

（1）切换当前组织为华商制造。

（2）打开银行存款期初录入窗口。操作路径：【财务会计】-【出纳管理】-【初始化】-【银行存款期初】。

（3）录入银行期初。单击工具栏中的“新增”选项，进入“银行存款期初-新增”页面，选择银行、银行账号，录入企业方期初余额与银行方期初余额，依次单击工具栏中的“保存”“提交”“审核”选项，完成页面如图 3-10 所示。

基本　其他

单据编号 YHCKQC005　业务日期 2022-11-30　本位币 人民币

收款组织 华商制造　结算组织　汇率类型 固定汇率

审核

新增行　删除行　插入行

序号	银行	银行账号	账户名称	币别 *	企业方本年收入累计	企业方本年支出累计	企业方期初余额	银行方期初余额	企业未达金额合计	银行未达金额合计	是否平衡 *
1	中国工商银行	6222304024	华商制造	人民币	¥0.00	¥0.00	¥5,232,000.00	¥5,232,000.00	¥0.00	¥0.00	平衡

图 3-10　银行存款期初余额录入

2．录入华商商贸资金期初

（1）切换当前组织为华商商贸。

（2）打开银行存款期初录入窗口。操作路径：【财务会计】-【出纳管理】-【初始化】-【银行存款期初】。

（3）录入银行期初。单击工具栏中的“新增”选项，进入“银行存款期初-新增”页面，选择银行、银行账号，录入企业方期初余额与银行方期初余额，依次单击工具栏中的“保存”“提交”“审核”选项。

3．录入华商集团资金期初

（1）切换当前组织为华商集团。

（2）打开银行存款期初录入窗口。操作路径：【财务会计】-【出纳管理】-【初始化】-【银行存款期初】。

（3）录入银行期初。单击工具栏中的“新增”选项，进入“银行存款期初-新增”页面，选择银行、银行账号，录入企业方期初余额与银行方期初余额，依次单击工具栏中的“保存”“提交”“审核”选项。

1. 如果有未达账项，则还需要录入企业未达金额与银行未达金额。
2. 银行存款期初必须显示平衡。

四、科目期初

（一）基础数据

（1）华商制造科目期初如表 3-19 所示。

表 3-19　华商制造科目期初

科目编码	科目名称	余额方向	期初余额
1002	银行存款	借	¥5,232,000.00
1403	原材料	借	¥3,215,000.00
1405	库存商品	借	¥4,554,900.00
4001	实收资本	贷	¥13,001,900.00

（2）华商商贸科目期初如表 3-20 所示。

表 3-20　华商商贸科目期初

科目编码	科目名称	余额方向	期初余额
1002	银行存款	借	¥10,000,000.00
1403	原材料	借	¥768,200.00
1405	库存商品	借	¥11,011,500.00
4001	实收资本	贷	¥21,779,700.00

（3）华商集团科目期初如表 3-21 所示。

表 3-21　华商集团科目期初

科目编码	科目名称	余额方向	期初余额
1002	银行存款	借	¥51,000,000.00
4001	实收资本	贷	¥51,000,000.00

（二）操作步骤

（1）按要求切换当前组织。

（2）打开科目初始数据录入窗口。操作路径：【财务会计】-【总账】-【初始化】-【科目初始数据录入】。

设置科目期初

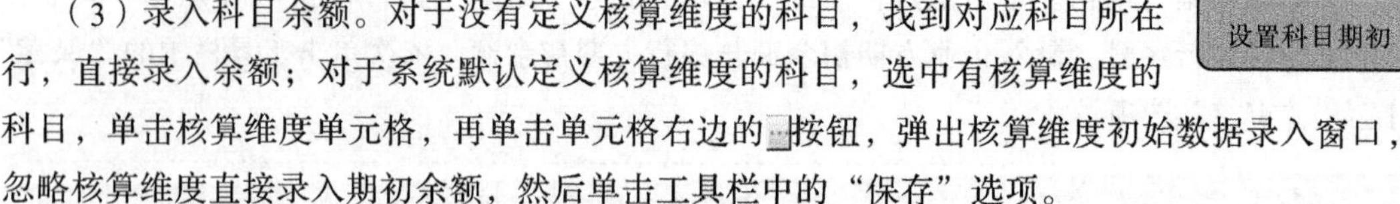

（3）录入科目余额。对于没有定义核算维度的科目，找到对应科目所在行，直接录入余额；对于系统默认定义核算维度的科目，选中有核算维度的科目，单击核算维度单元格，再单击单元格右边的按钮，弹出核算维度初始数据录入窗口，忽略核算维度直接录入期初余额，然后单击工具栏中的“保存”选项。

（4）试算平衡。全部科目期初余额录入完毕，单击工具栏中的“试算平衡”选项，显示结果，然后单击工具栏中的“保存”选项。

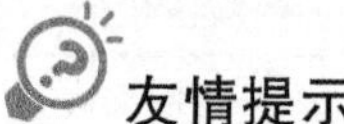

友情提示

1. 只能录入末级科目或科目对应核算维度的期初余额。

2. 可以引出、引入期初值。

3. 科目期初中部分会计科目的核算维度为可选录入的类型，因此在录入期初余额时可忽略核算维度栏目的填写。

五、结束初始化

（一）基础数据

各组织机构完成相关模块的结束初始化工作的具体要求如表 3-22 所示。

表 3-22　各模块启用、期初录入、结束初始化关系表

序号	模块名称	启用	期初录入	结束初始化
1	库存管理	√	√	√
2	存货核算	√	√	√
3	应收款管理	√		√
4	应付款管理	√		√
5	出纳管理	√	√	√
6	总账（账簿）	√	√	√

（二）操作步骤

1．库存管理模块结束初始化

（1）打开功能窗口。操作路径：【供应链】-【库存管理】-【初始化】-【库存管理结束初始化】。

结束初始化

（2）结束初始化。选择所有库存组织，单击工具栏中的“结束初始化”选项。

2．存货核算模块结束初始化

（1）打开功能窗口。操作路径：【成本管理】-【存货核算】-【初始化】-【存货核算初始化】。

（2）结束初始化。选择所有核算体系，单击工具栏中的“结束初始化”选项。

3．应收款管理模块结束初始化

（1）打开功能窗口。操作路径：【财务会计】-【应收款管理】-【初始化】-【应收款结束初始化】。

（2）结束初始化。选择所有结算组织，单击工具栏中的“结束初始化”选项。

4．应付款管理模块结束初始化

（1）打开功能窗口。操作路径：【财务会计】-【应付款管理】-【初始化】-【应付款结束初始化】。

（2）结束初始化。选择所有结算组织，单击工具栏中的“结束初始化”选项。

5．出纳管理模块结束初始化

（1）打开功能窗口。操作路径：【财务会计】-【出纳管理】-【初始化】-【出纳管理结束初始化】。

（2）结束初始化。选择所有组织，单击工具栏中的“结束初始化”选项。

6．总账模块结束初始化

（1）打开功能窗口。操作路径：【财务会计】-【总账】-【初始化】-【总账初始化】。

（2）结束初始化。选择所有账簿，单击工具栏中的“结束初始化”选项。

友情提示

1. 结束初始化后，不能进行初始化数据录入。
2. 结束初始化后，可以反初始化。
3. 各模块结束初化无先后顺序。

完成本节业务后，请备份数据中心，将备份文件命名为“3-2 业务系统期初数据”，保存到U盘或网盘中。备份方法参照第二章第二节备份数据中心相关操作。

第四章　供应链管理

本章主要介绍供应链管理系统的基本功能，设置供应链管理系统的基础数据，在此基础上完成标准销售、寄售销售、标准采购、VMI 采购、组装拆卸及盘点等业务的操作方法。

在开始本章的学习之前，需要引入“3-2 业务系统期初数据”备份数据中心，以保持数据的连续性，引入方法参照第二章第二节恢复数据中心相关操作。

第一节　概述

供应链管理系统面向企业采购、销售、库存管理人员，提供采购管理、销售管理、库存管理等业务管理功能，通过对企业产、供、销环节的信息流、物流、资金流的有效管理及控制，全面管理企业内部供应链业务。本章主要介绍销售管理、采购管理和库存管理三个子系统。

一、总体介绍

销售活动是企业所有经营活动的起点，对企业的技术、生产、财务、人事等各项管理都起着决定性的作用。销售管理系统是对销售报价、销售订货、仓库发货、销售退货处理、客户管理、价格及折扣管理、订单管理、信用管理等功能综合运用的管理系统，通过对销售全过程进行有效控制和跟踪，实现缩短产品交货期、降低成本、提升企业经济效益的目标。

采购是指企业在一定的条件下从供应市场获取产品或服务作为企业资源，以保证企业生产及经营活动正常开展的一项企业经营活动。采购管理系统是对采购申请、采购订货、进料检验、仓库收料、采购退料、采购货源管理、订单管理等功能综合运用的管理系统，通过对采购商流和物流的全过程进行有效控制与跟踪，实现完善的企业物资供应管理。采购管理系统与销售管理系统、库存管理系统集成，共同构建企业内部供应链。采购管理系统与计划管理系统、生产管理系统集成实现产供销一体化，有效平衡供应和需求。采购管理系统与应付管理系统、资金管理系统集成，形成采购与应付循环，有力支撑业务财务一体化。

库存管理系统是企业管理的基础和核心，支撑企业销售、采购、生产业务的有效运作。库存管理系统在物料日常出入库控制、保证生产的正常进行方面发挥重要作用，同时将库存控制在合理水平，为企业提供准确的库存信息。库存管理系统主要业务包括仓库管理、日常的物料流转业务、库存控制三大部分，是通过入库业务、出库业务、调拨、组装拆卸、库存调整等功能，与批号保质期管理、库存盘点、即时库存管理等功能综合运用的管理系统，对库存业务的物流和成本管理全过程进行有效控制和跟踪，实现完善的企业仓储信息管理。

二、功能结构

（一）销售管理系统

销售管理系统主要包括价格管理、订单处理、出货处理、退货处理、寄售、报表分析、基础资料及参数设置等子模块。

1．基础数据管理

基础数据为系统应用的前提，销售管理系统的基础数据管理主要通过基础资料和参数设置两个子模块实现，涉及客户信息、销售管理相关参数的设置。

2．价格管理

价格管理是企业销售业务管理的重要组成部分，通过价格控制可以保证企业销售政策有效执行，保障企业的利润。价格管理子模块提供销售价目表、销售折扣表、销售调价方案、批量调价单等多重功能，方便企业灵活地管理和控制价格。

3．订单处理

订单处理子模块包含销售订单新增和销售订单变更两大功能。销售订单完整记录客户信息、物料需求、价格及交货要求等丰富的信息，方便企业进行后续跟踪管理。

4．出货处理

出货处理是销售管理系统的一个子模块，包含发货通知单、销售出库单、电子面单等业务单据的管理，支持从销售部门通知发货到仓库部门产品出库的业务流程管理。

5．退货处理

退货处理是销售管理系统的一个子模块，支持完善的退货流程管理，包括退货通知、销售退货等功能。

6．寄售

寄售是一种委托代售的贸易方式。销售管理系统支持寄售订单的管理及相关业务流程管理。寄售子模块提供寄售结算、寄售仓库余额以及寄售发货结算报表等相关查询功能。

7．报表分析

报表分析是销售管理系统的一个子模块，提供包括销售订单执行分析、销售排名、销售出库分析、客户发货及时率报表、销售订单发货及时率报表等功能。

（二）采购管理系统

采购管理系统主要包括采购申请、订单处理、收料处理、退料处理、货源管理、报表分析、VMI 业务、基础资料及参数设置等子模块。

1．基础数据管理

基础数据为系统应用的前提，采购管理系统的基础数据管理主要通过基础资料和参数设置两个子模块实现，涉及采购条款、采购管理相关参数的设置。

2．采购申请

采购申请子模块包含采购申请、配套材料采购申请、采购计划方案等功能。物料使用部门或计划部门根据采购计划或物料需求，向采购部门提出申请采购，待申请单经过相关部门审核后，才能进行采购。

3．订单处理

订单处理子模块包含采购订单新增和采购订单变更两大功能。采购订单完整记录供应商信息、物料需求、价格及交货要求等丰富的信息，方便企业进行后续跟踪管理。

4．收料处理

收料处理是采购管理系统的一个子模块，包含收料通知单、采购入库单等业务单据的管理，支持从采购部门通知收料到仓库部门产品入库的业务流程管理。

5．退料处理

退料处理是采购管理系统的一个子模块，支持完善的退料管理，包括退料申请、采购退料等功能。

6．货源管理

货源管理子模块主要包含货源清单管理和价格管理两大功能。货源清单管理的主要作用是便于企业规范采购货源，避免随意采购；价格管理提供采购价目表、采购折扣表、采购调价表等多重功能，方便企业灵活进行价格管理和控制。

7．报表分析

报表分析是采购管理系统的一个子模块，包含采购订单执行分析、预计供应量查询、供应商到货及时率统计、订单到货及时率统计、采购价格分析表、采购申请执行分析等功能。

8．VMI 业务

VMI 业务子模块支持 VMI 业务全流程管理，涉及物料消耗、消耗汇总、消耗结算等业务环节。

（三）库存管理系统

库存管理系统主要包括出入库管理（销售出入库、采购出入库、杂收杂发）、库存调拨、受托业务、组装拆卸、盘点管理、报表分析、基础资料及参数设置等子模块。

1．基础数据管理

基础数据为系统应用的前提，库存管理系统的基础数据管理主要通过基础资料和参数设置两个子模块予以实现，涉及仓库、库存状态及库存管理相关参数的设置。

2．出入库管理

出入库管理涉及销售出入库、采购出入库、杂收杂发等业务模块。销售出入库子模块支持销售出库及销售退货功能；采购出入库子模块支持采购入库及采购退料功能；杂收杂发子模块支持除销售、采购、生产及委外业务之外的出入库管理。

3．库存调拨

库存调拨子模块支持处理直接调拨、分步式调拨业务，包含调拨申请单、直接调拨单、分布式调出单及分布式调入单等业务单据的管理。

4．受托业务

库存管理系统支持受托加工业务场景。在受托业务中，受托方不需要对委托方提供的原材料进行单独核算，但须进行备查登记。受托业务子模块支持受托业务发生所需的收料、入库及退料管理。

5．组装拆卸

库存管理系统支持组装拆卸业务场景，主要包含组装拆卸单及组装 BOM 列表的管理。组装拆卸单用于组装、拆卸业务的录入、审核等；组装 BOM 列表用于设置组装物料清单。

6．盘点管理

盘点管理支持定期盘点和周期盘点业务模块，包含盘点数据备份及盘盈、盘亏调整等相关功能。

7．报表分析

报表分析是库存管理系统的一个子模块，提供包括物料收发汇总分析、库存台账、库存账龄分析、安全库存预警、库存预留分析等功能。

三、供应链管理系统与其他系统的关系

（一）销售管理系统与其他系统的关系

销售管理系统与其他系统的关系如图 4-1 所示。

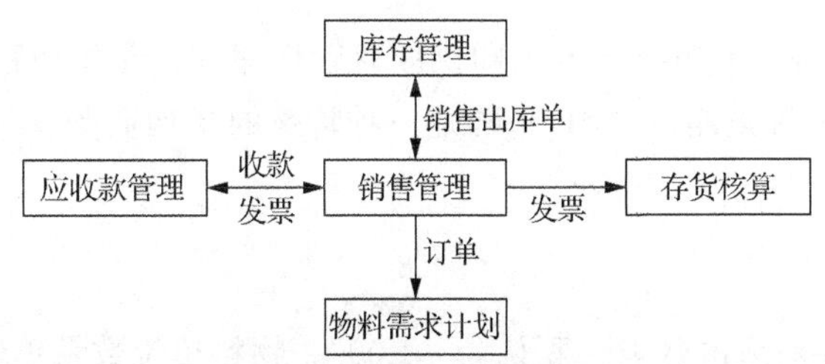

图 4-1　销售管理系统与其他系统的关系

（二）采购管理系统与其他系统的关系

采购管理系统与其他系统的关系如图 4-2 所示。

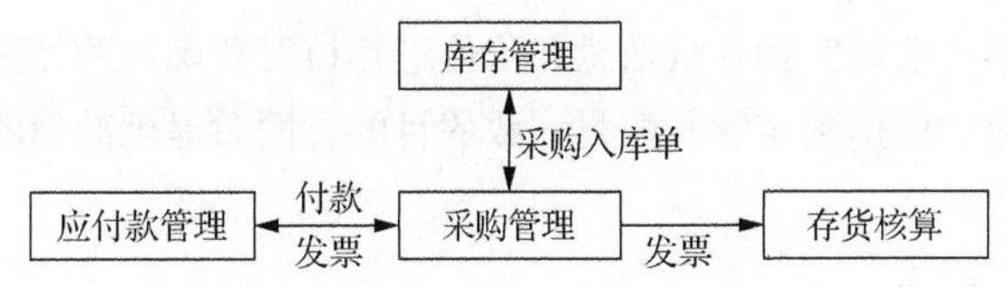

图 4-2　采购管理系统与其他系统的关系

（三）库存管理系统与其他系统的关系

库存管理系统与其他系统的关系如图 4-3 所示。

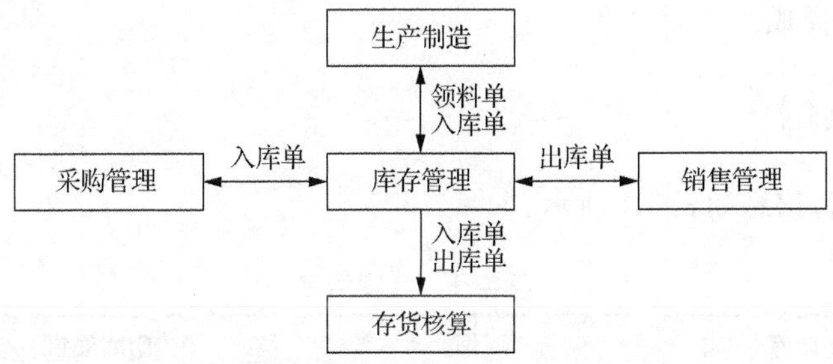

图 4-3　库存管理系统与其他系统的关系

四、基本概念

（一）物料

物料是原材料、半成品、产成品等企业生产经营资料的总称，是企业经营运作的物质保障。物料资料成为设置系统基本业务资料最基本、最重要的内容。

（二）寄售

寄售是一种委托代售的销售方式。它是指委托人（货主）先将货物运往寄售地，委托一个代销人（受托人），按照寄售协议规定的条件，由代销人代替货主进行销售，在货物出售后，由代销人向货主结算货款的一种贸易方式。

（三）VMI 采购

VMI（Vendor Managed Inventory）即供应商管理库存，是供应商和企业协同对供应链库存进行优化管理的一种策略。VMI 采购是一种特殊的采购业务，与一般采购相比，对物料先使用后结算。

（四）价格系数

价格系数是指单件对应的数量，默认为“1.00”，物料单位数量单价=单价/价格系数。当单个物品单价较低时，为保证单价的精度，可采用价格系数。例如，1 个产品单价为 0.00134 元，当因价格小数精度不能满足需求或无法整除，不好设置一个产品的单价时，可以在价格系数处填写 1000，将价格设置为 1.340 元。

（五）盘点

盘点即定期或者不定期对实物存货数量和价值进行核对和确认的处理流程，便于企业掌握正确的存货数量和价值，以达到实物与账目一致的目的，同时提供准确的库存记录。

第二节　基础数据设置

为了合理开展销售、采购及库存业务，管理员需要对销售管理系统、采购管理系统、库存管理系统相关基础数据进行设置。本节讲解的基础数据的录入工作，未做特别说明的，均由华商商贸完成。

一、基础数据

（1）定义仓库，信息如表 4-1 所示。

表 4-1　仓库信息

仓库	仓库属性
客户仓	客户仓库
供应商仓	供应商仓库

（2）定义销售价目表，信息如表 4-2 所示。销售价目表由华商商贸定义，分发给华商集团和华商制造。

表 4-2　销售价目表

价目表名称	物料名称	价格系数	价格（不含税）（元）	生效日期
销售价目表	平板Ⅰ	1.00	1800	2022/12/01
	平板Ⅱ	1.00	2100	2022/12/01

（3）定义销售调价方案，信息如表 4-3 所示。

表 4-3　销售调价方案

方案名称	物料范围（从）	物料范围（至）	调价类型	调价方法	调节幅度
销售调价	平板Ⅰ	平板Ⅱ	单价	百分比	5.00

（4）定义销售折扣表，信息如表 4-4 所示。

表 4-4　销售折扣表

折扣表名称	物料	折扣类型	折扣依据	从	至	计算方式	折扣率	生效日期
销售折扣表	平板Ⅱ	折扣	数量折扣	1000	2000	折扣率	2	2022/12/01
	平板Ⅱ	折扣	数量折扣	2000	5000	折扣率	5	2022/12/01

（5）设置 VMI 参数，信息如表 4-5 所示。

表 4-5　VMI 参数设置

参数	调整内容
可选 VMI 物料消耗单据	直接调拨单
VMI 结算价格来源	采购价目表
VMI 消耗数据合并选项	仓库
定价时点	消耗日期

（6）华商集团修改 VMI 业务供应商信息，信息如表 4-6 所示。

表 4-6　VMI 供应商信息

供应商	VMI 业务
长沙金诚	√

（7）华商集团修改 VMI 物料信息，信息如表 4-7 所示。

表 4-7　VMI 物料信息

物料	是否 VMI 业务
屏幕	√

（8）新增 VMI 采购价目表，信息如表 4-8 所示。

表 4-8　VMI 采购价目表

价目表名称	物料名称	价目表对象	价格类型	价格（不含税）（元）	生效日期
VMI 价目表	屏幕	按物料	VMI	300	2022/12/01

（9）定义物料清单，信息如表 4-9 所示。要求由华商集团定义，分配给华商商贸。

表 4-9　物料清单明细

BOM 简称	父项物料名称	子项物料名称	分子	分母
平板 I 套装	平板 I 套装	触控笔	1	1
		平板 I	1	1

二、操作解析

基础数据为系统应用的前提，一般先设置好基础数据，才能进行业务应用。供应链管理系统的基础数据设置包括设置销售价格信息、仓库及组装物料清单等。

三、操作步骤

基础数据设置

1．定义仓库

（1）切换当前组织。确保当前组织为华商商贸。

（2）打开仓库列表。操作路径：【基础管理】-【基础资料】-【供应链】-【仓库列表】。

（3）新增仓库。单击工具栏中的“新增”选项，进入“仓库-新增”页面，核对组织机构，录入仓库名称，核对仓库属性，依次单击工具栏中的“保存”“提交”“审核”选项。反复增加，直到录入完毕。

2．定义销售价目表

（1）核对当前组织。确保当前组织为华商商贸。

（2）打开销售价目表列表。操作路径：【供应链】-【销售管理】-【价格管理】-【销售价目表列表】。

（3）新增销售价目表。单击工具栏中的“新增”选项，进入“销售价目表-新增”页面，取消勾选“含税”复选框，填写价目表名称，选择生效日期。在【价格明细】页签选择物料，录入价格，依次单击工具栏中的“保存”“提交”“审核”选项，完成页面如图 4-4 所示。

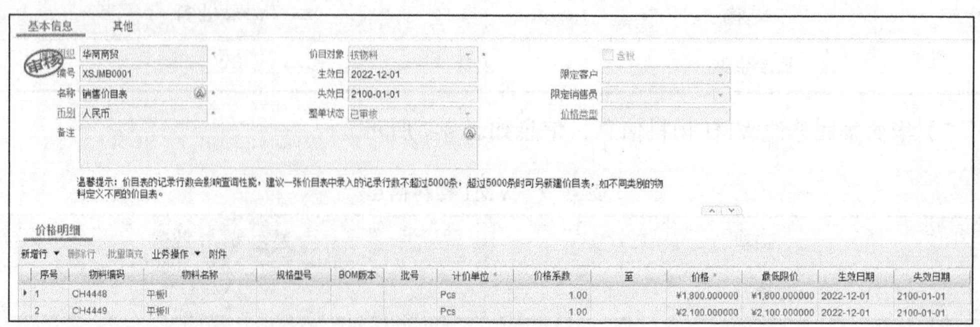

图 4-4　定义销售价目表

（4）分发销售价目表。单击工具栏中的“业务操作”-“分发”选项，单击“下一步”按钮，选择组织，单击“下一步”按钮，显示分发结果后，单击“完成”按钮。

3．定义销售调价方案

（1）打开销售调价方案列表。操作路径：【供应链】-【销售管理】-【价格管理】-【销售调价方案列表】。

（2）新增销售调价方案。单击工具栏中的“新增”选项，进入“销售调价方案-新增”页面，填写方案名称，选择价目表。在【调整范围】页签选择调整范围、调价类型和调价方法，录入调价幅度，依次单击工具栏中的“保存”“提交”“审核”选项，完成页面如图4-5所示。

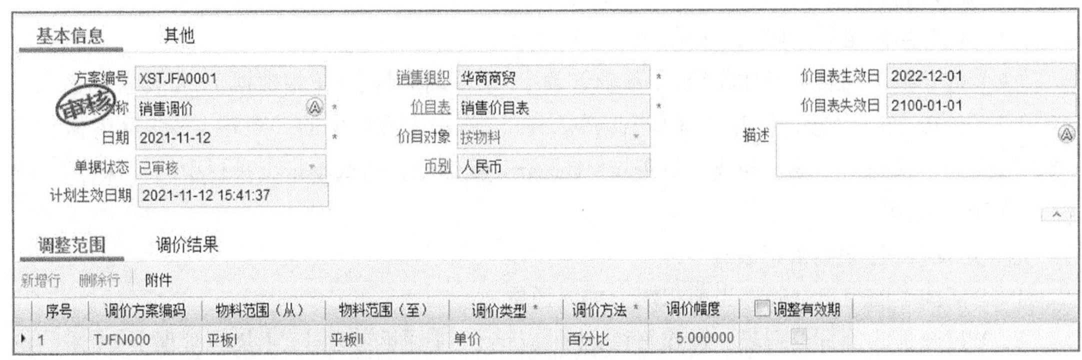

图 4-5　定义销售调价方案

4．定义销售折扣表

（1）打开销售折扣表列表。操作路径：【供应链】-【销售管理】-【价格管理】-【销售折扣表列表】。

（2）新增销售折扣表。单击工具栏中的“新增”选项，进入“销售折扣表-新增”页面，填写折扣表名称，选择生效日期。在【折扣明细】页签选择物料、折扣类型和折扣依据，录入数量范围（从、至）、折扣率，依次单击工具栏中的“保存”“提交”“审核”选项，完成页面如图4-6所示。

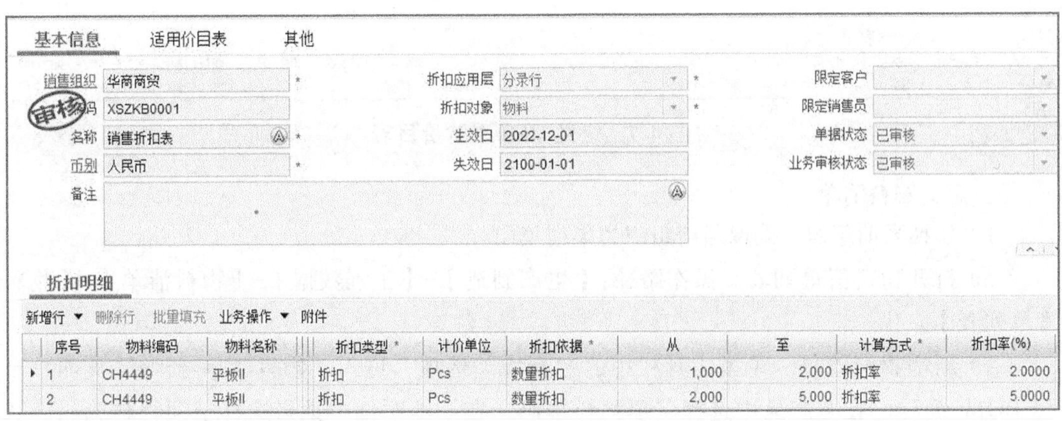

图 4-6　定义销售折扣表

5．调整采购管理系统参数

操作路径：【供应链】-【采购管理】-【参数设置】-【采购管理系统参数】。进入“采购管理参数”页面，切换到【VMI 参数】页签，按表 4-5 修改相关参数，单击工具栏中的“保存”选项。

6．修改供应商信息

（1）切换当前组织。确保当前组织为华商集团。

（2）打开供应商列表。操作路径：【基础管理】-【基础资料】-【主数据】-【供应商列表】。

（3）修改商务信息。打开“长沙金诚”供应商页面，单击工具栏中的“审核”-“反审核”选项，切换到【商务信息】页签，勾选“VMI 业务”复选框，依次单击工具栏中的“保存”“提交”“审核”选项。

7．修改物料信息

（1）核对当前组织。确保当前组织为华商集团。

（2）打开物料列表。操作路径：【基础管理】-【基础资料】-【主数据】-【物料列表】。

（3）修改采购信息。打开“屏幕”物料页面，单击工具栏中的“审核”-“反审核”选项，切换到【采购】页签，勾选“是否 VMI 业务”复选框，依次单击工具栏中的“保存”“提交”“审核”选项。

8．定义 VMI 采购价目表

（1）切换当前组织。确保当前组织为华商商贸。

（2）打开采购价目表列表。操作路径：【供应链】-【采购管理】-【货源管理】-【采购价目表列表】。

（3）新增 VMI 采购价目表。单击工具栏中的“新增”选项，进入“采购价目表-新增”页面，填写价目表名称，选择价格类型“VMI”，取消勾选“含税”复选框，选择物料，录入价格和生效日期，如图 4-7 所示，依次单击工具栏中的“保存”“提交”“审核”选项。

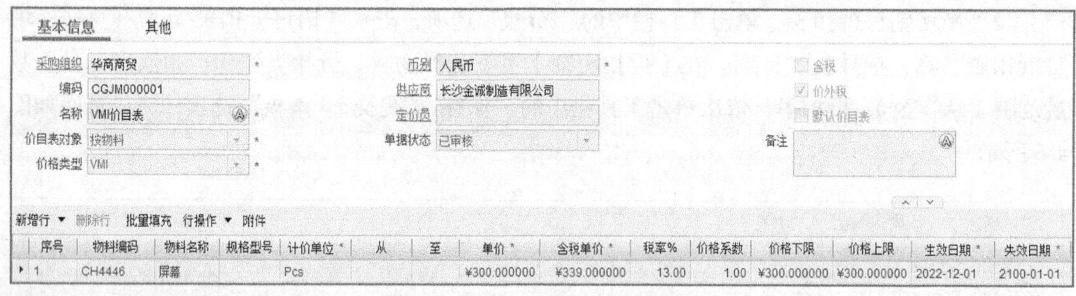

图 4-7　定义 VMI 采购价目表

9．定义物料清单

（1）切换当前组织。确保当前组织为华商集团。

（2）打开物料清单列表。操作路径：【生产制造】-【工程数据】-【物料清单】-【物料清单列表】。

（3）新增物料清单。单击工具栏中的“新增”选项，进入“物料清单-新增”页面，录入 BOM 简称，在主产品中选择父项物料编码，在子项明细中批量选择子项物料编码，核对分子与分母用量，依次单击工具栏中的“保存”“提交”“审核”选项，完成页面如图 4-8 所示。

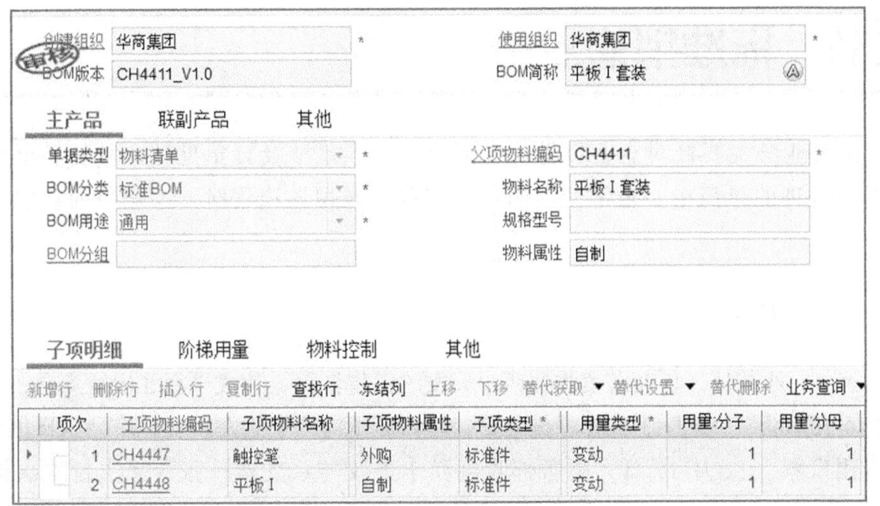

图 4-8 定义物料清单

（4）分配物料清单。在物料清单列表中勾选物料清单，单击工具栏中的“业务操作”-“分配”选项，选择“华商商贸”，选中“分配后自动显示分配明细”“分配后自动审核”复选框，单击“下一步”按钮，执行分配，由系统自动分配并审核记录。

友情提示

1. 为了保证获取一定的销售利润，企业需要对销售商品的价格进行管控，在销售业务开展前可以建立统一的销售价目表、销售调价方案和销售折扣表。

2. 企业通过销售价目表设置价格信息，用户可以通过分发功能实现价格资料的共享和同步更新，实现灵活的价格控制。

3. 企业通过销售价目表定价时使用的计价单位，默认是物料单据上设置的销售计价单位。例如，某物料 A 按件定价为 40 元，按箱定价为 100 元。在单据上取价时，系统会按单据上维护的计价单位进行取价，如果单据上的计价单位是件，则取价目表中件的价格，即 40 元/每件。

4. 销售调价方案主要用于调整价格信息。销售调价方案生效后，系统会将调整结果更新到价目表中。

5. 销售调价方案支持生效功能，系统默认已勾选销售管理系统参数中的“调价方案审核后即生效”项目。销售调价方案执行生效功能时，系统将自动更新对应的价目表。

6. 销售折扣表用于设定销售折扣信息，提供整单折扣和行折扣，支持基于数量、单价和金额的折扣等多种折扣方式。

7. 采购价目表中须设置价格类型，业务单据取价时会按价格类型过滤价目表。采购业务只能使用采购类型价目表，委外业务只能使用委外类型价目表，其他类型类似。

8. 物料清单为分配型数据，华商集团定义后，分配给相应组织使用。

完成本节业务后，请备份数据中心，将备份文件命名为“4-2 基础数据设置”，保存到 U 盘或网盘中。备份方法参照第二章第二节备份数据中心相关操作。

第三节　标准销售业务

标准销售业务主要针对企业日常销售活动设计，是涉及订单处理、发货、出库、应收及后续财务处理的最简单、最常使用的业务流程。应用该流程时，系统中的销售订单选择标准销售订单。

一、业务场景

2022 年 12 月 1 日，华商商贸收到西宁天友的销售订单，达成平板Ⅱ出货意向，具体订单明细如表 4-10 所示。12 月 3 日，根据约定，华商商贸向西宁天友发货，产品当日出库并开具增值税专用发票。12 月 15 日，财务部收到西宁天友转账支票一张，系支付本次销售货款 2930180.40 元。

表 4-10　客户订单明细

客户	平板Ⅱ数量	销售员	价目表	折扣表	要货日期
西宁天友	1200	李销售	销售价目表	销售折扣表	2022-12-8

二、业务解析

本业务属于标准销售业务流程管理，主要从物流、资金流、信息流几方面完成业务处理，涉及订单处理、发货、出库、应收及财务收款等业务环节，业务流程如图 4-9 所示。销售订单审核后，用户手动下推发货通知单；发货通知单审核后，用户手动下推销售出库单并完成出库成本核算；销售出库单审核时系统自动生成应收单；应收单审核后，用户手动下推销售发票和收款单；本业务需要生成出库凭证、应收凭证和收款凭证。

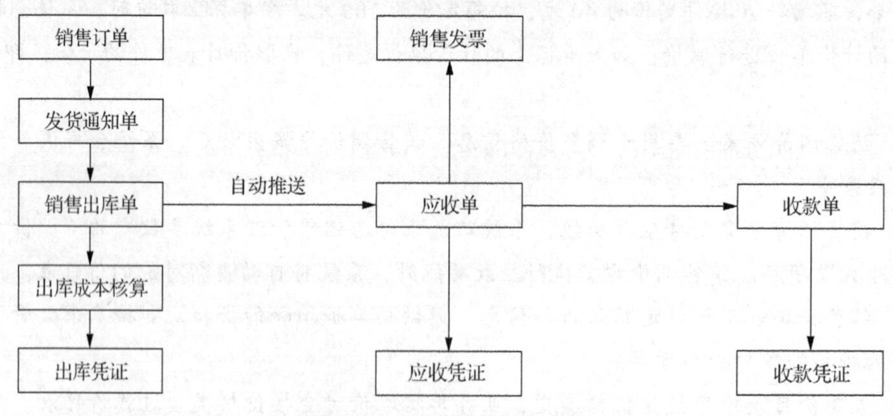

图 4-9　标准销售业务流程

三、操作步骤

1．填写销售订单

（1）核对当前组织。确保当前组织为华商商贸。

（2）打开销售订单列表。操作路径：【供应链】-【销售管理】-【订单处理】-【销售订单列表】。

（3）新增销售订单。单击工具栏中的“新增”选项，进入“销售订单-新增”页面。在表头【基本信息】页签中选择单据类型为“标准销售订单”（默认），修改日期、选择客户、选择销售员；在表头【财务信息】页签中选择价目表和折扣表；在表体【明细信息】页签中选择物料编码，录入物料的销售数量，修改要货日期，依次单击工具栏中的“保存”“提交”“审核”选项，完成页面如图 4-10 所示。

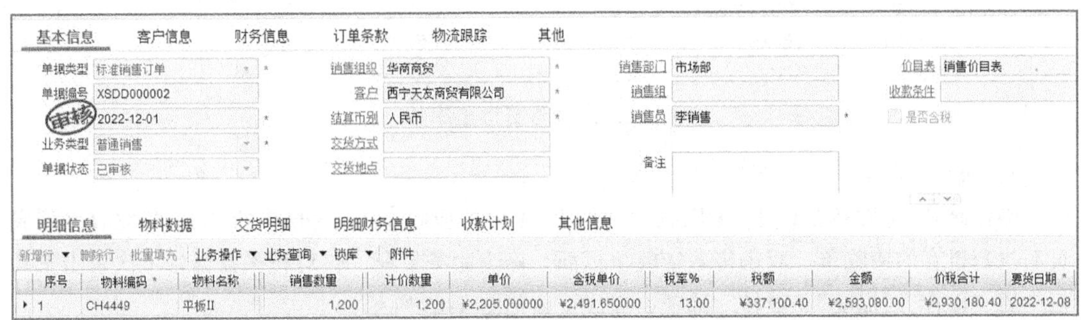

图 4-10　新增销售订单

2．填写发货通知单

在销售订单页面单击工具栏中的“下推”选项，勾选“发货通知单”单选按钮，单击“确定”按钮。进入发货通知单页面，修改日期，依次单击工具栏中的“保存”“提交”“审核”选项，完成页面如图 4-11 所示。

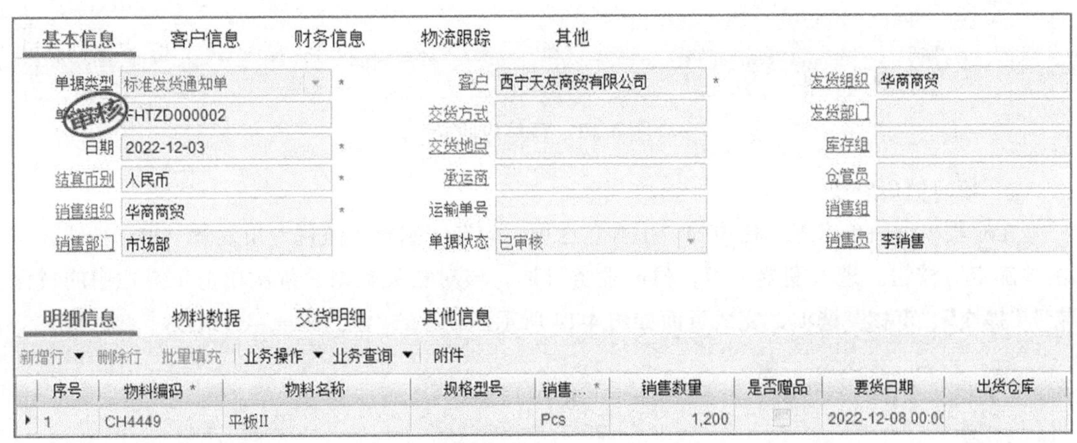

图 4-11　填写发货通知单

3．填写销售出库单

在发货通知单页面单击工具栏中的“下推”选项，勾选“销售出库单”单选按钮，单击“确定”按钮。进入销售出库单页面，修改日期，在【明细信息】页签中选择仓库，核对相关信息，依次单击工具栏中的“保存”“提交”“审核”选项，完成页面如图 4-12 所示。销售出库单审核时系统自动生成应收单。

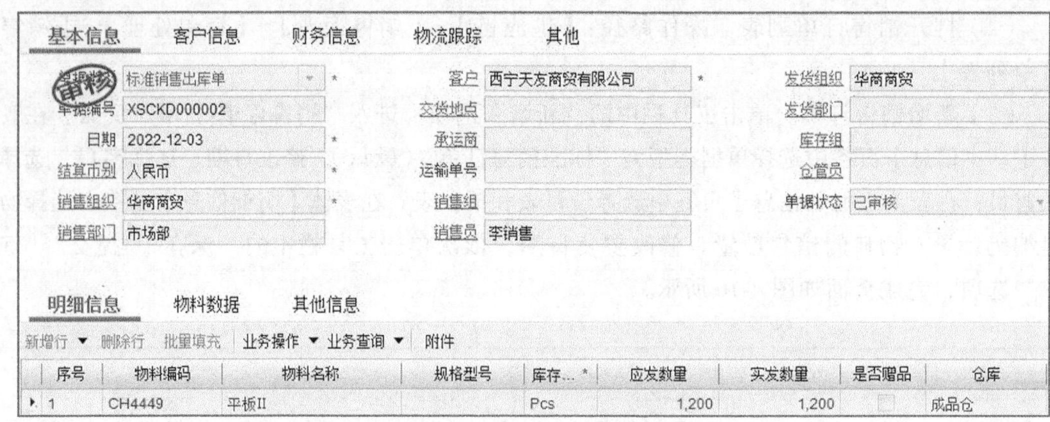

图 4-12　填写销售出库单

4．审核应收单

操作路径：【财务会计】-【应收款管理】-【销售应收】-【应收单列表】。在应收单列表页面找到暂存的应收单。双击进入应收单页面，修改业务日期，核对相关数据，依次单击工具栏中的“保存”“提交”“审核”选项，完成页面如图 4-13 所示。

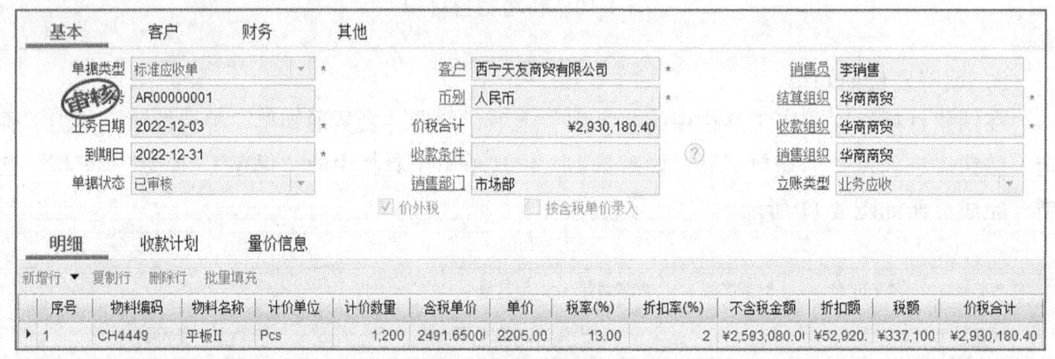

图 4-13　审核应收单

5．填写销售发票

在应收单页面单击工具栏中的“下推”选项，勾选“销售增值税专用发票”单选按钮，单击“确定”按钮。进入发票页面，修改业务日期，核对相关数据，依次单击工具栏中的“保存”“提交”“审核”选项，完成页面如图 4-14 所示。

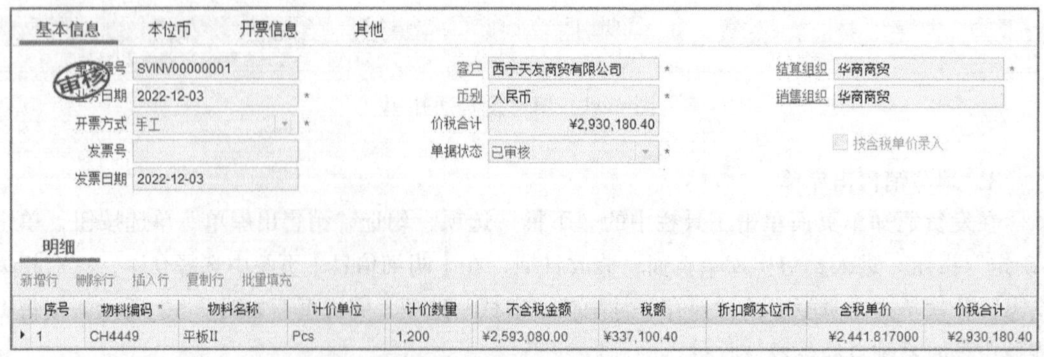

图 4-14　填写销售发票

6．填写收款单

在应收单页面单击工具栏中的“下推”选项，勾选“收款单”单选按钮，单击“确定”按钮。进入收款单页面，修改业务日期，核对相关数据，依次单击工具栏中的“保存”“提交”“审核”选项，完成页面如图 4-15 所示。

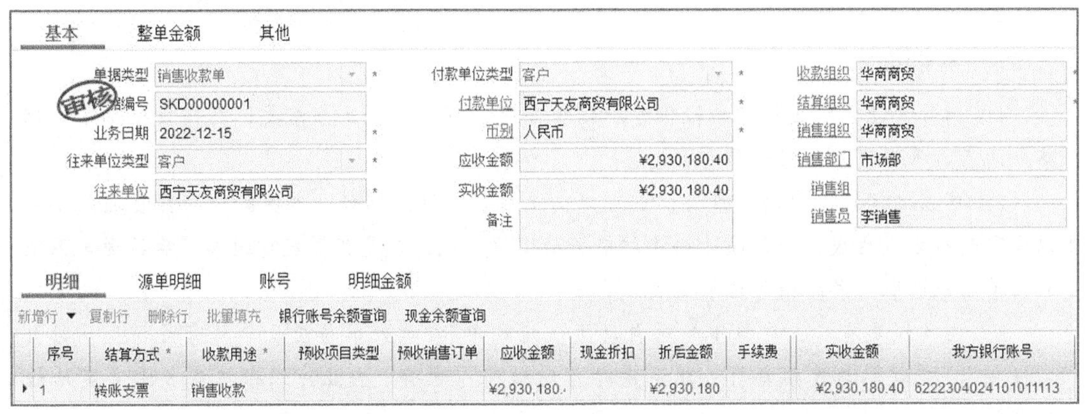

图 4-15 填写收款单

7．出库成本核算

操作路径：【成本管理】-【存货核算】-【存货核算】-【出库成本核算】。进入出库成本核算页面，按提示操作。在结果页面单击“核算单据查询”功能入口，在打开的过滤页面中选择单据类型为“标准销售出库单”，查看出库单成本核算结果。出库成本核算过滤条件设置如图 4-16 所示。

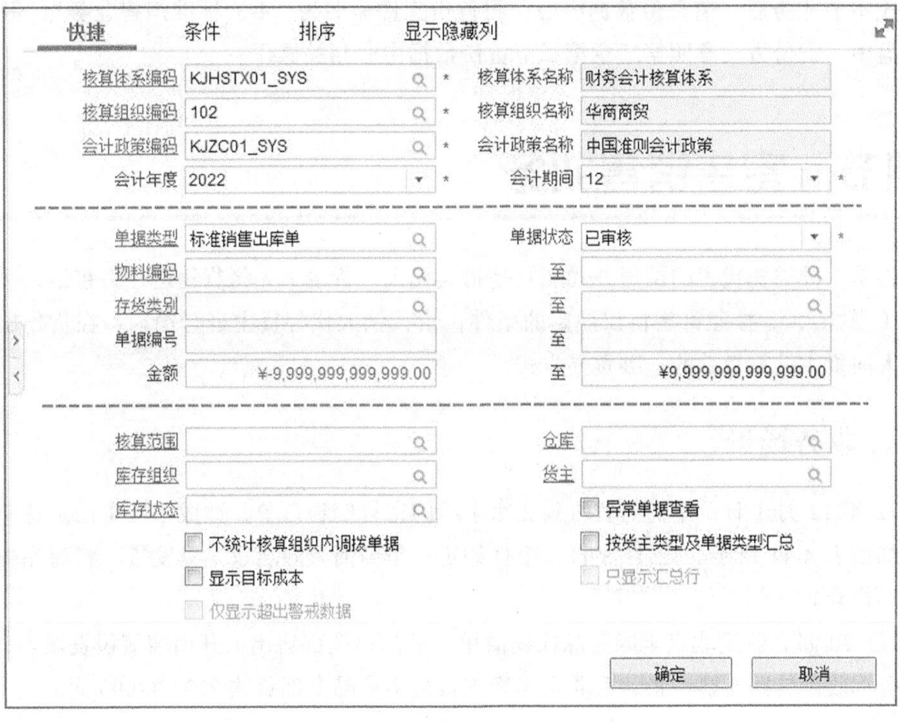

快捷　条件　排序　显示隐藏列

核算体系编码 KJHSTX01_SYS　核算体系名称 财务会计核算体系
核算组织编码 102　核算组织名称 华商商贸
会计政策编码 KJZC01_SYS　会计政策名称 中国准则会计政策
会计年度 2022　会计期间 12
单据类型 标准销售出库单　单据状态 已审核
物料编码　至
存货类别　至
单据编号　至
金额 ¥-9,999,999,999,999.00　至 ¥9,999,999,999,999.00
核算范围　仓库
库存组织　货主
库存状态　异常单据查看
不统计核算组织内调拨单据　按货主类型及单据类型汇总
显示目标成本　只显示汇总行
仅显示超出警戒数据

确定　取消

图 4-16 出库成本核算设置

8．生成凭证

生成出库凭证、应收凭证和收款凭证。操作路径：【财务会计】-【智能会计平台】-【账务处理】-【凭证生成】。选择账簿，选择来源单据（销售出库单、应收单和收款单），选择单据范围，找到相应单据，单击“凭证生成”按钮。

友情提示

1．销售管理系统支持销售报价单和销售合同，可以根据业务需要填写销售报价单或销售合同后再手动下推销售订单。

2．单据之间既可以向下推送，也可以向上拉取数据。例如，本实验中的发货通知单可以采取两种方式生成：一是通过销售订单手动下推生成，二是新增发货通知单后再通过系统的选单功能选取上游的销售订单生成。

3．应收模块有“出库单审核时自动生成应收单”“收款单与应收单具有关联关系时自动核销”“应收单与发票具有关联关系时自动核销”选项。企业可以根据业务需要灵活设置参数。

4．发票模块有“应收单审核时自动生成销售发票”选项。本实验并未启用。企业可以根据业务需要灵活设置参数。

5．出纳模块有“应收单审核时自动生成收款单”选项。本实验并未启用。企业可以根据业务需要灵活设置参数。

6．出库成本核算需要用户手动完成。

完成本节业务后，请备份数据中心，将备份文件命名为“4-3 标准销售业务”，保存到 U 盘或网盘中。备份方法参照第二章第二节备份数据中心相关操作。

第四节　寄售销售业务

寄售是一种委托代售的销售方式。它是指委托人（货主）先将货物运往寄售地，委托一个代销人（受托人），按照寄售协议规定的条件，由代销人代替货主进行销售，在货物出售后，由代销人向货主结算货款的一种贸易方式。

一、业务场景

2022 年 12 月 1 日，华商商贸收到北京丰缘的寄售销售订单，达成平板Ⅰ出货意向，具体订单明细如表 4-11 所示。12 月 3 日，根据约定，华商商贸向北京丰缘发货，将商品由成品仓调拨至客户仓。

12 月 20 日，收到北京丰缘商品代销清单，商品已全部售出，开出增值税发票。12 月 25 日，财务部收到转账支票一张，系北京丰缘支付待销商品全部货款 2135700.00 元。

表 4-11 客户订单明细

客户	订单类型	平板 I 数量	销售员	价目表	要货日期
北京丰缘	寄售销售	1000	李销售	销售价目表	2022-12-8

二、业务解析

寄售销售业务流程如图 4-17 所示，首先，需要填写寄售类销售订单，然后安排发货填写发货通知单，通过寄售类直接调拨单反映商品已经发出至客户仓库；待代销人与货主结算时做寄售结算单；结算后，系统自动生成销售出库单扣减客户仓库库存；结算后手动下推或自动生成应收单，向代销人收款。

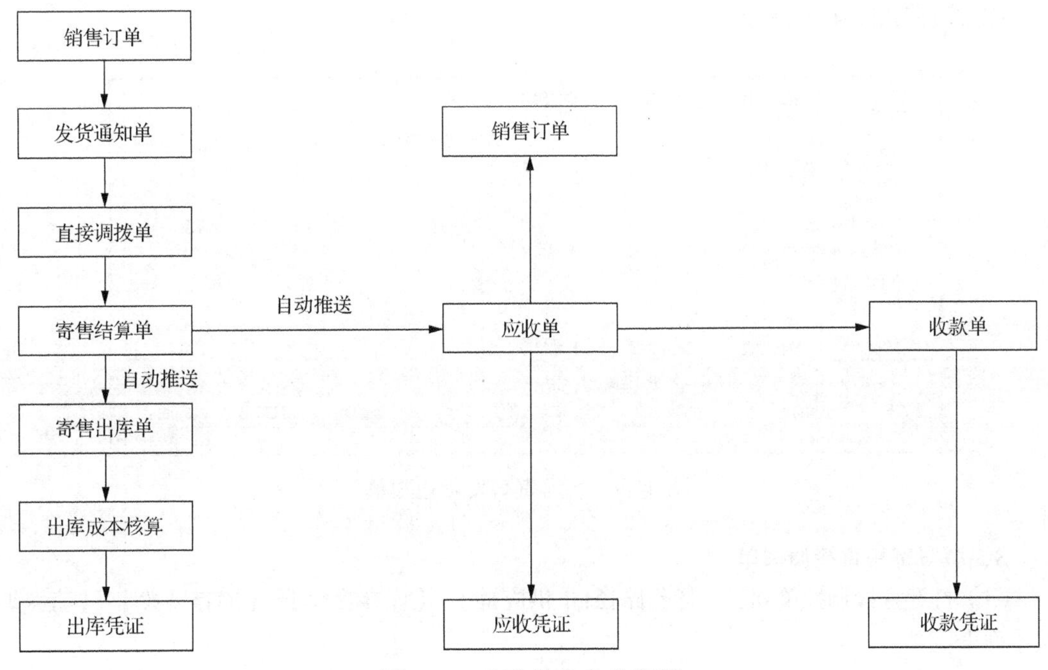

图 4-17 寄售销售业务流程

三、操作步骤

1．填写寄售销售订单

（1）核对当前组织。确保当前组织为华商商贸。

（2）打开销售订单列表。操作路径：【供应链】-【销售管理】-【订单处理】-【销售订单列表】。

（3）新增销售订单。单击工具栏中的“新增”选项，进入“销售订单-新增”页面，在表头【基本信息】页签中选择单据类型为“寄售销售订单”，修改日期、选择客户、选择销售员，选择价目表；在表体【明细信息】页签中选择物料编码，录入物料的销售数量，修改要货日期，依次单击工具栏中的“保存”“提交”“审核”选项，完成页面如图 4-18 所示。

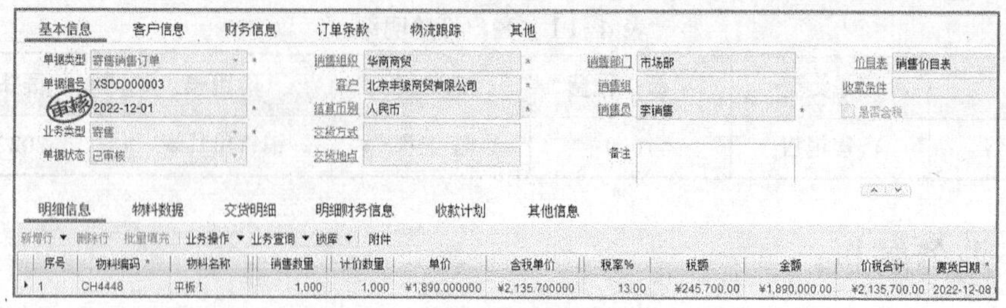

图 4-18　填写寄售销售订单

2．填写寄售发货通知单

在销售订单页面单击工具栏中的“下推”选项，勾选“发货通知单”单选按钮，单击“确定”按钮。进入发货通知单页面，修改日期，依次单击工具栏中的“保存”“提交”“审核”选项，完成页面如图 4-19 所示。

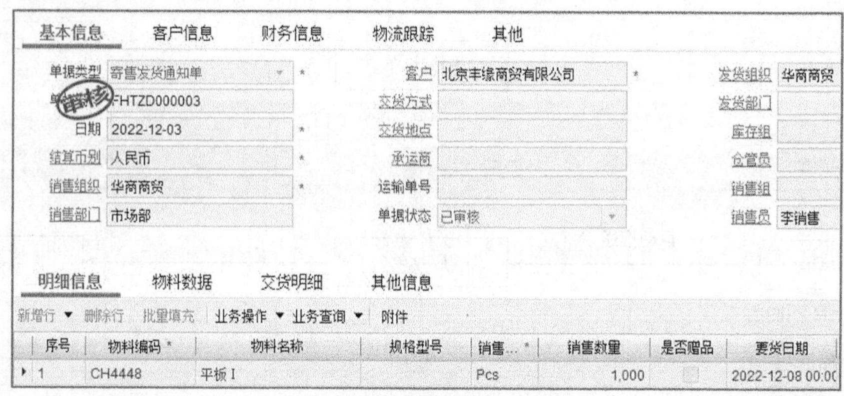

图 4-19　填写寄售发货通知单

3．填写寄售直接调拨单

（1）打开直接调拨单列表。操作路径：【供应链】-【库存管理】-【库存调拨】-【直接调拨单列表】。

（2）新增寄售直接调拨单。单击工具栏中的“新增”选项，在直接调拨单页面选择单据类型为“寄售直接调拨单”，单击工具栏中的“选单”选项，选择北京丰缘对应的寄售发货通知单，修改日期；在表体【明细信息】页签中选择调出仓库为“成品仓”，调入仓库选择“客户仓”，依次单击工具栏中的“保存”“提交”“审核”选项，完成页面如图 4-20 所示。

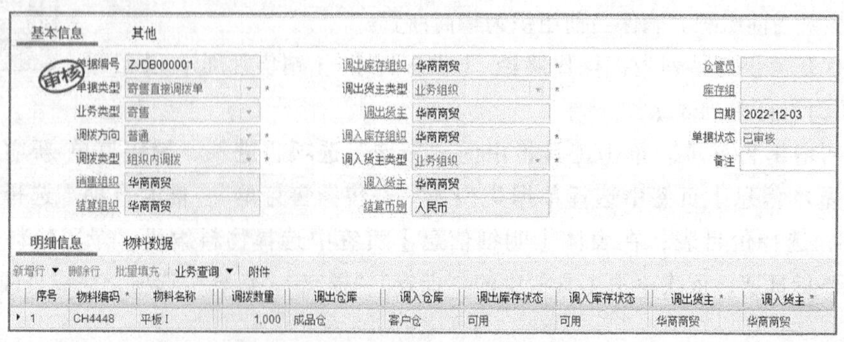

图 4-20　填写寄售直接调拨单

4．填写寄售结算单

在寄售直接调拨单页面单击工具栏中的“下推”选项，勾选“寄售结算单”单选按钮，单击“确定”按钮。进入寄售结算单页面，修改日期，依次单击工具栏中的“保存”“提交”“审核”选项，完成页面如图 4-21 所示。系统自动生成销售出库单与应收单。

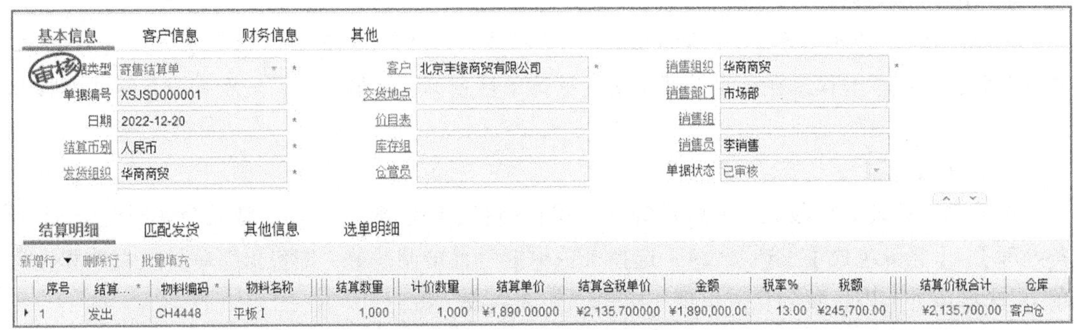

图 4-21　填写寄售结算单

5．审核销售出库单（寄售出库单）

操作路径：【供应链】-【销售管理】-【出货处理】-【销售出库单列表】。找到系统自动暂存的北京丰缘对应的“销售出库单”选项并双击，打开销售出库单页面，修改日期，核对相关信息，依次单击工具栏中的“保存”“提交”“审核”选项，完成页面如图 4-22 所示。

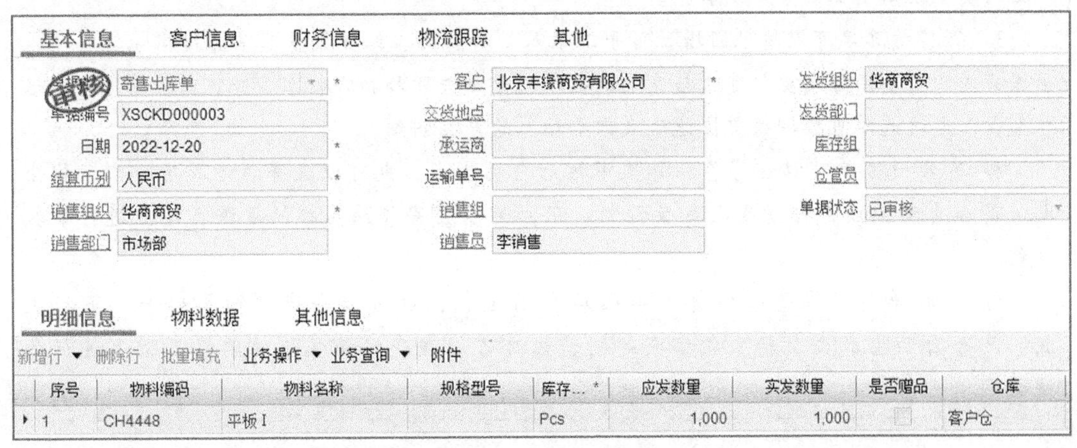

图 4-22　寄售出库单

6．审核应收单

操作路径：【财务会计】-【应收款管理】-【销售应收】-【应收单列表】。在应收单列表页面找到系统自动暂存的应收单，双击进入应收单页面，修改业务日期，核对相关数据，依次单击工具栏中的“保存”“提交”“审核”选项。

7．填写销售发票

在应收单页面单击工具栏中的“下推”选项，勾选“销售增值税专用发票”单选按钮，单击“确定”按钮。进入销售增值税专用发票页面，填写业务日期和发票日期，核对相关数据，依次单击工具栏中的“保存”“提交”“审核”选项。

8．填写收款单

在应收单页面单击工具栏中的“下推”选项，勾选“收款单”单选按钮，单击“确定”按钮。进入收款单页面，修改业务日期，核对相关数据，依次单击工具栏中的“保存”“提交”“审核”选项。

9．出库成本核算

操作路径:【成本管理】-【存货核算】-【存货核算】-【出库成本核算】。进入出库成本核算页面，按提示操作。在结果页面单击“核算单据查询”功能入口，查看相关单据成本核算结果。

10．生成凭证

生成出库凭证、应收凭证和收款凭证。操作路径:【财务会计】-【智能会计平台】-【账务处理】-【凭证生成】。选择账簿，选择来源单据（直接调拨单、销售出库单、应收单和收款单），选择单据范围，找到相应单据，单击“凭证生成”按钮。

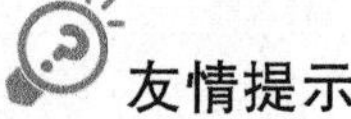

1. 在寄售销售业务流程中，寄售销售订单非必需单据，也可以不做订单，发货时直接做寄售类调拨单。

2. 产品从企业发给代销人时，通过寄售直接调拨单体现货物的转移。在寄售销售业务中，产品调拨发给客户仓库后，系统中记录了产品的保管者由企业业务组织变成代销人，但产品的货主还是企业业务组织本身。

3. 寄售结算单可以单独新增，可手工录入结算产品、结算数量、结算价格等，再通过单据头的“自动匹配发货”建立与直接调拨单的单据关联和扣减关系。寄售结算单也可以选单生成，通过选单直接调拨单快速生成需要结算的产品明细。

4. 寄售出库单可以在寄售结算单审核后自动生成，也可以在寄售结算后手工下推生成。是否自动生成由自动生成参数控制。用户可以在寄售结算单的单据类型上进行参数设置。

5. 应收单可以在寄售结算单审核后自动生成，也可以在寄售结算后手工下推生成。是否自动生成由自动生成参数控制，用户可以在寄售结算单的单据类型上进行参数设置。

完成本节业务后，请备份数据中心，将备份文件命名为“4-4 寄售销售业务”，保存到 U 盘或网盘中。备份方法参照第二章第二节备份数据中心相关操作。

第五节 标准采购业务

标准采购业务是指企业向供应商购买符合质量要求的正常生产运营所需的物资，即生产性物料的常规采购。标准采购业务是企业最常见的一种采购业务类型，适用于各种工业企业和商业企业。

一、业务场景

2022 年 12 月 1 日，华商商贸查询库存，发现部分物料短缺，采购部提出采购申请。12 月 2 日，华商商贸与重庆鸿旺协商后达成供货协议。采购申请明细及采购订单明细如表 4-12 和表 4-13 所示。

12 月 8 日，华商商贸收到重庆鸿旺全部货物，收到发票，货物入原料仓。12 月 15 日，财务部开出转账支票一张，系支付本次采购货款 2203500.00 元。

表 4-12　采购申请明细

物料	申请数量	到货日期
机板 I	1200	2022-12-8
机板 II	1500	2022-12-8

表 4-13　采购订单明细

供应商	物料	采购数量	单价（不含税）(元)	交货日期
重庆鸿旺	机板 I	1200	650.00	2022-12-8
重庆鸿旺	机板 II	1500	780.00	2022-12-8

二、业务解析

本业务属于标准采购业务流程管理，主要从物流、资金流、信息流几方面完成业务处理，涉及采购申请、订单处理、收料通知、入库、应付及财务付款等业务环节，业务流程如图 4-23 所示。采购申请单审核后，用户手动下推采购订单；采购订单审核后，用户手动下推收料通知单；收料通知单审核后，用户手动下推采购入库单；采购入库单审核时系统自动生成应付单，应付单审核后，用户手动下推采购发票和付款单并自动完成采购入库核算。本业务需要生成入库凭证、应付凭证和付款凭证。

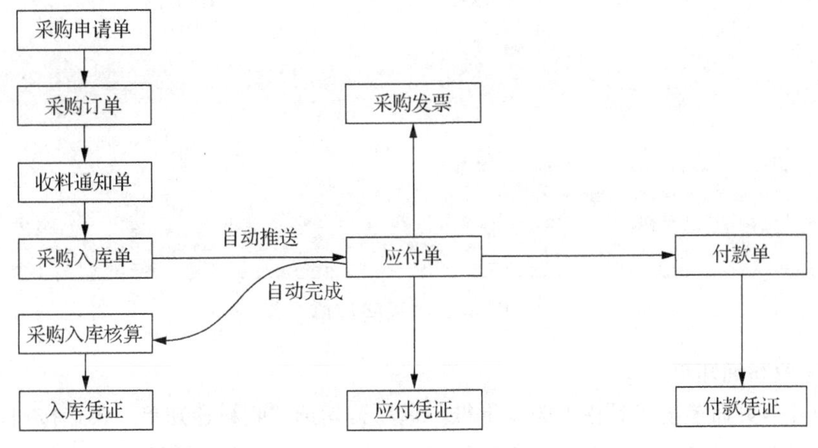

图 4-23　标准采购业务流程

三、操作步骤

1．填写采购申请单

（1）核对当前组织。确保当前组织为华商商贸。

（2）打开采购申请单列表。操作路径：【供应链】-【采购管理】-【采购申请】-【采购申请单列表】。

（3）新增采购申请单。单击工具栏中的“新增”选项，进入“采购申请单-新增”页面，在表头【基本信息】页签中选择单据类型为“标准采购申请”（默认），修改申请日期；在表体【明细信息】页签中选择物料编码，录入物料的申请数量，修改到货日期，依次单击工具栏中的“保存”“提交”“审核”选项，完成页面如图 4-24 所示。

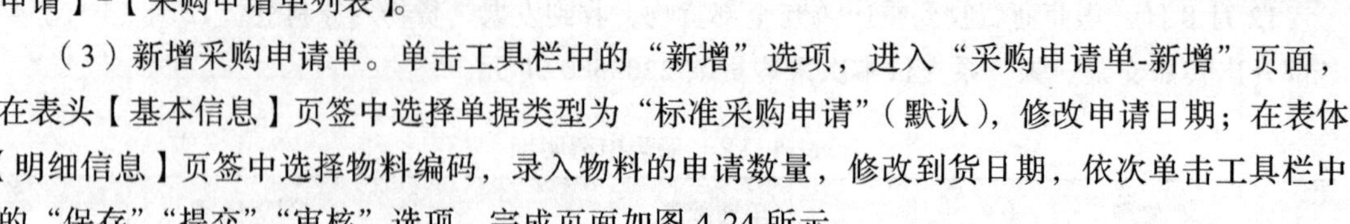

序号	需求组织 *	物料编码 *	物料名称	规格型号	申请单位 *	申请数量	批准数量	到货日期	采购组织 *
1	华商商贸	CH4441	机板Ⅰ		Pcs	1,200	1,200	2022-12-08 00:00:00	华商商贸
2	华商商贸	CH4442	机板Ⅱ		Pcs	1,500	1,500	2022-12-08 00:00:00	华商商贸

图 4-24　采购申请单

2．填写采购订单

在采购申请单页面单击工具栏中的“下推”选项，勾选“采购订单”单选按钮，单击“确定”按钮。进入采购订单页面，在表头【基本信息】页签中修改采购日期，选择供应商；在【财务信息】页签中取消勾选“含税”复选框；在表体【明细信息】页签中核对相关实验数据，填写单价，依次单击工具栏中的“保存”“提交”“审核”选项，完成页面如图 4-25 所示。

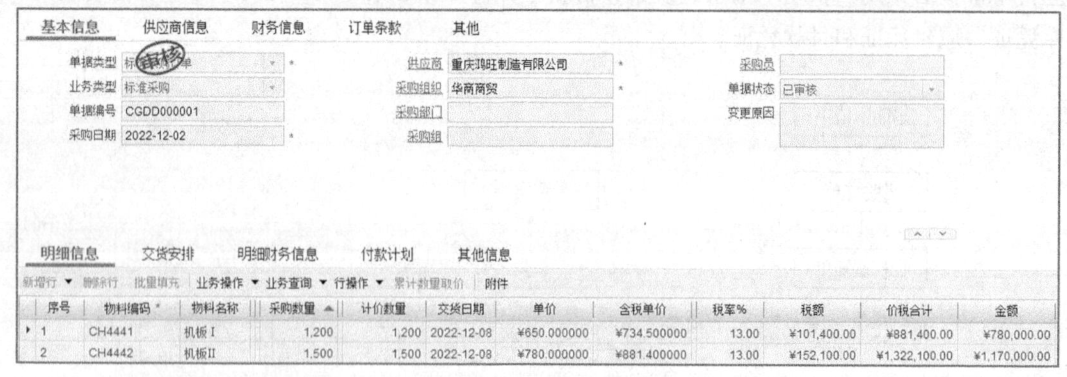

序号	物料编码 *	物料名称	采购数量	计价数量	交货日期	单价	含税单价	税率%	税额	价税合计	金额
1	CH4441	机板Ⅰ	1,200	1,200	2022-12-08	¥650.000000	¥734.500000	13.00	¥101,400.00	¥881,400.00	¥780,000.00
2	CH4442	机板Ⅱ	1,500	1,500	2022-12-08	¥780.000000	¥881.400000	13.00	¥152,100.00	¥1,322,100.00	¥1,170,000.00

图 4-25　采购订单

3．填写收料通知单

在采购订单页面单击工具栏中的“下推”选项，勾选“收料通知单”单选按钮，单击“确定”按钮。进入收料通知单页面，修改收料日期，在表体【明细信息】页签中修改预计到货日期，依次单击工具栏中的“保存”“提交”“审核”选项，完成页面如图 4-26 所示。

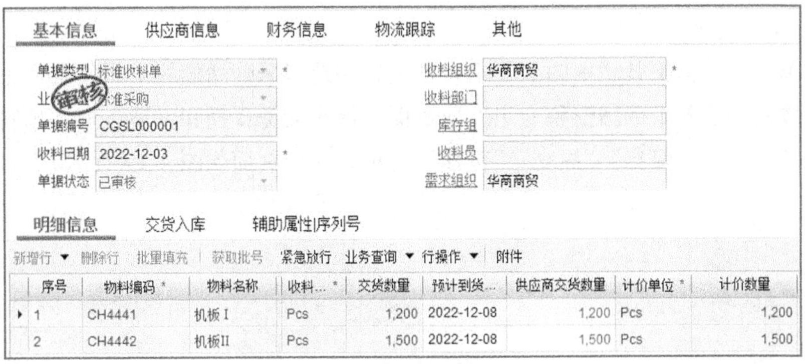

图 4-26 收料通知单

4. 填写采购入库单

在收料通知单页面单击工具栏中的“下推”选项，勾选“采购入库单”单选按钮，单击“确定”按钮。进入采购入库单页面，修改入库日期，在【明细信息】页签中选择仓库，核对相关信息，依次单击工具栏中的“保存”“提交”“审核”选项，完成页面如图 4-27 所示。入库单审核时系统自动生成应付单。

图 4-27 采购入库单

5. 审核应付单

操作路径:【财务会计】-【应付款管理】-【采购应付】-【应付单列表】。在应付单列表页面找到暂存的应付单。双击进入应付单页面，修改业务日期，核对相关数据，依次单击工具栏中的“保存”“提交”“审核”选项，完成页面如图 4-28 所示。

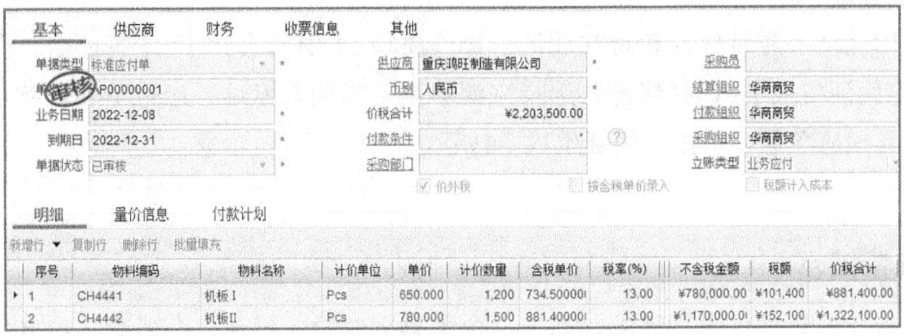

图 4-28 应付单

6．填写采购发票

在应付单页面单击工具栏中的“下推”选项，勾选“采购增值税专用发票”单选按钮，单击“确定”按钮。进入采购增值税专用发票页面，修改业务日期和发票日期，核对相关数据，依次单击工具栏中的“保存”“提交”“审核”选项，完成页面如图 4-29 所示。

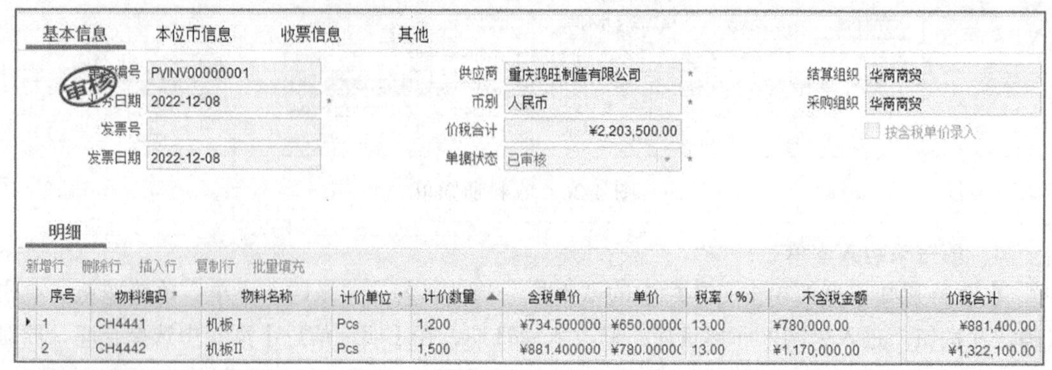

图 4-29　采购发票

7．填写付款单

在应付单页面单击工具栏中的“下推”选项，勾选“付款单”单选按钮，单击“确定”按钮。进入付款单页面，修改业务日期，核对相关数据，依次单击工具栏中的“保存”“提交”“审核”选项，完成页面如图 4-30 所示。

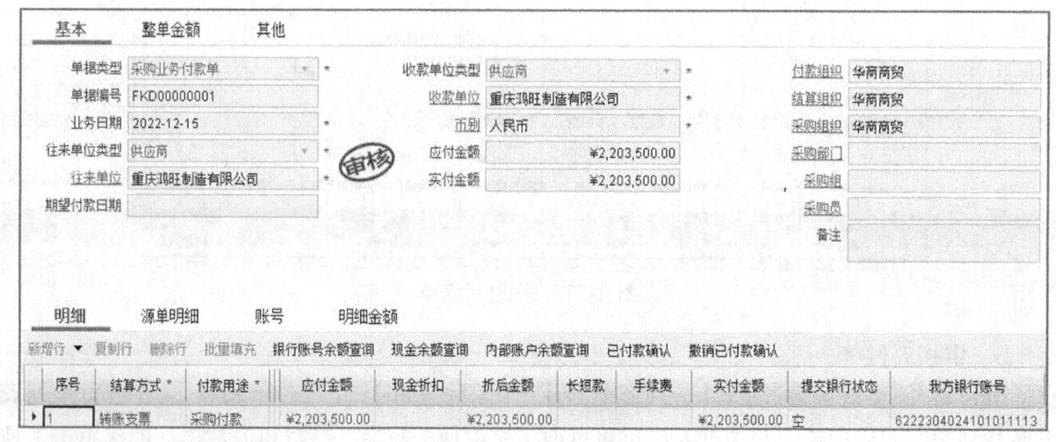

图 4-30　付款单

8．生成凭证

生成入库凭证、应付凭证和付款凭证。操作路径：【财务会计】-【智能会计平台】-【账务处理】-【凭证生成】。选择账簿，选择来源单据（采购入库单、应付单和付款单），选择单据范围，找到相应单据，单击“凭证生成”按钮。

友情提示

1. 单据之间既可以向下推送，也可以向上拉取数据。例如，本实验中的收料通知单可以采取两种方式生成：一是通过采购订单手动下推生成，二是新增收料通知单后再通过系统的选单功能选取上游的采购订单生成。

2. 应付模块有“现购入库单/退料单审核时自动生成应付单”“付款单与应付单具有关联关系时自动核销”“应付单与发票具有关联关系时自动核销”选项，本实验已启用，用户可以根据业务需要灵活设置参数。

3. 发票模块有“应付单审核时自动生成采购发票”选项，本实验并未启用，用户可以根据业务需要灵活设置参数。

4. 出纳模块有“应付单审核时自动生成付款单”选项，本实验并未启用，用户可以根据业务需要灵活设置参数。

5. 成本管理模块有“采购应付单审核时自动进行入库成本核算”选项，本实验已启用。因此，本实验的采购入库核算不需要手动完成。

完成本节业务后，请备份数据中心，将备份文件命名为“4-5 标准采购业务”，保存到 U 盘或网盘中。备份方法参照第二章第二节备份数据中心相关操作。

第六节 VMI 采购业务

VMI 采购业务是一种特殊的采购业务，即供应商和用户企业按一定的方式共享企业的库存和耗用数据（对制造企业，一般是指生产领用；对商贸企业，一般是指销售出货），按照一定的补货策略，自主决定供货计划，对用户企业进行快速有效的补货。用户企业耗用物料后与供应商进行集中结算。VMI 采购与一般采购相比，对物料先使用后结算。

一、业务场景

华商商贸与供应商长沙金诚系长期合作伙伴，华商商贸采用 VMI 模式向长沙金诚进行部分物料采购，定期以价目表价格结算。2022 年 12 月 1 日，华商商贸采购部提出采购申请，由长沙金诚向华商商贸提供屏幕 2000 件，月末华商商贸根据实际物料消耗情况与长沙金诚进行结算。采购申请明细及采购订单明细如表 4-14 和表 4-15 所示。

12 月 8 日，华商商贸收到长沙金诚全部货物，货物入供应商仓。12 月 10 日，为准备生产，将 500 件屏幕调拨至原料仓。12 月 30 日，采购部对物料的消耗情况进行汇总，与长沙金诚进行结算。

12 月 31 日，财务部开出转账支票一张，系支付本次采购货款 169500.00 元。

表 4-14 采购申请明细

供应商	物料	申请数量	到货日期
长沙金诚	屏幕	2000	2022-12-8

表 4-15 采购订单明细

物料	采购数量	价目表	定价时点	交货日期
屏幕	2000	VMI 价目表	单据日期	2022-12-8

二、业务解析

本业务属于 VMI 采购业务流程管理，涉及采购申请、订单处理、收料通知、入库、物料消耗、消耗汇总、消耗结算、应付及财务付款等业务环节，业务流程如图 4-31 所示。采购申请单审核后，用户手动下推 VMI 采购订单；VMI 采购订单审核后，用户手动下推收料通知单；收料通知单审核后，用户手动下推 VMI 采购入库单。VMI 入库单上的货主是供应商，这是 VMI 业务与一般业务的区别。

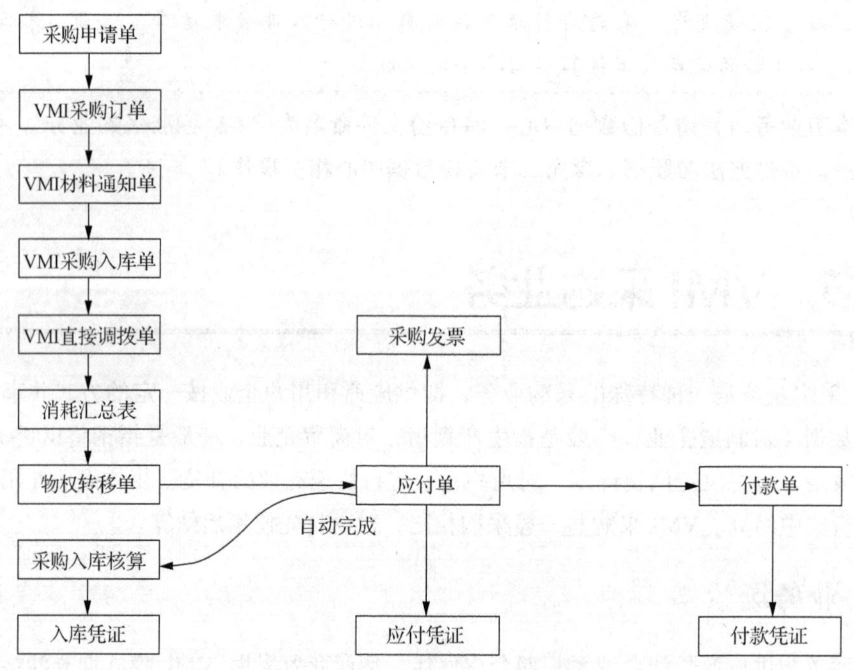

图 4-31 VMI 采购业务流程

本业务通过调拨业务消耗 VMI 物料。月末对 VMI 物料的消耗情况进行汇总，生成 VMI 物料消耗汇总表，根据消耗汇总表生成物权转移单，确认应付；应付单审核后，用户手动下推采购发票和付款单并自动完成采购入库核算；本业务需要生成入库凭证、应付凭证和付款凭证。

三、操作步骤

VMI 采购业务

1．填写采购申请单

（1）核对当前组织。确保当前组织为华商商贸。

（2）打开采购申请单列表。操作路径：【供应链】-【采购管理】-【采购申请】-【采购申请单列表】。

（3）新增采购申请单。单击工具栏中的“新增”选项，进入“采购申请单-新增”页面，在表头【基本信息】页签中选择单据类型为“标准采购申请”，修改申请日期；在表体【明细信息】页签中选择物料编码，录入物料的申请数量，修改到货日期，依次单击工具栏中的“保存”“提交”“审核”选项。

2．填写采购订单

在采购申请单页面单击工具栏中的“下推”选项，勾选“采购订单”单选按钮，单据类型选择“VMI 采购订单”，单击“确定”按钮。进入采购订单页面，在表头【基本信息】页签中修改采购日期，选择供应商；在表头【财务信息】页签中选择价目表，定价时点选择“单据日期”；在表体【明细信息】页签中核对相关实验数据，依次单击工具栏中的“保存”“提交”“审核”选项，完成页面如图 4-32 所示。

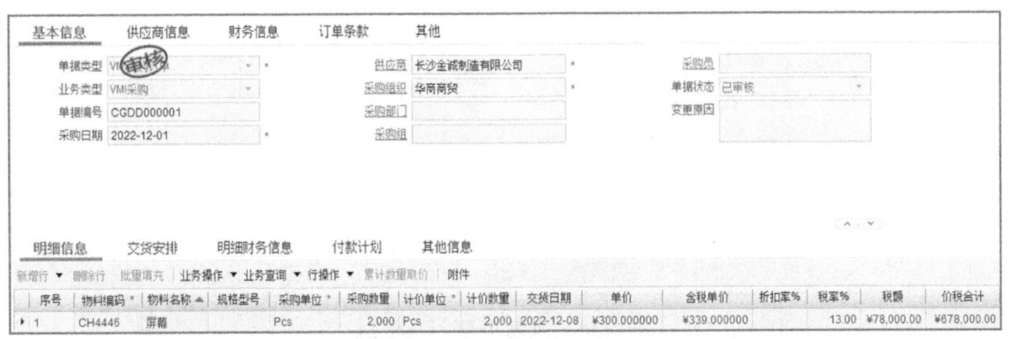

图 4-32　VMI 采购订单

3．填写收料通知单

在采购订单页面，单击工具栏中的“下推”选项，勾选“收料通知单”单选按钮，单击“确定”按钮。进入收料通知单页面，修改收料日期，在表体【明细信息】页签中修改预计到货日期，依次单击工具栏中的“保存”“提交”“审核”选项。

4．填写采购入库单（VMI 采购入库单）

在收料通知单页面，单击工具栏中的“下推”选项，勾选“采购入库单”单选按钮，单击“确定”按钮。进入采购入库单页面，修改入库日期，在【明细信息】页签选择仓库为“供应商仓”，核对相关信息，依次单击工具栏中的“保存”“提交”“审核”选项。

5．填写直接调拨单

（1）打开直接调拨单列表。操作路径：【供应链】-【库存管理】-【库存调拨】-【直接调拨单列表】。

（2）新增直接调拨单。单击工具栏中的“新增”选项，进入“直接调拨单-新增”页面，选择单据类型为“VMI 直接调拨单”，修改日期，选择调出货主；在表体【明细信息】页签中选择物料编码，录入物料的调拨数量，选择调出仓库和调入仓库，依次单击工具栏中的“保存”“提交”“审核”选项，完成页面如图 4-33 所示。

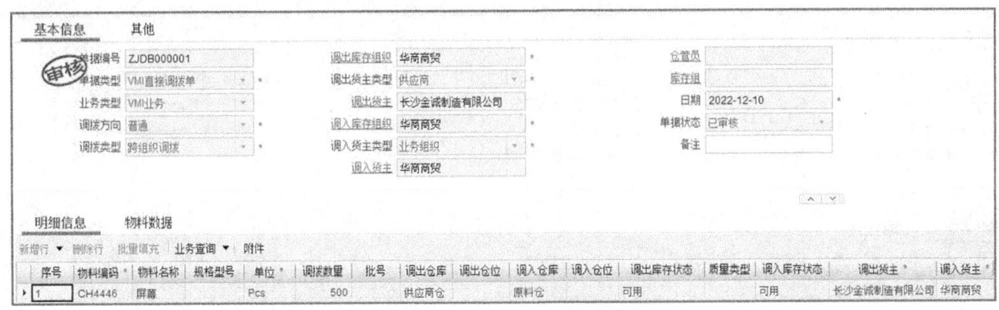

图 4-33　VMI 直接调拨单

6．批量创建消耗汇总

（1）打开创建消耗汇总页面。操作路径：【供应链】-【采购管理】-【VMI 业务】-【批量创建消耗汇总】。在批量创建消耗汇总页面按提示操作，操作界面如图 4-34 所示。

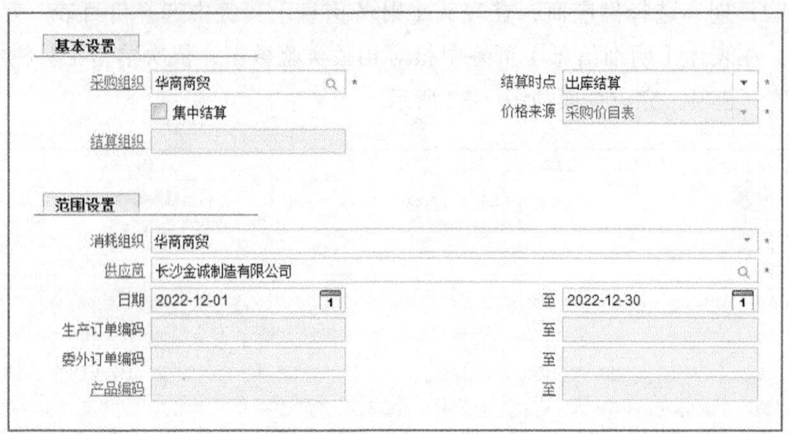

图 4-34　批量创建消耗汇总

（2）审核消耗汇总表。在消耗汇总表页面修改日期，核对相关数据，依次单击工具栏中的"保存""提交""审核"选项，完成页面如图 4-35 所示。系统自动生成物权转移单。

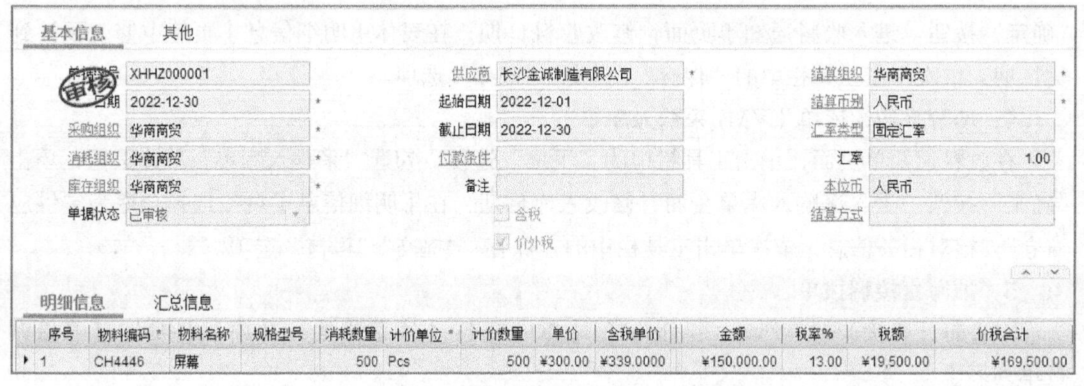

图 4-35　消耗汇总表

7．核对物权转移单

操作路径：【供应链】-【采购管理】-【VMI 业务】-【物权转移单】。查看物权转移单，核对相关数据。操作页面如图 4-36 所示。

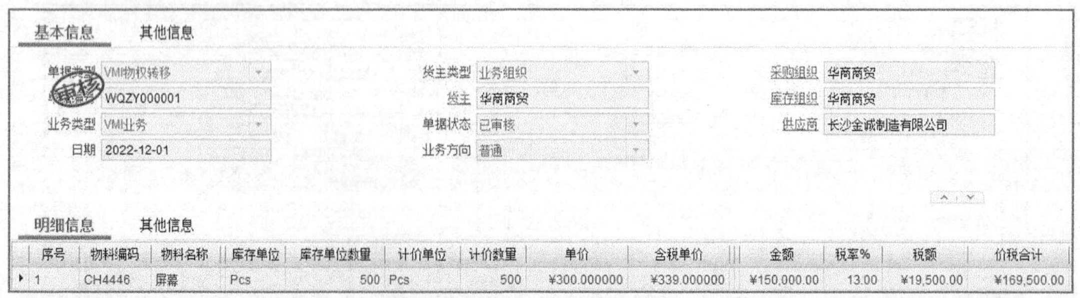

图 4-36　物权转移单

8．填写应付单

在物权转移单页面单击工具栏中的“下推”选项，勾选“应付单”单选按钮，单击“确定”按钮。进入应付单页面，修改业务日期，核对相关数据，依次单击工具栏中的“保存”“提交”“审核”选项。

9．填写采购发票

在应付单页面单击工具栏中的“下推”选项，勾选“采购增值税专用发票”单选按钮，单击“确定”按钮。进入采购增值税专用发票页面，修改业务日期，核对相关数据，依次单击工具栏中的“保存”“提交”“审核”选项。

10．填写付款单

在应付单页面单击工具栏中的“下推”选项，勾选“付款单”单选按钮，单击“确定”按钮。进入付款单页面，修改业务日期，核对相关数据，依次单击工具栏中的“保存”“提交”“审核”选项。

11．生成凭证

生成入库凭证、应付凭证和付款凭证。操作路径：【财务会计】-【智能会计平台】-【账务处理】-【凭证生成】。选择账簿，选择来源单据（物权转移单、应付单和付款单），选择单据范围，找到相应单据，单击“凭证生成”按钮。

友情提示

1. VMI 采购业务流程单据上的业务类型都应为“VMI 采购”。

2. VMI 采购订单上的供应商、物料、价目表等资料必须是 VMI 的相关资料。

3. 在 VMI 采购中，采购入库并不代表所有权转移，入库后的物料还是供应商所有。供应商库存和普通库存一样都可以进行正常的库存管理。

4. VMI 采购业务可以通过生产领退料、其他出库、调拨等多种业务消耗 VMI 物料。需要在 VMI 采购参数设置中对消耗单据的类型进行设置。

5. VMI 采购业务根据消耗汇总表生成物权转移单。物权转移单表示物料所有权的正式转移，物权转移单是确认应付和入库核算的重要依据。

6. 在本实验中对物料屏幕进行 VMI 采购，若后期该物料不进行 VMI 采购，则需要在该物料的物料页面中取消勾选“是否 VMI 业务”复选框。

完成本节业务后，请备份数据中心，将备份文件命名为“4-6 VMI 采购业务”，保存到 U 盘或网盘中。备份方法参照第二章第二节备份数据中心相关操作。

第七节　组装拆卸

组装一般用于促销捆绑销售的业务场景，是指将多个散件组装成一个配套件的过程。拆卸一般是指对销售退回不良品或生产不良或库存检验不良品进行的简单拆卸作业。

一、业务场景

2022 年 12 月 1 日，华商商贸开展圣诞促销活动，将平板 I 和触控笔包装成平板 I 套装进行销售，组装拆卸单（组装）明细如表 4-16 所示。

表 4-16　组装拆卸单（组装）明细

<table>
<tr><th>事物类型</th><th colspan="3">成品明细</th><th colspan="3">子件明细</th></tr>
<tr><td rowspan="3">组装</td><td>物料</td><td>数量</td><td>仓库</td><td>物料</td><td>数量</td><td>仓库</td></tr>
<tr><td rowspan="2">平板 I 套装</td><td rowspan="2">500</td><td rowspan="2">成品仓</td><td>平板 I</td><td>500</td><td>成品仓</td></tr>
<tr><td>触控笔</td><td>500</td><td>成品仓</td></tr>
</table>

12 月 5 日，由于促销政策变化，华商商贸将平板 I 套装进行拆卸，组装拆卸单（拆卸）明细如表 4-17 所示。

表 4-17　组装拆卸单（拆卸）明细

<table>
<tr><th>事物类型</th><th colspan="3">成品明细</th><th colspan="3">子件明细</th></tr>
<tr><td rowspan="3">拆卸</td><td>物料</td><td>数量</td><td>仓库</td><td>物料</td><td>数量</td><td>仓库</td></tr>
<tr><td rowspan="2">平板 I 套装</td><td rowspan="2">500</td><td rowspan="2">成品仓</td><td>平板 I</td><td>500</td><td>成品仓</td></tr>
<tr><td>触控笔</td><td>500</td><td>成品仓</td></tr>
</table>

二、业务解析

本业务属于在库存环节进行的组装和拆卸业务，主要使用组装拆卸单进行业务流程记录。组装拆卸单用于组装、拆卸业务录入、审核等。组装业务是把子件组装成成品，单据更新即时库存时，成品的库存量增加，子件的库存量减少；拆卸业务是把成品拆卸成子件，单据更新即时库存时，成品的库存量减少，子件的库存量增加。

三、操作步骤

组装拆卸

1．填写组装拆卸单（组装）

（1）打开组装拆卸单列表。操作路径：【供应链】-【库存管理】-【组装拆卸】-【组装拆卸单列表】。

（2）新增组装拆卸单。单击工具栏中的“新增”选项，进入“组装拆卸单-新增”页面，修改日期，选择事物类型为“组装”；在【成品明细】页签中选择物料，录入数量，选择仓库，单击【成品明细】页签下工具栏中的“Bom 展开”选项；在【子件明细】页签中核对物料及数量，选择仓库，依次单击工具栏中的“保存”“提交”“审核”选项，完成页面如图 4-37 所示。

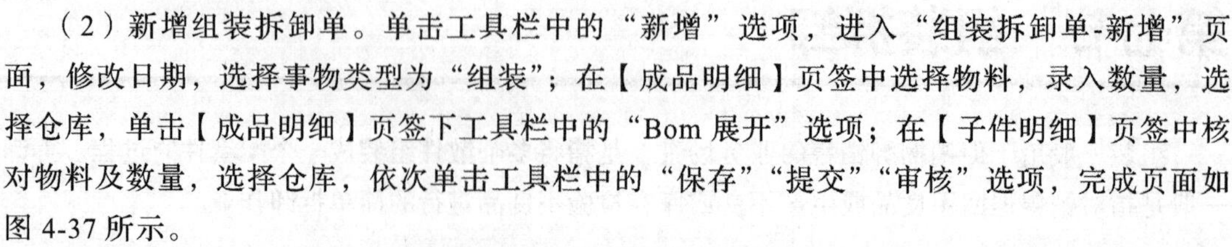

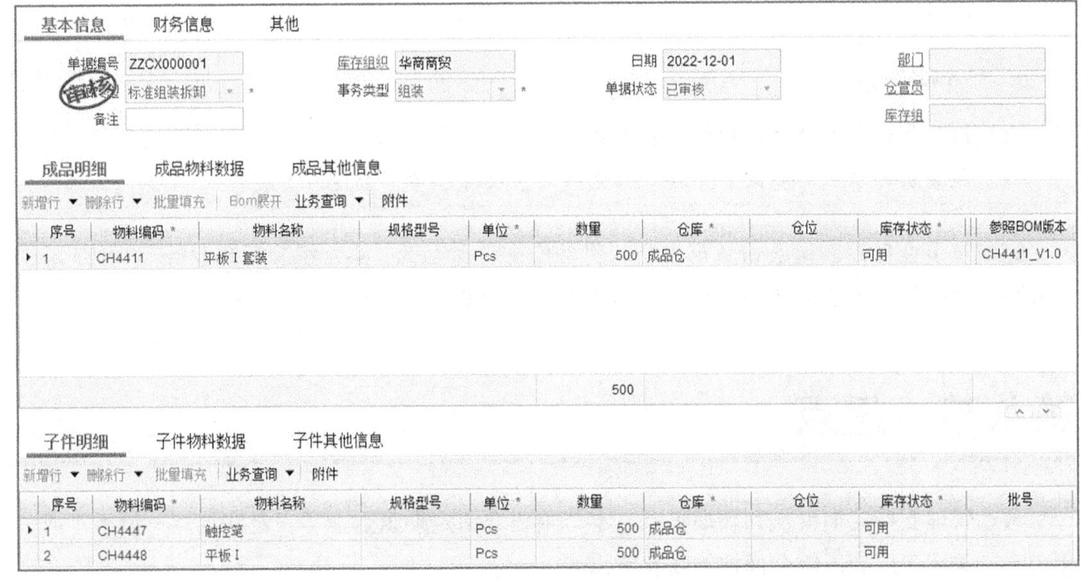

图 4-37　组装拆卸单（组装）

2．填写组装拆卸单（拆卸）

（1）打开组装拆卸单列表。操作路径：【供应链】-【库存管理】-【组装拆卸】-【组装拆卸单列表】。

（2）新增组装拆卸单。单击工具栏中的“新增”选项，进入“组装拆卸单-新增”页面，修改日期，选择事物类型为“拆卸”；在【成品明细】页签中选择物料，录入数量，选择仓库，单击【成品明细】页签下工具栏中的“Bom 展开”选项；在【子件明细】页签中核对物料及数量，选择仓库，依次单击工具栏中的“保存”“提交”“审核”选项，完成页面如图 4-38 所示。

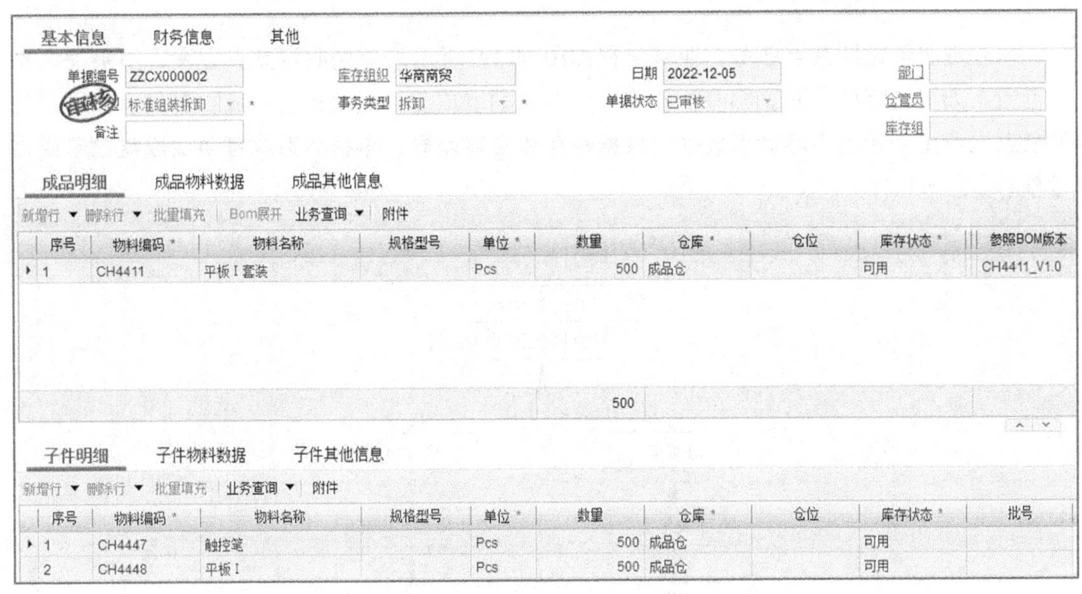

图 4-38　组装拆卸单（拆卸）

友情提示

1. 组装拆卸单支持选择组装或拆卸业务。
2. 组装拆卸单成品明细和子件明细是一对多关系，支持按 BOM 展开。

完成本节业务后，请备份数据中心，将备份文件命名为“4-7 组装拆卸业务”，保存到 U 盘或网盘中。备份方法参照第二章第二节备份数据中心相关操作。

第八节　盘点

盘点管理支持定期盘点和周期盘点。本节主要介绍定期盘点业务。定期盘点一般半年或一年一次，关闭工厂仓库做全面性的物料清点。

一、业务场景

2022 年 12 月 31 日，华商商贸对原料仓和成品仓进行年末库存盘点，盘点发现机板 I 数量缺少 2 件。盘点方案如表 4-18 所示。

表 4-18　盘点方案

单据类型	盘点方案名称	库存组织	截止日期	仓库范围
标准盘点方案	华商商贸年末盘点	华商商贸	2022 年 12 月 31 日	原料仓、成品仓

二、业务解析

本业务属于定期盘点业务，业务流程如图 4-39 所示。首先制订盘点方案，用来确定盘点范围，如要盘哪些仓库、哪些物料等。盘点方案审核后，系统自动生成物料盘点作业。物料盘点作业用来录入实际盘点数据，根据账存和实存差异，审核后系统自动生成盘盈单或盘亏单。

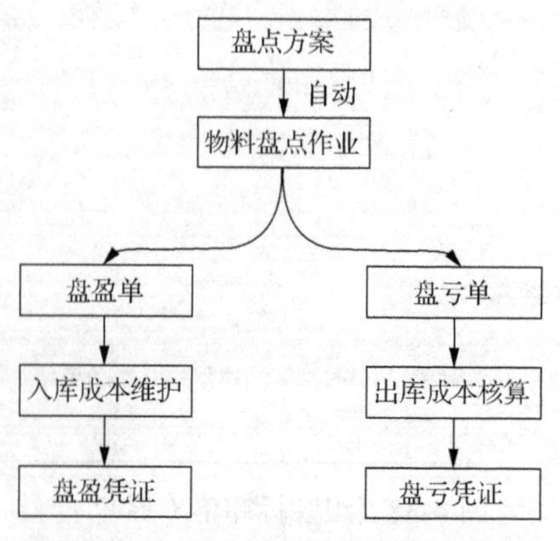

图 4-39　定期盘点业务流程

三、操作步骤

1．定义盘点方案

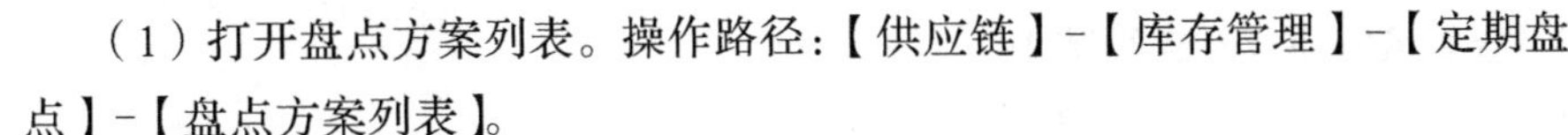

（1）打开盘点方案列表。操作路径：【供应链】-【库存管理】-【定期盘点】-【盘点方案列表】。

（2）新增盘点方案。在盘点方案列表页面单击工具栏中的“新增”选项，进入盘点方案新增页面，选择单据类型为“标准盘点方案”（默认），输入盘点方案名称；在【盘点参数】页签中选择截止日期；在【盘点范围_常规】页签中的仓库编码中选择从原料仓到成品仓，依次单击工具栏中的“保存”“提交”“审核”选项，完成页面如图 4-40 所示。系统自动生成物料盘点作业。

基本信息　其他

审核

单据类型：标准盘点方案　盘点方案名称：华商商贸年末盘点
盘点方案编码：PDFA000001　库存组织：华商商贸

盘点参数　分单规则　排序规则

备份日期
即时库存
截止日期：2022-12-31

参数
零库存参与盘点
物料盘点作业允许增加物料
禁用物料不参与盘点
实盘数默认值：0

盘点范围_常规　盘点范围_过滤条件

货主类型　保管者类型
货主　保管者
仓库编码：CK001　至：CK002
物料编码　至

图 4-40　盘点方案

2．录入盘点数量

操作路径：【供应链】-【库存管理】-【定期盘点】-【物料盘点作业列表】。打开物料盘点作业页面，根据库存数量录入盘点数量，其中，机板Ⅰ少录入 2 个，依次单击工具栏中的“保存”“提交”“审核”选项，完成页面如图 4-41 所示。系统自动生成已审核的盘亏单。

基本信息　盘点来源　其他

账存日期：2022-12-31　库存组织：华商商贸
单据编码：PDZY000001　备注

审核

明细信息　物料数据

新增行　删除行　获取账存数　批号主档

序号	仓库编码 *	仓库名称	物料编码 *	物料名称	单位 *	账存数量	盘点数量	盘盈数量	盘亏数量	盘点误差%
过滤...	过滤条件	过滤条件	过滤条件	过滤条件	过滤条件	过滤条件	过滤条件	过滤条件	过滤条件	过滤条件
1	CK001	原料仓	CH4441	机板Ⅰ	Pcs	1,310	1,308	0	2	-0.15
2	CK001	原料仓	CH4442	机板Ⅱ	Pcs	2,020	2,020	0	0	
3	CK002	成品仓	CH4447	触控笔	Pcs	1,100	1,100	0	0	
4	CK002	成品仓	CH4448	平板Ⅰ	Pcs	2,300	2,300	0	0	
5	CK002	成品仓	CH4449	平板Ⅱ	Pcs	2,300	2,300	0	0	

图 4-41　物料盘点作业

3．出库成本核算

操作路径：【成本管理】-【存货核算】-【存货核算】-【出库成本核算】。按提示操作，核算完成后，在结果页面单击“核算单据查询”功能入口，在打开的过滤页面中选择单据类型为“标准盘亏单”，查看盘亏单成本核算结果。

4．生成凭证

生成盘亏凭证。操作路径：【财务会计】-【智能会计平台】-【账务处理】-【凭证生成】。选择账簿，选择来源单据（盘亏单），选择单据范围，找到对应的盘亏单，单击“凭证生成”按钮。

友情提示

1. 盘点方案按库存组织来制订，支持盘点范围的条件输入。

2. 盘点方案反审核会删除物料盘点作业。一旦完成盘点（物料盘点作业审核），盘点方案会自动关闭。

3. 盘点方案审核后，系统自动生成物料盘点作业。在单据上单击工具栏中的“查询物料盘点作业”选项可联查物料盘点作业。

4. 物料盘点作业支持引出引入。先从系统中引出需要盘点的数据，实际盘点完成后在Excel中录入盘点数量后再引入。

5. 由物料盘点作业生成的盘盈单、盘亏单自动审核，且不能反审核。

6. 审核的盘盈单、盘亏单更新即时库存来调整账存，使得调整后的账存数量和实际库存数量一致。

完成本节业务后，请备份数据中心，将备份文件命名为“4-8 盘点”，保存到 U 盘或网盘中。备份方法参照第二章第二节备份数据中心相关操作。

第五章 生产管理

本章的主要内容是介绍生产管理系统的基本功能，设置生产管理系统的基础数据，在此基础上完成简单生产、直接入库生产、汇报入库生产等业务流程。

在开始本章的学习之前，需要引入“3-2 业务系统期初数据”备份数据中心，以保持数据的连续性，引入方法参照第二章第二节恢复数据中心相关操作。

第一节 概述

生产制造模块分为 7 个子系统：工程数据、计划管理、生产管理、委外管理、生产线生产、车间管理和智慧车间。本章主要介绍生产管理子系统的主要功能和业务应用。

一、总体介绍

生产管理系统结合工程数据管理、库存管理、计划管理、质量管理等系统，以生产管理业务流程为主线，提供了集成的生产业务支持，为企业提供从生产计划、投料与领料、生产检验与汇报到产品入库、生产订单结案等生产业务处理全过程监督与控制，协助企业有效掌握各项制造活动信息，管理生产进度，提高生产效率。

二、功能结构

生产管理系统包括生产订单、生产领料、完工入库、简单生产和报表分析等子模块。

（一）基础数据管理

基础数据为系统应用的前提。生产制造模块的工程数据子系统通过物料、BOM、班次、班制、工作日历模板等功能，对产品数据进行有效管理，为销售、采购、生产、库存、成本等业务提供重要支持。

（二）生产订单

生产订单子模块主要涉及生产订单和生产用料清单的管理和维护。生产订单支持普通生产、返工生产、受托加工等业务类型，并可以通过单据类型实现生产业务的差异性管控，如产品入库材料领用检查、生产订单结案等；生产用料清单的管理和维护主要是对生产订单对应的子项材料、用量、损耗等进行确认及调整。

（三）生产领料

生产领料是生产管理系统的一个子模块，支持完善的生产领料管理，包括生产领料、生产退料以及生产补料等功能。

（四）完工入库

完工入库子模块主要涉及生产汇报、生产入库以及生产退库等功能。生产汇报主要用于反馈车间每日的生产情况，包括产线，生产订单号，产品编码，完成数量，累计完成数量，耗用的人时、机时等。加工完成的产品经过检验流程后，填写入库单办理入库手续。对于无法返工或暂不返工的不合格品，可将其标记为不合格品进行入库；生产退库主要用于处理生产订单的入库反向业务。

（五）简单生产

简单生产子模块主要涉及简单生产领料、简单生产退料、简单生产入库以及简单生产退库等功能。简单生产领料和简单生产退料用于处理生产部门和仓储部门之间的领料业务关系和退料业务关系；简单生产入库和简单生产退库用于处理生产订单的入库业务和生产入库后因质量等原因需要退回到车间的出库业务。

（六）报表分析

报表分析是生产管理系统的一个子模块，提供生产订单执行分析、生产订单领料分析、生产领料异常分析、生产入库领料查询、销售订单排产查询等。

三、生产管理系统与其他系统的关系

生产管理系统与其他系统的关系如图 5-1 所示。

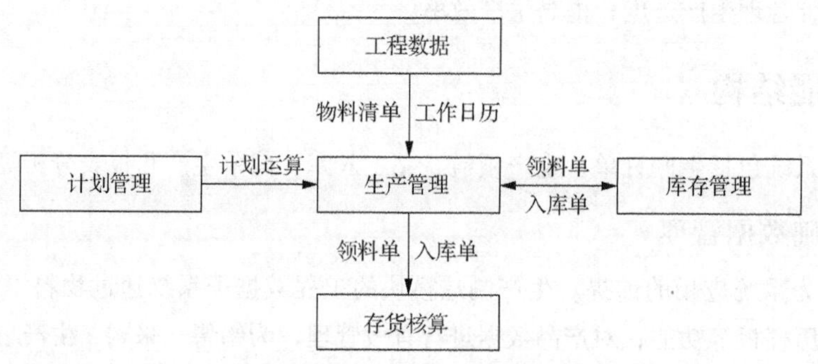

图 5-1　生产管理系统与其他系统的关系

四、基本概念

（一）物料清单

物料清单简称 BOM（Bill of Material），用来表达组成某个产品所需要的原材料、零部件或半成品等的组成结构关系。BOM 反映了产品的组成结构，表明了产品各个层次物料的从属关系和数据关系，是生产管理系统的一个关键基础数据。

（二）班次

班次是生产加工过程中，用来安排一个生产单元（人、机器等）工作的时间片段和时间顺序，主要用来定义工厂每班具体的工作时间。

（三）班制

班制主要用来定义工厂每天的工作时间，选取已定义好的班次，是排产和能力计算的基本数据。

（四）工作日历模板

工作日历模板是用户设置的工作日规则及班制规则。工作日历模板是工作日与休息日的抽象，以班制为使用前提，可进行套用，套用后则为对应组织的默认工作日历。

第二节　基础数据设置

华商制造为了合理安排生产计划，需要对生产管理相关基础数据进行设置。本节基础数据的录入工作，未做特别说明的，均由华商制造完成。

一、基础数据

（1）新增物料清单，要求由华商集团定义，分配给华商制造，信息如表 5-1 所示。

表 5-1　物料清单明细

BOM 简称	父项物料名称	子项物料名称	分子	分母
电池	电池	电芯	1	1
		保护板	1	1
平板Ⅰ	平板Ⅰ	电池	1	1
		机板Ⅰ	1	1
		外壳	1	1
		屏幕	1	1
平板Ⅱ	平板Ⅱ	电池	1	1
		机板Ⅱ	1	1
		外壳	1	1
		屏幕	1	1

（2）核对班次。班次为系统中默认班次，信息如表 5-2 所示。

表 5-2　班次明细

班次名称	工作时间	开始时间	结束时间
上午班	4 小时	08：00	12：00
下午班	4 小时	14：00	18：00

（3）核对班制。班制为系统中的默认班制，采取两班制，上午班和下午班，全天工作时间 8 小时。

（4）华商集团定义工作日历，信息如表 5-3 所示，要求延长关联日历到 2030 年 12 月 31 日。

表 5-3　工作日历

周	日期类型	是否生产	班制
周日	工作日	√	默认班制
周一	工作日	√	默认班制
周二	工作日	√	默认班制
周三	工作日	√	默认班制
周四	工作日	√	默认班制
周五	工作日	√	默认班制
周六	工作日	√	默认班制

（5）调整参数。设置生产订单列表选项，将选项中的执行日期由“系统生成”改为“手工指定”。

（6）新增车间仓库，信息如表 5-4 所示。

表 5-4　仓库明细

仓库名称	仓库属性
车间仓	车间仓库

二、操作解析

基础数据为系统应用的前提。企业一般先设置好基础数据，然后才进行业务应用。生产管理的基础数据包括物料清单、班次、班制、工作日历模板等。物料清单由华商集团定义，分配给华商制造使用。

三、操作步骤

1．定义物料清单

（1）切换当前组织。确保当前组织为华商集团。

（2）打开物料清单列表。操作路径：【生产制造】-【工程数据】-【物料清单】-【物料清单列表】。

（3）新增物料清单。单击工具栏中的“新增”选项，进入“物料清单-新增”页面，录入BOM 简称，在主产品中选择父项物料编码，在子项明细中批量选择子项物料编码，核对分子与分母用量，依次单击工具栏中的“保存”“提交”“审核”选项；反复增加，直到所有物料清单录入完毕。

（4）分配物料清单。在物料清单列表中勾选相应物料清单，单击工具栏中的“业务操作”-“分配”选项，选择“华商制造”，选中“分配后自动显示分配明细”“分配后自动审核”复选框，单击“下一步”按钮，执行分配了由系统自动分配并审核记录。

2．核对班次

（1）切换当前组织。确保当前组织为华商制造。

（2）打开班次列表。操作路径：【生产制造】-【工程数据】-【工作日历】-【班次列表】。

（3）核对班次。检查班次信息是否符合要求，如图 5-2 所示。

班次编码	班次名称	工作时间	禁用状态	时段描述	开始时间	结束时间	工作小时数
BC01_SYS	上午班	4.00	否	上午	08:00:00	12:00:00	4.00
BC02_SYS	下午班	4.00	否	下午	14:00:00	18:00:00	4.00

图 5-2　班次

3．核对班制

（1）核对当前组织。确保当前组织为华商制造。

（2）打开班制列表。操作路径:【生产制造】-【工程数据】-【工作日历】-【班制列表】。

（3）核对班制。检查班制信息是否符合要求，如图 5-3 所示。

编码	名称	工作时间	班次编码	班次名称	开始时间	结束时间	工作小时数
BZ01_SYS	默认班制	8.00	BC01_SYS	上午班	08:00:00	12:00:00	4.00
			BC02_SYS	下午班	14:00:00	18:00:00	4.00

图 5-3　班制

4．定义工作日历

（1）切换当前组织。确保当前组织为华商集团。

（2）打开工作日历模板列表。操作路径:【生产制造】-【工程数据】-【工作日历】-【工作日历模板列表】。

（3）修改默认模板。双击默认模板所在行，单击工具栏中的“审核”-“反审核”选项，修改日期类型、班制，核对“是否生产”复选框是否已勾选，依次单击工具栏中的“保存”“提交”“审核”选项。修改工作日历模板结果如图 5-4 所示。

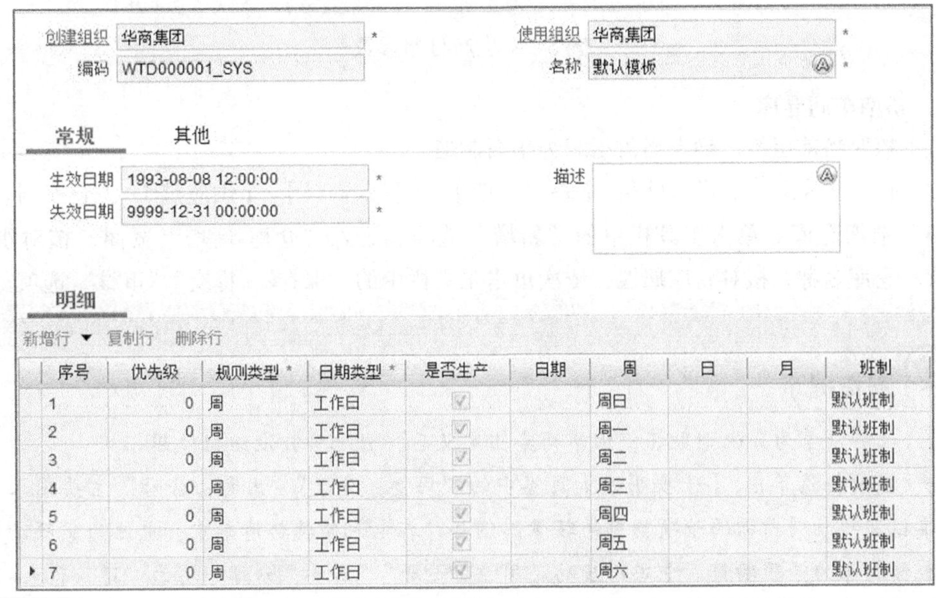

图 5-4　修改工作日历模板

（4）创建新日历。单击工具栏中的“业务操作”-“套用”选项，选择“创建新日历”单选框，修改开始日期为“2022-01-01”单击“确定”按钮。

（5）延长并更新日历。单击工具栏中的“业务操作”-“套用”选项，选择“延长关联日历”单选按钮，修改延长日期为“2030-12-31”，核对是否已选中关联日历，单击“确定”按钮。

（6）更新关联日历。单击菜单中的“业务操作”-“套用”选项，选择“更新关联日历”单选按钮，核对是否已选中关联日历，单击“确定”按钮。

（7）打开工作日历设置页面。操作路径:【生产制造】-【工程数据】-【工作日历】-【工作日历设置】。

（8）完成组织机构工作日历设置。在左边选择组织“华商制造”，在右边的标准日历编码中选择默认模板对应编码，由系统自动按日历填充明细，得到每天是否生产以及默认班制，单击“保存”按钮。

5．调整生产订单参数

（1）切换当前组织。确保当前组织为华商制造。

（2）打开生产订单列表。操作路径:【生产制造】-【生产管理】-【生产订单】-【生产订单列表】。

（3）修改业务参数。在生产订单列表状态下，单击工具栏中的“选项”-“选项”选项，将业务参数中的执行日期改为“手工指定”，如图 5-5 所示，单击工具栏中的“保存”选项。

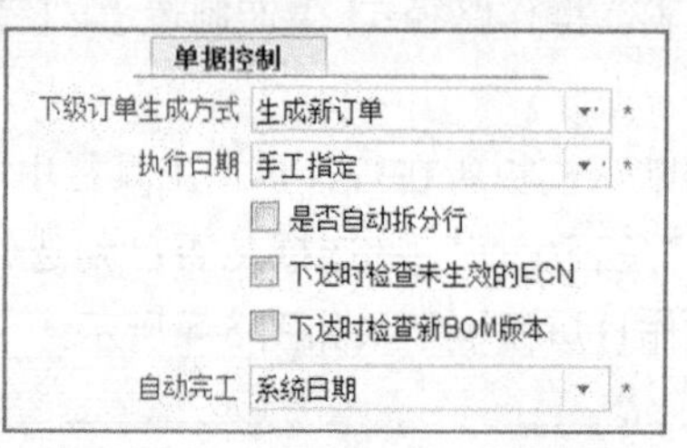

图 5-5　生产订单参数

6．新增车间仓库

（1）核对当前组织。确保当前组织为华商制造。

（2）打开仓库列表。操作路径:【基础管理】-【基础资料】-【供应链】-【仓库列表】。

（3）新增仓库。单击工具栏中的“新增”选项，进入“仓库-新增”页面，核对组织机构，录入仓库名称，核对仓库属性，依次单击工具栏中的“保存”“提交”“审核”选项。

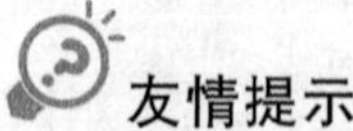

1. 物料清单为分配型数据，由华商集团定义后，分配给相应组织使用。

2. 在物料清单中，【子项明细】页签中的“用量：分子”“用量：分母”主要用来明确生成单位父项物料所需的子项物料的数量。例如，在电池的物料清单中，电池为父项物料，电芯和保护板为子项物料。电芯对应的“用量：分子”“用量：分母”均为“1”，代表 1 块（分母）电池需要 1 块（分子）电芯。

3. 班次和班制为共享数据。

4. 工作日历为共享数据。企业只需要定义一份日历，供其他组织调用。

5. 工作日历中日期的增加只能在工作日历模板中通过套用完成。

6. 可以使用工作日历设置功能为每个组织机构定义个性化的工作日历。可以针对组织整体设置，也可以针对组织下的部门设置。个性化的工作日历具有私有属性，不受工作日历公共属性的影响。

7. 工作日历设置一旦完成，无法删除，只能修改；若工作日历设置未完成，则不能开展生产业务；生成的日历明细可以微调，调整每一天的日期类型、是否生产、班制等。

8. 由于模拟未来日期，所以跳过真实日期对系统使用的限制，需要调整相关单据参数、设置单据列表。

完成本节业务后，请备份数据中心，将备份文件命名为“5-2 基础数据设置”，保存到 U 盘或网盘中。备份方法参照第二章第二节备份数据中心相关操作。

第三节 简单生产

生产管理系统的简单生产功能主要是为了满足中小企业快捷生产管理模式的需要，降低客户进行生产管理的应用门槛，实现无订单的领料与入库，并支持成本核算。简单生产只记录物料的领用、产品的入库，不记录生产过程，不进行生产订单过程管理。

简单生产的业务场景一般适用于：信息化基础弱、应用简单的企业；企业中管理粗放的某些车间；企业的某些特殊业务，如样品生产等。

一、业务场景

华商制造一车间新增电池生产任务，通过简单生产进行简单生产领料和简单生产入库，领料信息和入库信息如表 5-5、表 5-6 所示。华商制造月末进行存货核算，本批产品完工入库成本计算明细如表 5-7 所示。

表 5-5 简单生产领料单明细

领料日期	领用物料	申请数量	实发数量	仓库	生产对象
2022/12/2	电芯	1000	1000	原料仓	电池
	保护板	1000	1000	原料仓	电池

表 5-6 简单生产入库单明细

入库日期	物料名称	应收数量	实收数量	仓库	生产车间
2022/12/7	电池	1000	1000	成品仓	一车间

表 5-7 完工入库成本计算明细

产品	生产数量	合格入库数量	直接材料（元）	直接人工（元）	制造费用（元）	入库成本（元）
电池	1000	1000	80,000.00	30,000.00	10,000.00	120,000.00

二、业务解析

本业务采取简单生产模式，简单生产只记录物料的领用和产品的入库，不记录生产过程，不进行生产订单过程管理。生产任务下达后，通过简单生产领料单进行领料，完成出库成本核算并生成生产领料凭证；通过简单生产入库单进行入库后，完成入库成本维护并生成生产入库凭证。

三、操作步骤

简单生产

1．生成简单生产领料单

（1）打开简单生产领料单列表。操作路径：【生产制造】-【生产管理】-【简单生产】-【简单生产领料单列表】。

（2）新增简单生产领料单。单击工具栏中的“新增”选项，进入“简单生产领料单-新增”页面，修改单据日期，选择生产车间；在表体【明细】页签中选择物料编码，录入申请数量，选择仓库、生产对象，依次单击工具栏中的“保存”“提交”“审核”选项，完成页面如图 5-6 所示。

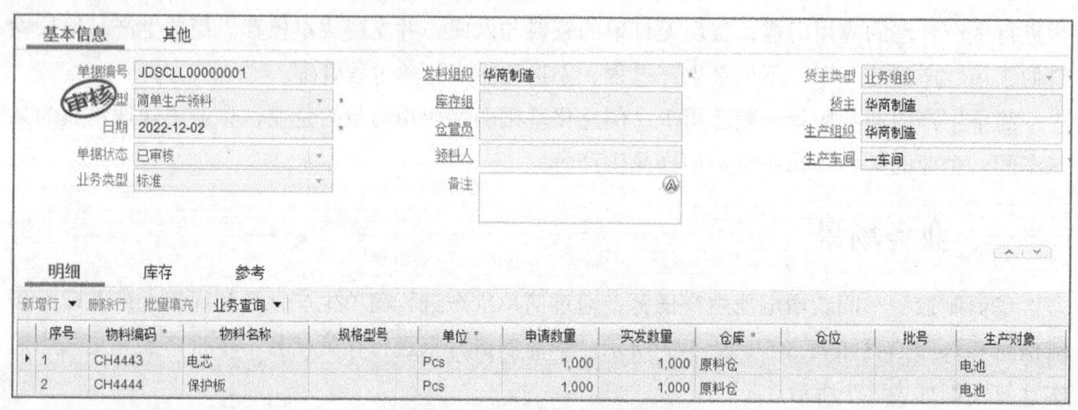

图 5-6 简单生产领料单

2．出库成本核算

操作路径：【成本管理】-【存货核算】-【存货核算】-【出库成本核算】。按提示操作，核算完成后，在结果页面单击“核算单据查询”功能入口，在打开的页面中查看单据“简单生产领料”对应的成本核算结果。

3．生成生产领料凭证

操作路径：【财务会计】-【智能会计平台】-【账务处理】-【凭证生成】。选择账簿，选择来源单据，选择单据范围，找到对应的简单生产领料单，单击“凭证生成”按钮。

4．生成简单生产入库单

（1）打开简单生产入库单列表。操作路径：【生产制造】-【生产管理】-【简单生产】-【简单生产入库单列表】。

（2）新增简单生产入库单。单击工具栏中的“新增”选项，进入“简单生产入库单-新增”页面，修改单据日期；在表体【明细】页签中选择物料编码，录入应收数量，选择仓库、生产车间，依次单击工具栏中的“保存”“提交”“审核”选项，完成页面如图 5-7 所示。

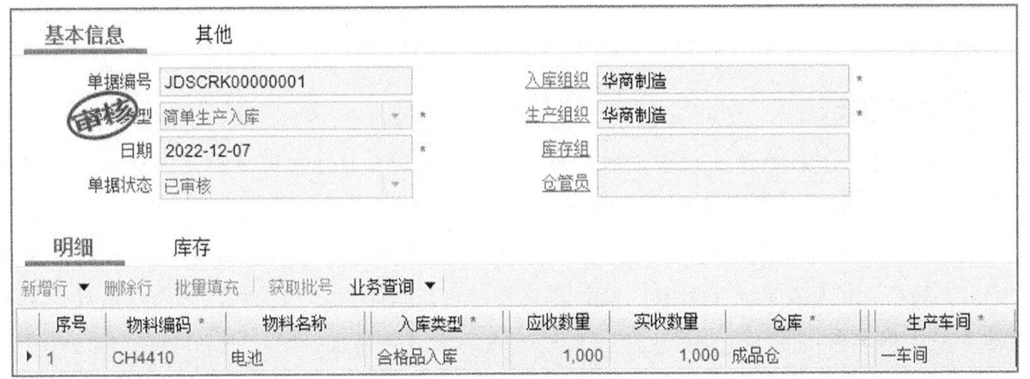

图 5-7 简单生产入库单

5．入库成本维护

（1）打开入库成本维护页面。操作路径：【成本管理】-【存货核算】-【存货核算】-【入库成本维护】。

（2）修改入库成本维护过滤条件。在打开的“入库成本维护过滤条件”页面，将单据名称改为“简单生产入库单”，如图 5-8 所示，单击“确定”按钮，打开入库成本维护窗口。

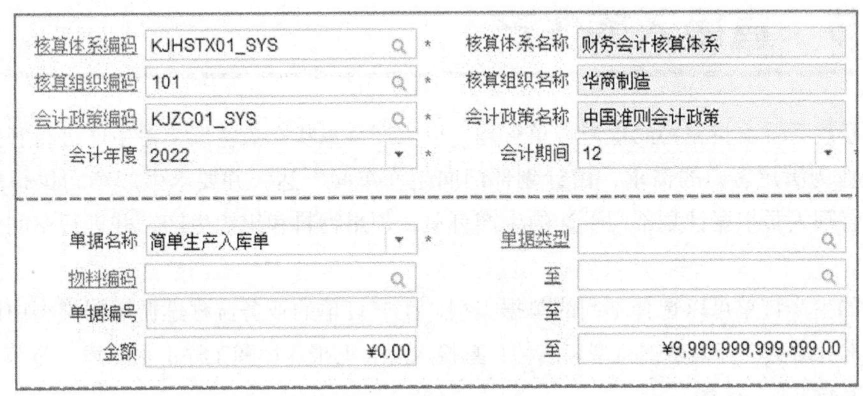

图 5-8 修改过滤条件

（3）录入物料入库成本。首先，参照表 5-7 在金额栏录入物料入库成本，物料入库成本包含直接材料、直接人工、制造费用等。然后，由系统反算出单价，单击工具栏中的“保存”选项，完成页面如图 5-9 所示。

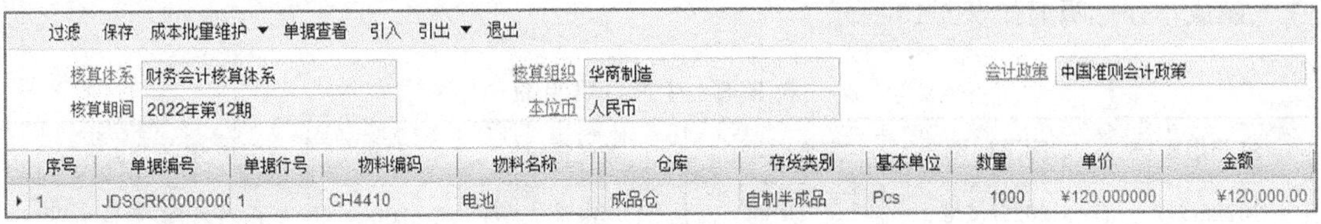

过滤 保存 成本批量维护 ▼ 单据查看 引入 引出 ▼ 退出

核算体系 财务会计核算体系　核算组织 华商制造　会计政策 中国准则会计政策

核算期间 2022年第12期　本位币 人民币

序号	单据编号	单据行号	物料编码	物料名称	仓库	存货类别	基本单位	数量	单价	金额
1	JDSCRK000000(	1	CH4410	电池	成品仓	自制半成品	Pcs	1000	¥120.000000	¥120,000.00

图 5-9 录入物料入库成本

6．生成入库凭证

操作路径：【财务会计】-【智能会计平台】-【账务处理】-【凭证生成】。选择账簿，选择来源单据，选择单据范围，找到对应的简单生产入库单，单击“凭证生成”按钮。

友情提示

1. 简单生产领料单是处理生产部门和仓储部门之间领料业务关系的书面凭证，是财务人员据以记账、核算成本的重要原始凭证。

2. 除了手动新增生成的简单生产领料单以外，用户可以录入产品编码或者物料清单（BOM）编码，树形展开产品结构，选择所需物料生成简单生产领料单，还可以通过简单生产入库单下推生成。

3. 简单生产入库单是处理生产订单的入库业务类型的库存单据，是确认生产车间和仓库货物出库的书面证明，也是财务人员据以记账、核算成本的重要原始凭证。

4. 简单生产入库单支持批量下推简单生产领料单。

完成本节业务后，请备份数据中心，将备份文件命名为“5-3 简单生产”，保存到 U 盘或网盘中。备份方法参照第二章第二节备份数据中心相关操作。

第四节　直接入库生产

生产管理系统支持完善的生产订单管理，以生产订单状态为主线，对生产进行管控。生产订单是企业为满足客户的需求，由计划部门向生产车间下达，并要求生产车间执行的生产任务。车间管理人员根据计划部门下达的生产订单，领用物料和组织生产，并进行车间资源的调度和分配。

不同的生产订单可以选择不同的单据类型，生产订单的业务流程遵循单据类型中的参数设置。比较常见的生产订单单据类型有三种：直接入库、汇报入库和工序汇报入库。本节主要介绍直接入库生产的业务流程。

一、业务场景

2022 年 12 月 1 日，华商制造一车间新增电池生产订单，订单信息和领料信息如表 5-8、表 5-9 所示。12 月 7 日，一车间完成生产入库。华商制造在月末进行存货核算，本批产品完工入库成本计算明细如表 5-10 所示。

表 5-8　生产订单明细

生产日期	完工日期	生产车间	物料名称	数量	生产方式
2022/12/1	2022/12/8	一车间	电池	1000	直接入库-普通生产

表 5-9　原材料领料明细

领料日期	领用物料	一车间领料数量
2022/12/2	电芯	1000
	保护板	1000

表 5-10　完工入库成本计算明细

产品	生产数量	合格入库数量	直接材料（元）	直接人工（元）	制造费用（元）	入库成本（元）
电池	1000	1000	80,000.00	30,000.00	10,000.00	120,000.00

二、业务解析

直接入库生产为订单级别的生产管理业务，生产业务流程如图 5-10 所示。生产订单管理主要包括订单的维护及业务处理。业务处理包括计划确认、下达、开工、完工、结案，对应生产订单的不同业务状态。

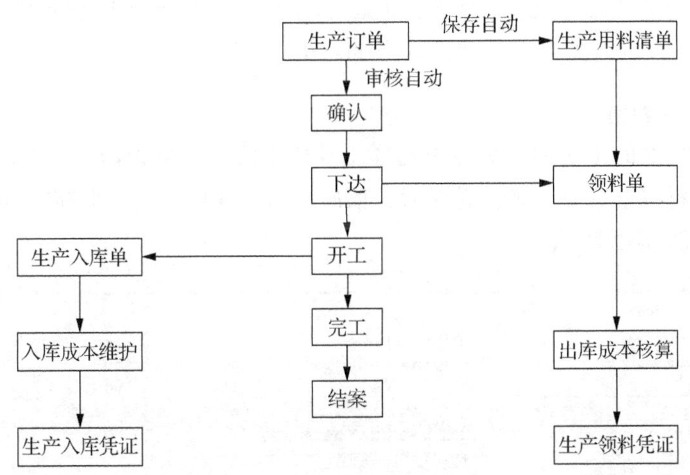

图 5-10　直接入库生产业务流程

生产订单保存时，系统根据 BOM 版本中的信息系统自动生成生产用料清单。生产订单下达后，用户可以手动下推领料单。

开工是指生产订单已经开始生产或即将开始生产。生产订单开工后，用户可以手动下推入库单。领料单、生产入库单是处理生产订单的领料、入库业务的库存单据，是确认生产车间和仓库货物出入库的书面证明，也是财务人员记账、核算成本的重要原始凭证。

完工是指生产订单已经生产完成或生产终止。生产完工后，系统不允许用户再进行生产入库处理，但可以进行生产领料、退料、补料处理。生产订单完工时，系统要求下游的生产入库单都已经审核。

结案是指所有流程全部完成，系统只有满足原材料全部领料、产品已全部入库、生产全部完工三个条件，系统才能结案。结案后，生产订单不再允许进行领退补、汇报、入库等处理。

三、操作步骤

直接入库生产

1．审核生产订单

（1）打开生产订单列表。操作路径：【生产制造】-【生产管理】-【生产订单】-【生产订单列表】。

（2）新增生产订单。单击工具栏中的“新增”选项，进入“生产订单-新增”页面，单据类型选择“直接入库-普通生产”（默认），修改单据日期；在表体【明细】页签中选择物料编码、生产车间，录入数量，修改计划开工日期和完工日期，依次单击工具栏中的“保存”“提交”“审核”选项，将生产订单的业务状态更新为“计划确认”，如图 5-11 所示。

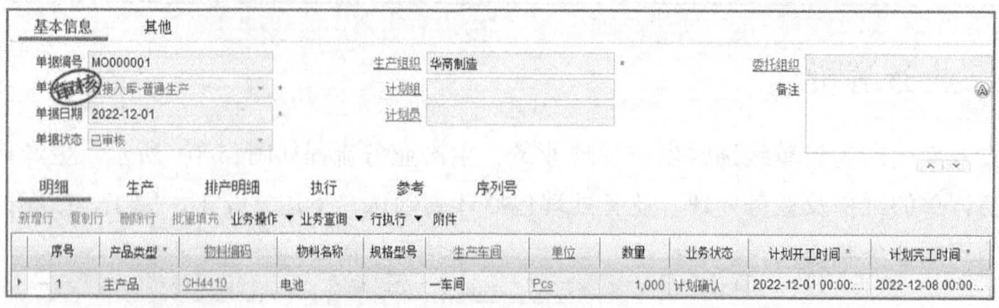

图 5-11　审核生产订单

2．审核生产用料清单

在生产订单页面的【明细】页签中选择工具栏中的“业务查询”-“用料清单查询”选项，打开生产用料清单页面，确认无误后，依次单击工具栏中的“保存”“提交”“审核”选项，完成页面如图 5-12 所示。

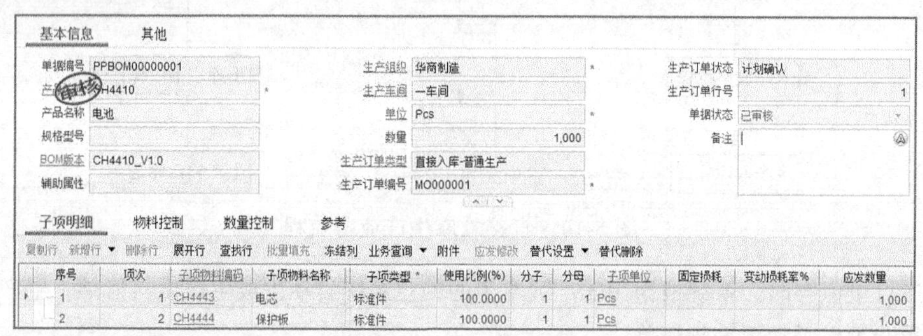

图 5-12　生产用料清单

3．生产领料

（1）下达生产订单。返回生产订单页面，在【明细】页签中选择工具栏中的“行执行”-“执行至下达”选项。系统自动打开设置执行日期对话框，填写执行日期为“2022-12-01”，单击“确定”按钮，将生产订单的业务状态更新为“下达”，如图 5-13 所示。

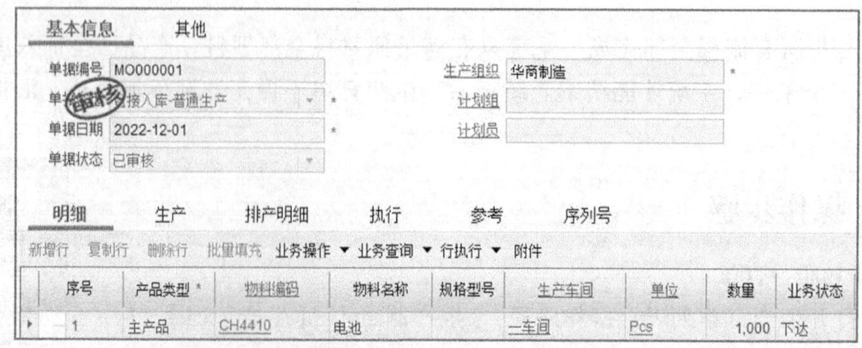

图 5-13　生产订单下达

（2）生成领料单。在生产订单页面单击工具栏中的“下推”选项，勾选“生产领料单”单选框，单击“确定”按钮。进入生产领料单页面，修改日期；在表体【明细】页签中核对实发数量和仓库，依次单击工具栏中的“保存”“提交”“审核”选项，完成页面如图 5-14 所示。

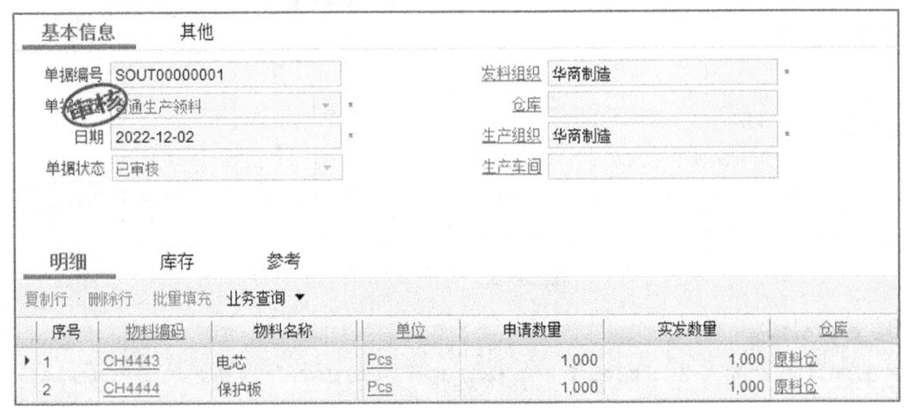

图 5-14　领料单

4．出库成本核算

操作路径：【成本管理】-【存货核算】-【存货核算】-【出库成本核算】。按提示操作，核算完成后，在结果页面单击“核算单据查询”功能入口，在打开的页面中查看单据“普通生产领料”对应的成本核算结果。

5．生成生产领料凭证

操作路径：【财务会计】-【智能会计平台】-【账务处理】-【凭证生成】。选择账簿，选择来源单据，选择单据范围，找到对应的生产领料单，单击“凭证生成”按钮。

6．生成生产入库单

（1）生产订单开工。返回生产订单页面，在【明细】页签中选择工具栏中的“行执行”-“执行至开工”选项。系统自动打开设置执行日期对话框，填写执行日期为“2022-12-01”，单击“确定”按钮，将生产订单的业务状态更新为“开工”，如图 5-15 所示。

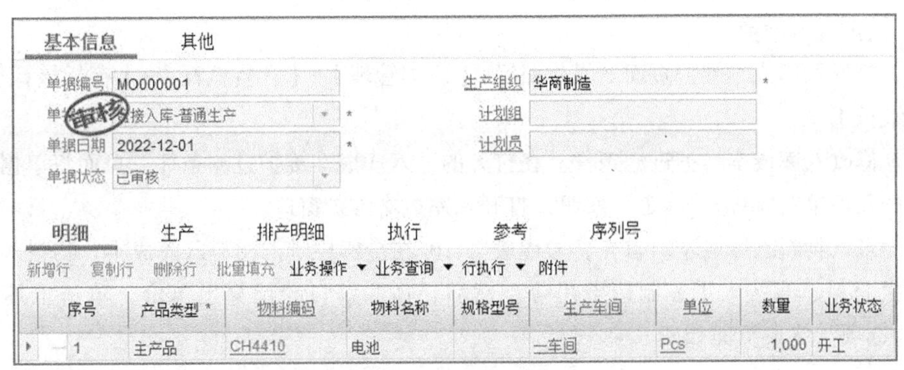

图 5-15　生产订单开工

（2）生成生产入库单。在生产订单页面单击工具栏中的“下推”选项，勾选“生产入库单”单选框，单击“确定”按钮。进入生产入库单页面，修改日期，选择仓库“成品仓”，勾选“完工”复选框，依次单击工具栏中的“保存”“提交”“审核”选项，完成页面如图 5-16 所示。

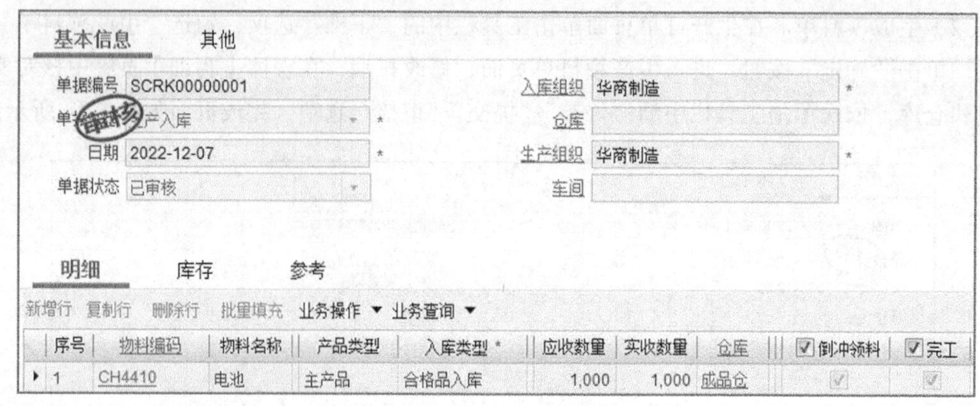

图 5-16　生产入库单

7．生产订单结案

返回生产订单页面，在【明细】页签中选择工具栏中的“行执行”-“执行至结案”选项。系统自动打开设置执行日期对话框，填写执行日期为“2022-12-08”，单击“确定”按钮，将生产订单的业务状态更新为“结案”，如图 5-17 所示。

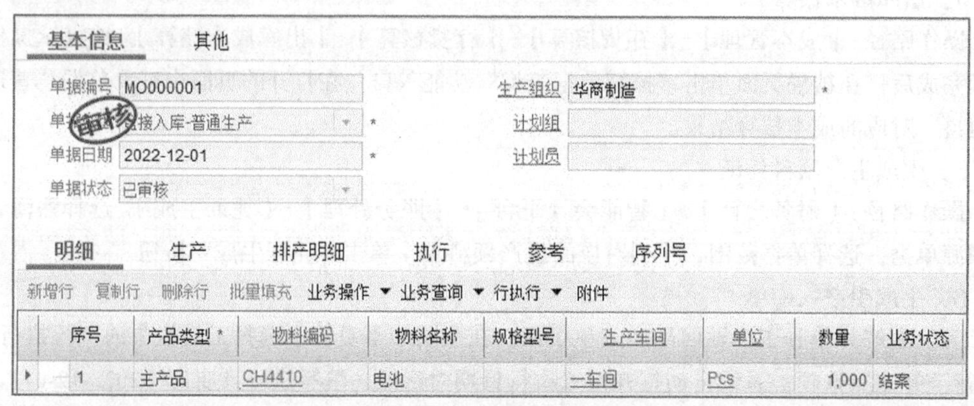

图 5-17　生产订单结案

8．入库成本维护

（1）打开入库成本维护页面。操作路径：【成本管理】-【存货核算】-【存货核算】-【入库成本维护】。

（2）修改入库成本维护过滤条件。在打开的“入库成本维护过滤条件”页面将单据名称改为“生产入库单”，单击“确定”按钮，打开入库成本维护窗口。

（3）录入物料入库成本。首先，参照表 5-10 在金额栏录入物料入库成本，物料入库成本包含直接材料、直接人工、制造费用等。然后，由系统自动反算出单价，单击工具栏中的“保存”选项。完成页面如图 5-18 所示。

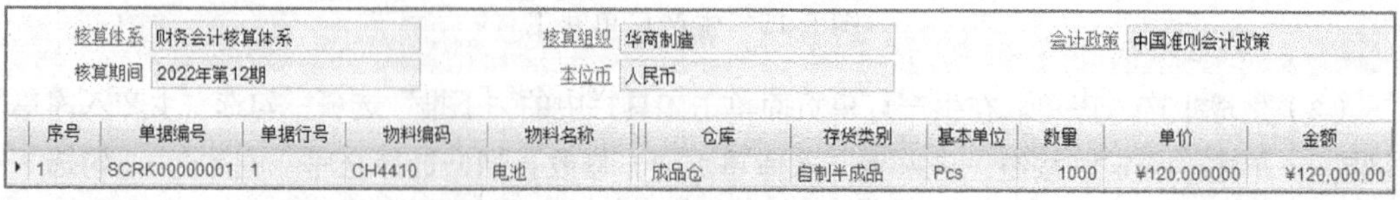

核算体系 财务会计核算体系　　核算组织 华商制造　　会计政策 中国准则会计政策

核算期间 2022年第12期　　本位币 人民币

序号	单据编号	单据行号	物料编码	物料名称	仓库	存货类别	基本单位	数量	单价	金额
1	SCRK00000001	1	CH4410	电池	成品仓	自制半成品	Pcs	1000	¥120.000000	¥120,000.00

图 5-18　录入物料入库成本

9．生成入库凭证

操作路径:【财务会计】-【智能会计平台】-【账务处理】-【凭证生成】。选择账簿，选择来源单据，选择单据范围，找到对应的生产入库单，单击“凭证生成”按钮。

友情提示

1. 生产订单的生成方式包括手工新增、关联销售订单、生成下级生产订单以及计划订单投放等。

2. 生产订单的业务状态支持反向变更：反计划确认、反下达、反开工、反完工以及反结案，选择工具栏中的“行执行”-“反执行”的相应操作即可。

3. 用料清单既可以在生产订单页面查询，也可以通过用料清单列表查询。操作路径：【生产制造】-【生产管理】-【生产订单】-【生产用料清单列表】。

4. 直接入库生产所需的领料单既可以由生产订单推送生成，也可由生产用料清单推送生成。

5. 生产订单执行至开工时，系统会提示报错“不能从开工执行至开工”，原因在于生产订单的参数设置为“生产订单领料时自动开工”，应用时忽略报错即可。

6. 可以在生产订单的参数设置中设置各类自动执行参数，以简化业务操作。

7. 直接入库类型的生产订单在不启用产品检验的情况下，生产数量都是按合格品入库的，生产汇报单是可选流程，汇报的数据只是作参考，不作为入库依据。如果要严格按生产汇报单的数据入库，则生产订单的类型要使用汇报入库类型。

8. 由于直接人工与制造费用需要到月末才能得到，所以此业务的入库成本维护一般需要在月末进行。

9. 本实验领用的是期初库存物料，可以在领料后直接进行出库成本核算。如果领用的是尚未进行入库成本维护的自制半成品，则该物料的出库成本核算也需要在月末进行入库成本维护后进行。

完成本节业务后，请备份数据中心，将备份文件命名为“5-4 直接入库生产”，保存到 U 盘或网盘中。备份方法参照第二章第二节备份数据中心相关操作。

第五节 汇报入库生产

生产车间在执行生产订单时，如果希望提高管理的颗粒度对生产情况进行实时反馈，了解生产数量、生产工时或生产质量等数据，则可以选择汇报入库生产业务流程。

一、业务场景

2022 年 12 月 1 日，华商制造一车间新增电池生产订单，订单信息和领料信息如表 5-11、表 5-12 所示。一车间按要求开展生产，进行生产汇报，12 月 7 日完工入库。华商制造月末进行存货核算，本批产品完工入库成本计算明细如表 5-13 所示。

表 5-11　生产订单明细

生产日期	完工日期	生产车间	物料名称	数量	生产方式
2022/12/1	2022/12/8	一车间	电池	1000	汇报入库-普通生产

表 5-12　原材料领料明细

领料日期	领用物料	一车间领料数量
2022/12/2	电芯	1000
	保护板	1000

表 5-13　完工入库成本计算明细

产品	生产数量	合格入库数量	报废数量	直接材料（元）	直接人工（元）	制造费用（元）	入库成本（元）
电池	1000	990	10	80,000.00	30,000.00	10,000.00	120,000.00

二、业务解析

汇报入库生产为订单级别的生产管理业务，生产业务流程如图 5-19 所示。与直接入库生产不同的是，汇报入库生产在业务流程中增加了汇报环节。生产汇报是生产车间在执行生产订单时，对生产情况实时进度的反馈，一般用于汇报生产任务的开工和完工时间、生产数量、生产工时、生产质量等数据。

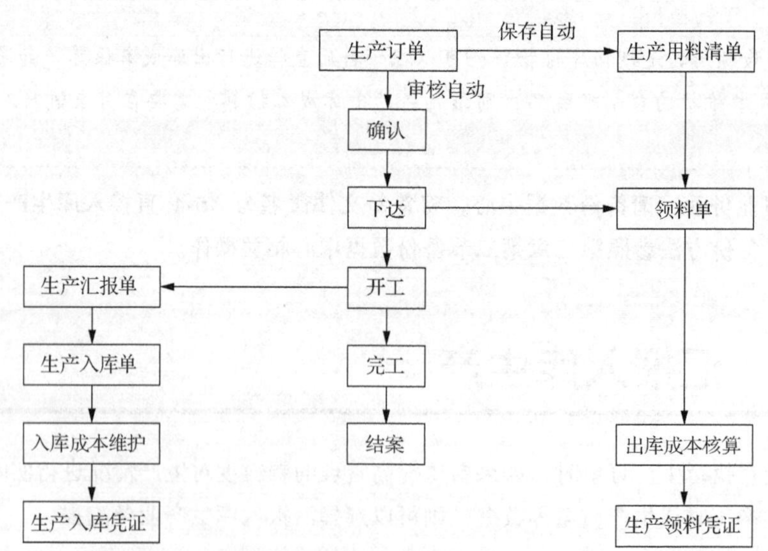

图 5-19　汇报入库生产业务流程

在汇报入库生产业务流程中，生产用料清单在生产订单保存时系统自动生成，用户可以审核或修改生产用料清单；生产订单下达后，用户基于生产订单进行领料，完成出库成本核算并生成生产领料凭证。开工后，通过生产订单生成生产汇报单。汇报完毕，通过生产汇报单生成生产入库单，生产订单完工；生产入库后，完成入库成本维护并生成生产入库凭证。

三、操作步骤

汇报入库生产

1．审核生产订单

（1）打开生产订单列表。操作路径：【生产制造】-【生产管理】-【生产订单】-【生产订单列表】。

（2）新增生产订单。单击工具栏中的“新增”选项，进入“生产订单-新增”页面，单据类型选择“汇报入库-普通生产”，修改单据日期；在表体【明细】页签中选择物料编码、生产车间，录入数量，修改计划开工日期和完工日期，依次单击工具栏中的“保存”“提交”“审核”选项，将生产订单业务状态更新为“计划确认”，如图 5-20 所示。

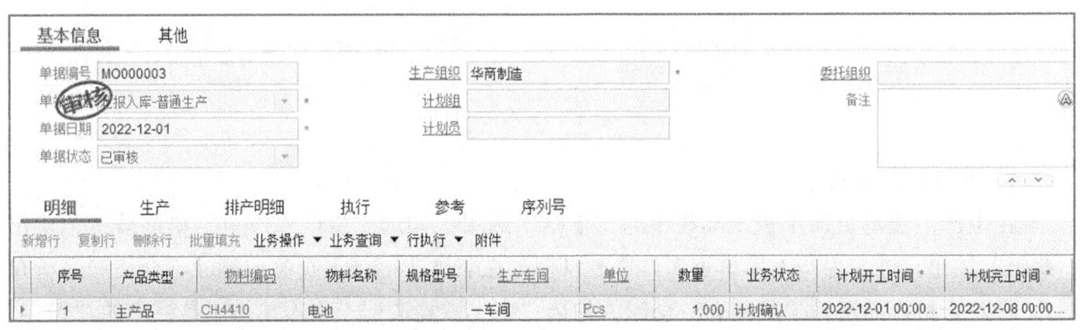

图 5-20　审核生产订单

2．审核生产用料清单

在生产订单页面的【明细】页签选择工具栏中的“业务查询”-“用料清单查询”选项，打开生产用料清单页面，确认无误后，依次单击工具栏中的“保存”“提交”“审核”选项。

3．生产领料

（1）下达生产订单。在生产订单页面的【明细】页签选择工具栏中的“行执行”-“执行至下达”选项。系统自动打开设置执行日期对话框，填写执行日期为“2022-12-01”，单击“确定”按钮，将生产订单的业务状态更新为“下达”。

（2）生成领料单。在生产订单页面单击工具栏中的“下推”选项，勾选“生产领料单”单选框，单击“确定”按钮。进入生产领料单页面，修改日期；在表体【明细】页签核对实发数量和仓库，依次单击工具栏中的“保存”“提交”“审核”选项。

4．出库成本核算

操作路径：【成本管理】-【存货核算】-【存货核算】-【出库成本核算】。按提示操作，核算完成后，在结果页面单击“核算单据查询”功能入口，在打开的页面中查看单据“普通生产领料”对应的成本核算结果。

5．生成生产领料凭证

操作路径：【财务会计】-【智能会计平台】-【账务处理】-【凭证生成】。选择账簿，选择来源单据，选择单据范围，找到对应的生产领料单，单击“凭证生成”按钮。

6．生成生产汇报单

（1）生产订单开工。返回生产订单页面，在【明细】页签选择工具栏中的“行执行”-“执行至开工“选项，系统自动打开设置执行日期对话框，填写执行日期为“2022-12-1”，单击“确定”按钮，将生产订单的业务状态更新为“开工”。

（2）生成生产汇报单。在生产订单页面单击工具栏中的“下推”选项，勾选“生产汇报单”单选框，单击“确定”按钮。进入生产汇报单页面，修改单据日期；在表体【明细】页签中，生产汇报类型选择“正常生产”，修改生产汇报单中的合格数量与不合格数量，依次单击工具栏中的“保存”“提交”“审核”选项，完成页面如图 5-21 所示。

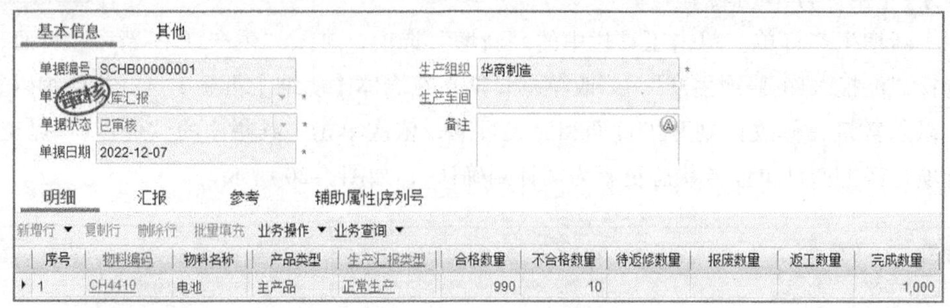

图 5-21　生产汇报单

7．生成生产入库单

在生产汇报单页面单击工具栏中的“下推”选项，勾选“生产入库单”单选按钮，单击“确定”按钮。进入生产入库单页面，修改日期；在表体【明细】页签中删除不合格产品所在行，针对合格产品选择“成品仓”仓库，勾选“完工”复选框，依次单击工具栏中的“保存”“提交”“审核”选项，完成页面如图 5-22 所示。

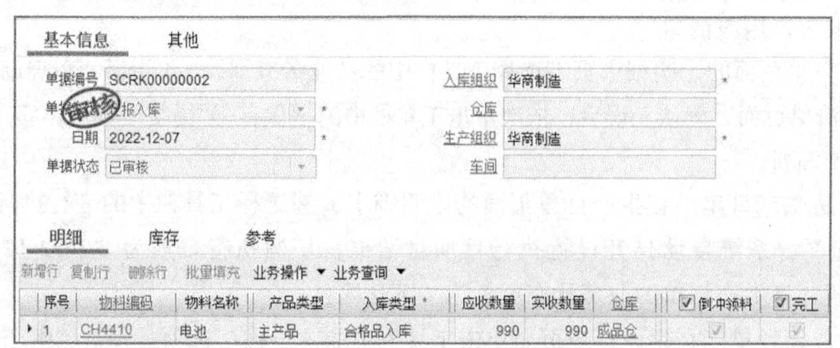

图 5-22　生产入库单

8．生产订单结案

返回生产订单页面，在【明细】页签中选择工具栏中的“行执行”-“执行至结案”选项，系统自动打开设置执行日期对话框，填写执行日期为“2022-12-08”，单击“确定”按钮，将生产订单的业务状态更新为“结案”。

9．入库成本维护

（1）打开入库成本维护页面。操作路径：【成本管理】-【存货核算】-【存货核算】-【入库成本维护】。

（2）修改入库成本维护过滤条件。在打开的“入库成本维护过滤条件”页面将单据名称改为“生产入库单”，单击“确定”按钮，打开入库成本维护窗口。

（3）录入物料入库成本。针对物料，在金额栏填写物料入库成本，含直接材料、直接人工、制造费用等所有成本，由系统自动反算出单价，单击工具栏中的“保存”选项，操作界面如图 5-23 所示。

核算体系	财务会计核算体系	核算组织	华商制造	会计政策	中国准则会计政策
核算期间	2022年第12期	本位币	人民币		

序号	单据编号	单据行号	物料编码	物料名称	仓库	存货类别	基本单位	数量	单价	金额
1	SCRK00000002	1	CH4410	电池	成品仓	自制半成品	Pcs	990	¥121.212121	¥120,000.00

图 5-23 录入物料入库成本

10．生成入库凭证

操作路径:【财务会计】-【智能会计平台】-【账务处理】-【凭证生成】。选择账簿，选择来源单据，选择单据范围，找到对应的生产入库单，单击“凭证生成”按钮。

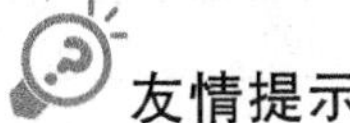

友情提示

1．由于直接人工与制造费用需要到月末才能得到，所以此业务的入库成本维护一般需要在月末进行。

2．本实验领用的是期初库存物料，可以在领料后直接进行出库成本核算。如果领用的是尚未进行入库成本维护的自制半成品，则该物料的出库成本核算也需要在月末进行入库成本维护后进行。

3．用户通过生产汇报单下推生产入库单时如存在不合格产品，则可删除不合格产品或入不合格品仓库。如果选择入不合格品仓库，则需要在设置基础数据时新增相应仓库。

完成本节业务后，请备份数据中心，将备份文件命名为“5-5 汇报入库生产”，保存到 U 盘或网盘中。备份方法参照第二章第二节备份数据中心相关操作。

第六节 倒冲领料生产

生产管理系统支持多种领料方式：直接领料、调拨领料、直接倒冲以及调拨倒冲，后两种属于倒冲领料。本节主要介绍调拨倒冲领料的应用。

调拨倒冲领料是生产中常用的一种物料领用方式，通常是先将物料调拨到车间仓，生产产品使用物料后，再按产品数量推算物料耗用数量并办理领料手续。倒冲领料一般适用于价值不高的物料的领用，或者源于物料包装或本身的特点，必须按一定数量领用的物料。为了减少办理领料手续的工作量，企业可以采用先使用物料再记账的方法。用户可以先把倒冲的物料调拨到车间仓，待完工入库后根据入库产品数量及物料耗用数量调用倒冲功能，生成领料单。

一、业务场景

2022 年 12 月 1 日，华商制造一车间新增电池生产订单，订单信息如表 5-14 所示。原材料由于包装的特点，必须按一定数量领用。12 月 2 日，将原材料从原料仓调拨至车间仓，调拨信息如表 5-15 所示。12 月 7 日，一车间完成生产入库，系统调用倒冲功能，生成领料单，领料信息如表 5-16 所示。华商制造月末进行存货核算，本批产品完工入库成本计算明细如表 5-17 所示。

表 5-14　生产订单明细

生产日期	完工日期	生产车间	物料名称	数量	生产方式
2022/12/1	2022/12/8	一车间	电池	500	直接入库-普通生产

表 5-15　直接调拨单明细

单据类型	调拨日期	物料	调拨数量	调出仓库	调入仓库
标准直接调拨单	2022/12/2	电芯	1000	原料仓	车间仓
		保护板	1000	原料仓	车间仓

表 5-16　倒冲领料明细

领料日期	领用物料	一车间领料数量
2022/12/7	电芯	500
	保护板	500

表 5-17　完工入库成本计算明细

产品	生产数量	合格入库数量	直接材料（元）	直接人工（元）	制造费用（元）	入库成本（元）
电池	500	500	40,000.00	15,000.00	5,000.00	60,000.00

二、业务解析

直接入库类型的生产订单业务流程相对比较简单，无须汇报，可以直接通过生产订单推送入库单，业务流程如图 5-24 所示。生产用料清单在生产订单保存时自动生成，用户可以直接审核生产用料清单或者根据实际情况对生产用料清单进行修改；生产订单下达后用户可以手动下推直接调拨单；开工后，用户通过生产订单生成生产入库单，生产订单完工；系统调用倒冲功能，生成倒冲领料单，用户完成出库成本核算并生成生产领料凭证；生产入库后，生产订单结案，完成入库成本维护并生成生产入库凭证。

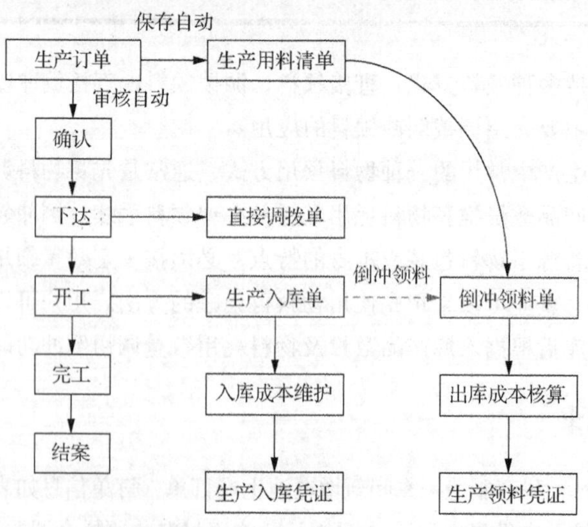

图 5-24　直接入库生产（调拨倒冲领料）业务流程

本实验采用调拨倒冲领料，倒冲时机为入库倒冲。领料单在生产入库后根据入库产品数量及物料耗用数量调用倒冲功能，生成领料单。

三、操作步骤

1. 审核生产订单

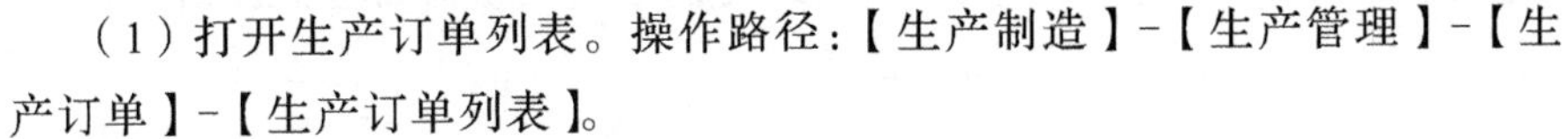

（1）打开生产订单列表。操作路径：【生产制造】-【生产管理】-【生产订单】-【生产订单列表】。

（2）新增生产订单。单击工具栏中的“新增”选项，进入“生产订单-新增”页面，单据类型选择“直接入库-普通生产”（默认），修改单据日期；在表体【明细】页签中选择物料编码、生产车间，录入数量，修改计划开工日期和完工日期，依次单击工具栏中的“保存”“提交”“审核”选项，将生产订单业务状态更新为“计划确认”，如图 5-25 所示。

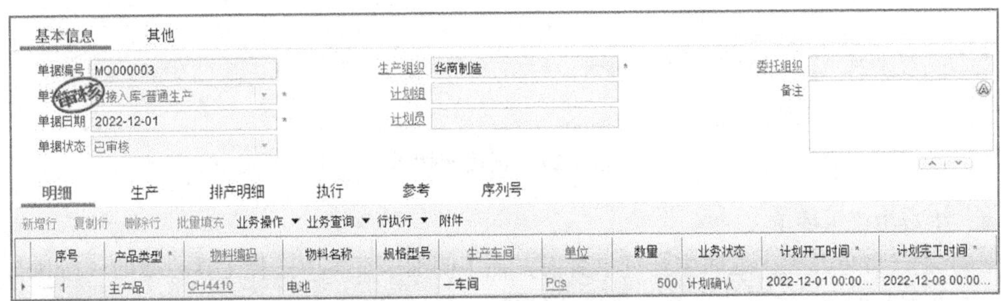

图 5-25 审核生产订单

2. 审核生产用料清单

在生产订单页面的【明细】页签选择工具栏中的“业务查询”-“用料清单查询”选项，打开生产用料清单页面。切换到【物料控制】页签，修改发料方式为“调拨倒冲”，倒冲时机选择“入库倒冲”，仓库选择“车间仓”，如图 5-26 所示。选择工具栏中的“下一行”选项，修改其他物料的发料方式、倒冲时机及仓库。所有物料修改完毕后，依次单击工具栏中的“保存”“提交”“审核”选项。

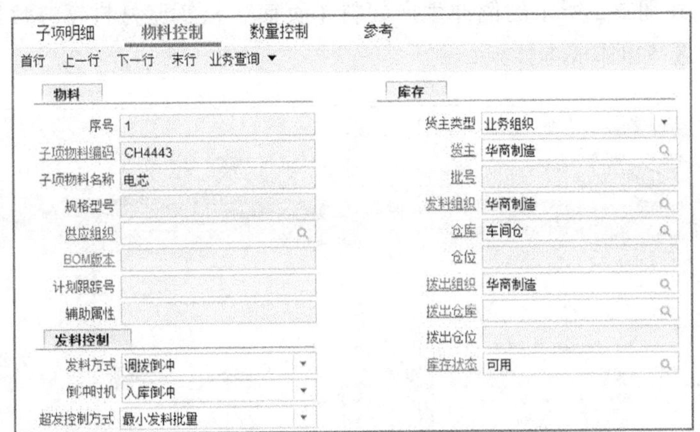

图 5-26 修改发料方式

3. 生成直接调拨单

（1）下达生产订单。在生产订单页面的【明细】页签选择工具栏中的“行执行”-“执行至下达”选项。系统自动打开设置执行日期对话框，填写执行日期为“2022-12-01”，单击“确定”按钮，将生产订单的业务状态更新为“下达”。

（2）生成直接调拨单。在生产订单页面单击工具栏中的“下推”选项，勾选“直接调拨单”单选框，单击“确定”按钮。进入直接调拨单页面，修改物料的调拨数量为1000，选择调入仓库，依次单击工具栏中的“保存”“提交”“审核”选项，完成页面如图5-27所示。

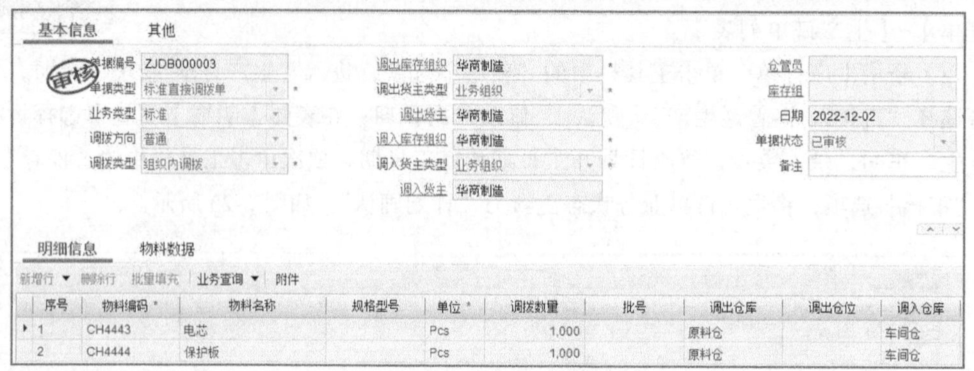

图5-27　直接调拨单

4．生成生产入库单

（1）生产订单开工。返回生产订单页面，在【明细】页签中选择工具栏中的“行执行”-“执行至开工”选项。系统自动打开设置执行日期对话框，填写执行日期为“2022-12-01”，单击“确定”按钮，将生产订单的业务状态更新为“开工”。

（2）生成生产入库单。在生产订单页面单击工具栏中的“下推”选项，勾选“生产入库单”单选按钮，单击“确定”按钮。进入生产入库单页面，修改日期，选择仓库“成品仓”，勾选“完工”复选框，依次单击工具栏中的“保存”“提交”“审核”选项。系统调用倒冲功能，自动生成生产领料单。

5．核对倒冲生产领料单

返回生产订单页面，单击工具栏中的“关联查询”-“下查”选项，查询自动生成的倒冲生产领料单。在图5-2所示的倒冲生产领料单页面，核实原材料领料数量及仓库是否正确。确认无误后进行出库成本核算。

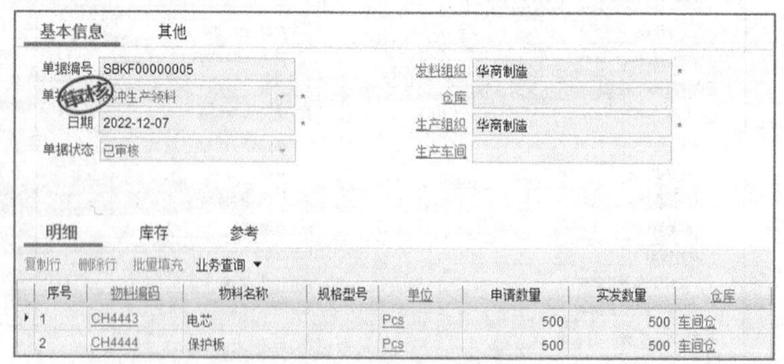

图5-28　倒冲生产领料单

6．出库成本核算

操作路径：【成本管理】-【存货核算】-【存货核算】-【出库成本核算】。按提示操作，核算完成后，在结果页面单击“核算单据查询”功能入口，在打开的页面中查看单据“倒冲生产领料”对应的成本核算结果。

7．生成生产领料凭证

操作路径:【财务会计】-【智能会计平台】-【账务处理】-【凭证生成】。选择账簿，选择来源单据，选择单据范围，找到对应的生产领料单，单击“凭证生成”按钮。

8．生产订单结案

返回生产订单页面，在【明细】页签中选择工具栏中的“行执行”-“执行至结案”选项，系统自动打开设置执行日期对话框，填写执行日期为“2022-12-08”，单击“确定”按钮，将生产订单的业务状态更新为“结案”。

9．入库成本维护

（1）打开入库成本维护页面。操作路径:【成本管理】-【存货核算】-【存货核算】-【入库成本维护】。

（2）修改入库成本维护过滤条件。在打开的“入库成本维护过滤条件”页面，将单据名称改为“生产入库单”，单击“确定”按钮，打开入库成本维护窗口。

（3）录入物料入库成本。针对物料，在金额栏填写物料入库成本，含直接材料、直接人工、制造费用等所有成本，由系统自动反算出单价，单击工具栏中的“保存”选项。操作界面如图 5-29 所示。

核算体系 财务会计核算体系　　核算组织 华商制造　　会计政策 中国准则会计政策

核算期间 2022年第12期　　本位币 人民币

序号	单据编号	单据行号	物料编码	物料名称	规格型号	批号	仓库	存货类别	基本单位	数量	单价	金额
1	SCRK00000004	1	CH4410	电池			成品仓	自制半成品	Pcs	500	¥120.000000	¥60,000.00

图 5-29　录入物料入库成本

10．生成入库凭证

操作路径:【财务会计】-【智能会计平台】-【账务处理】-【凭证生成】。选择账簿，选择来源单据，选择单据范围，找到对应的生产入库单，单击“凭证生成”按钮。

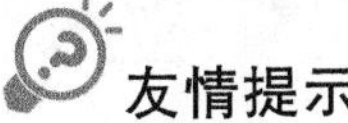

友情提示

1. 本实验采用调拨倒冲领料。直接领料和倒冲领料的区别在于：直接领料所需的领料单在订单下达后由生产订单或生产用料清单推送生成。倒冲领料是在生产入库后系统根据入库产品数量及物料耗用数量调用倒冲功能，自动生成领料单。

2. 本实验发料方式为调拨倒冲，也可以采用直接倒冲。区别在于调拨倒冲多了将原材料调拨至车间仓的调拨环节，更符合企业的真实生产场景。

3. 本实验倒冲时机为入库倒冲，系统提供汇报倒冲的选择。汇报倒冲是在生产汇报后根据产品完成数量及物料耗用数量调用倒冲功能，自动或手动生成领料单。企业在应用时可以根据实际情况灵活选择倒冲时机和倒冲方式。

完成本节业务后，请备份数据中心，将备份文件命名为“5-6 倒冲领料生产”，保存到 U 盘或网盘中。备份方法参照第二章第二节备份数据中心相关操作。

第六章　车间管理

本章主要介绍车间管理系统的基本功能，设置车间管理系统的基础数据，在此基础上完成基于工序管理的生产业务流程。

在开始本章的学习之前，需要引入“5-2 基础数据设置”备份数据中心，以保持数据的连续性，引入方法参照第二章第二节恢复数据中心相关操作。

第一节　概述

第五章介绍的生产管理系统是主要基于订单级别的管理，业务流程相对比较简单，管理颗粒度较为粗糙。如果企业的生产业务相对比较复杂，有对生产业务进行精细化管理的需求，就需要车间管理系统的支持。

一、总体介绍

精细化的车间管理需要将生产控制落实到每道工序上，要求业务人员针对每个工序进行计划、领料、生产、完成情况的汇报等业务工作，同时通过对工序上的生产情况的统计数据，为车间管理人员提供信息反馈。金蝶车间管理系统是基于工序管理级别的生产管理业务，以生产的每一道工序为主线，对生产进行管理。

车间管理系统结合工程数据管理、库存管理、生产管理、质量管理等系统，为企业提供从生成工序计划、工序排产、工序转移、工序拆分、工序汇报到产品入库等车间业务处理全过程监督与控制，协助企业精细化管理掌握车间各项制造活动信息，管理生产进度。

二、功能结构

车间管理系统包括车间作业计划、工序执行、工艺建模、车间参数设置和报表分析几个子模块。

（一）基础数据管理

基础数据为系统应用的前提，车间管理系统的基础数据管理主要通过工艺建模和车间参数设置两个子模块实现，涉及工序控制码、工作中心、工艺路线、作业、设备、资源、车间公式、车间调度汇报权限等基础数据的设置。

（二）车间作业计划

车间作业计划子模块主要涉及工序计划、排程模型、车间调度工作台等功能。金蝶云系统以工序计划为中心，实现工序的业务操作和管理工作；排程模型主要用于合理安排工序计划，以保证订单交货及时率，提高资源利用率，降低生产提前期；车间调度工作台主要是给车间调度使用的功能，可以对工序计划进行拆分、修改、派工、排程、下达、编制返修工艺等。

（三）工序执行

工序执行子模块主要涉及工序汇报、工序转移、工序委外等功能。工序汇报是对执行车间工序计划的反馈，帮助管理者清晰了解生产进度情况，同时也是统计人工费用，评估员工绩效的重要参考数据；工序转移是对每道工序完成后，实物交接情况的反馈；工序委外主要管理需要外协厂商加工的业务，支持委外发出、委外接收、工序结算单、组织间结算等功能。

（四）报表分析

报表分析是车间管理系统的一个子模块，提供包括生产订单工序进度分析、资源利用率分析、工序不良品原因分析、工序汇报汇总分析、工序委外转移分析、委外工序进度分析、生产订单工时对比分析、工序汇报缺陷分析等。

三、车间管理系统与其他系统的关系

车间管理系统与其他系统的关系如图 6-1 所示。

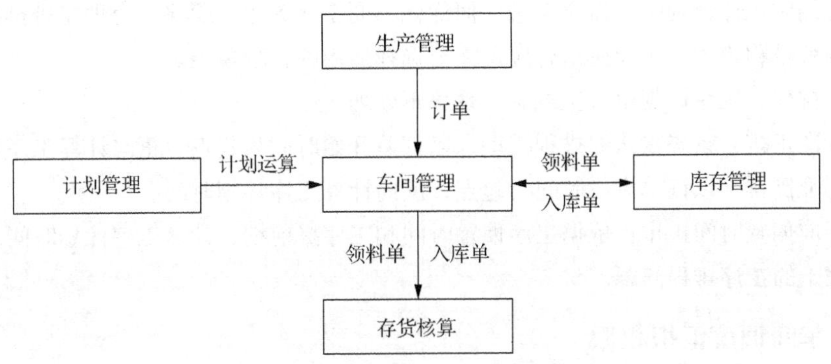

图 6-1　车间管理与其他系统的关系

四、基本概念

（一）工序

工序是完成产品加工的基本单元，是组成生产过程的基本单位。

（二）工序计划

工序计划是指面向物料的加工说明文件，包括物料的加工工序、工作中心、工作进度及使用的工装设备等。

（三）工序汇报

工序汇报是指生产车间根据工序计划指定的任务加工完成后进行生产的完工汇报。工序汇报针对生产订单的工序进行一系列重要数据的采集，包括生产数量、废品数量、待返修数量、所耗工时、所耗资源、实际开工时间和完工时间等。

（四）工序控制码

工序控制码一般用来标识工序控制中的不同参数，如是否检验、工序的加工方式、工序的汇报方式等。

（五）工作中心

工作中心是用于生产产品的生产单元，是各种生产或者加工单元的总称。一个工作中心可以是一台设备、一组功能相同的设备、一条自动生产线、一个班组或者某种生产单一产品的封闭车间。工作中心的数据是工艺路线的核心组成部分，是运算物料需求计划、能力需求计划的基础数据之一。

（六）工艺路线

工艺路线是物料加工、零部件装配的操作顺序的技术文件，是多个工序的序列。企业应用车间管理系统对车间工序进行排程、进度汇报需要定义工艺路线。工艺路线包含执行每个工序的工作中心的信息和工序中的标准工时定额情况，以及关于生产所需要的工具和资源的信息，是用来进行工序排程、工序汇报和车间成本核算的基础。

（七）排程模型

企业在编制工序计划时，需要考虑如何优化不同工序的生产顺序，合理安排排程模型。系统内置了四种排程模型，企业应结合应用需要选择适用的排程模型。

（1）不排程：工序计划由人工编制，系统不处理。

（2）标准正排：系统默认的排程模型，以订单开始时间为起点，正向计算工序计划时间。

（3）标准倒排：以订单完成时间为起点，反向计算工序计划时间。

（4）标准偏置时间正排：依据工序偏置时间和工序提前期，计算工序计划时间，用于解决粗放式管理下的工序排程问题。

（八）车间调度汇报权限

在编制工序计划时，在对工序计划进行拆分、派工、进度汇报、转移等操作时，要先对车间中的工作中心进行工序汇报权限的授权。

第二节　基础数据设置

华商制造为了合理安排生产计划，需要对车间管理相关基础数据进行设置。本节基础数据的录入工作，未做特别说明的，均由华商制造完成。

一、基础数据

华商制造为了进行车间管理，需要对相关基础数据进行设置，具体信息如下。

（1）调整工序控制码，将检验方式修改为“车间检验”，具体如表 6-1 所示。

表 6-1　工序控制码

名称	检验方式	参与工序排程	加工方式
质量+汇报	车间检验	√	厂内加工

（2）增加工作中心，如表 6-2 所示，由华商集团创建，分配给华商制造。

表 6-2 工作中心

名称	所属部门	工序控制码	基本活动
电池加工中心	一车间	质量+汇报	准备活动（3 分钟） 加工活动（5 分钟） 拆卸活动（2 分钟）
电池组装中心	一车间	质量+汇报	准备活动（2 分钟） 加工活动（5 分钟） 拆卸活动（2 分钟）
平板 I 加工中心	二车间	质量+汇报	准备活动（3 分钟） 加工活动（5 分钟） 拆卸活动（2 分钟）
平板 I 组装中心	二车间	质量+汇报	准备活动（2 分钟） 加工活动（5 分钟） 拆卸活动（2 分钟）
平板 II 加工中心	二车间	质量+汇报	准备活动（3 分钟） 加工活动（5 分钟） 拆卸活动（2 分钟）
平板 II 组装中心	二车间	质量+汇报	准备活动（2 分钟） 加工活动（5 分钟） 拆卸活动（2 分钟）

（3）增加工艺路线，如表 6-3 所示，由华商集团创建，分配给华商制造。

表 6-3 工艺路线

工艺路线名称	物料	加工组织	工作中心	工序说明
电池工艺路线	电池	华商制造	电池加工中心	加工
		华商制造	电池组装中心	组装
平板 I 工艺路线	平板 I	华商制造	平板 I 加工中心	加工
		华商制造	平板 I 组装中心	组装
平板 II 工艺路线	平板 II	华商制造	平板 II 加工中心	加工
		华商制造	平板 II 组装中心	组装

（4）由华商集团将排程模型分配给华商制造，排程模型如表 6-4 所示。

表 6-4 排程模型

名称	排程方法	默认排程模型	使用组织
标准正排	正排	√	华商制造

（5）指定华商制造的车间调度汇报权限，具体要求如表 6-5 所示。

表 6-5　车间调度汇报权限

加工组织	部门名称	工作中心名称	角色授权
华商制造	一车间	电池加工中心	全功能
	一车间	电池组装中心	全功能
华商制造	二车间	平板Ⅰ加工中心	全功能
	二车间	平板Ⅰ组装中心	全功能
	二车间	平板Ⅱ加工中心	全功能
	二车间	平板Ⅱ组装中心	全功能

（6）新增报废品仓库，仓库信息如表 6-6 所示。

表 6-6　报废品仓库明细

仓库名称	库存状态	允许 MRP 计划	不参与可发量统计
报废品仓	待检	不勾选	勾选

（7）调整参数，如表 6-7 所示。

表 6-7　参数调整明细

参数	调整内容
生产订单列表选项	“执行日期”改为“手工指定”
工序计划列表选项	“下达日期”改为“手工指定”
生产订单单据参数	在“工序控制”下勾选“启用工序跟踪”复选框
工序汇报单据参数	“汇报日期是否允许在将来”由“严格控制”改为“不控制”
工序计划单据参数	“相同工作中心”“相同加工车间不同工作中心”由“自动生成转移单”改为“手工生成转移单”；“自制首序转入”选择“不生成转移单”

二、操作解析

基础数据为系统应用的前提，一般先设置好基础数据，然后才进行业务应用。车间管理的基础数据包括设置工序控制码、工作中心、工艺路线、排程模型、车间调度汇报权限及相关参数等。本实验的基础数据主要由华商制造设置。工作中心、工艺路线及排程模型由华商集团设置，分配给华商制造使用。

三、操作步骤

基础数据设置

1．调整工序控制码

（1）打开工序控制码列表。操作路径：【生产制造】-【车间管理】-【工艺建模】-【工序控制码列表】。

（2）修改工序控制码。将系统自带的第一条记录取消审核，修改记录，将检验方式改为“车间检验”，如图 6-2 所示，依次单击工具栏中的“保存”“提交”“审核”选项。

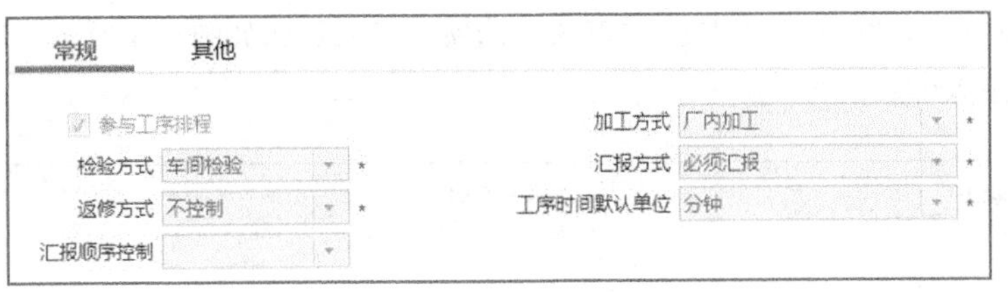

图 6-2 修改工序控制码

2．定义工作中心

（1）核对当前组织。确保当前组织为华商集团。

（2）打开工作中心列表。操作路径：【生产制造】-【车间管理】-【工艺建模】-【工作中心列表】。

（3）新增工作中心。单击工具栏中的"新增"选项，进入"工作中心-新增"页面，输入名称，选择所属部门，选择工序控制码，批量增加基本活动，输入时间默认值，如图 6-3 所示。依次单击工具栏中的"保存""提交""审核"选项；反复增加，直到所有工作中心录入完毕。

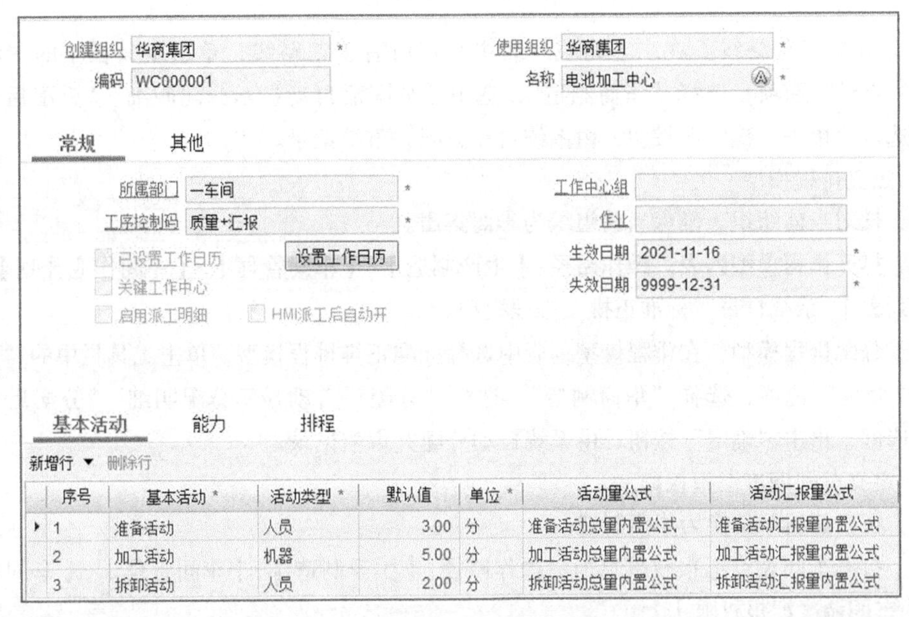

图 6-3 工作中心

（4）分配工作中心。在工作中心列表中全选所有工作中心，单击工具栏中的"业务操作"-"分配"选项，选择"华商制造"，选中"分配后自动显示分配明细""分配后自动审核"复选框，单击"确定"按钮，系统自动分配并审核记录。

3．定义工艺路线

（1）核对当前组织。确保当前组织为华商集团。

（2）打开工艺路线列表。操作路径：【生产制造】-【车间管理】-【工艺建模】-【工艺路线列表】。

（3）新增工艺路线。单击工具栏中的"新增"选项，进入"工艺路线-新增"页面，录入工艺路线名称，选择物料编码，选择加工组织（华商制造），选择工作中心，填写工序说明，依次单击工具栏中的“保存”“提交”“审核”选项，完成页面如图 6-4 所示；反复增加，直到所有工艺路线录入完毕。

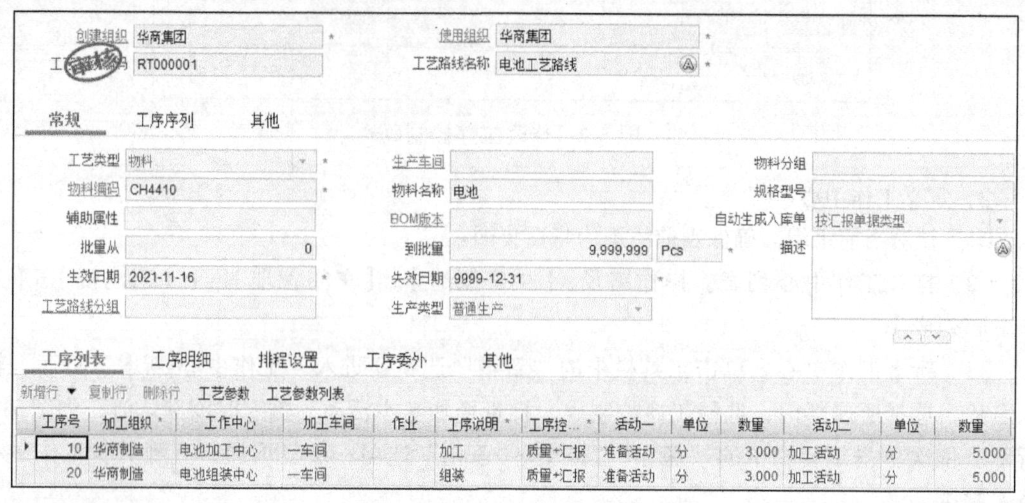

工序号	加工组织	工作中心	加工车间	作业	工序说明	工序控...	活动一	单位	数量	活动二	单位	数量
10	华商制造	电池加工中心	一车间		加工	质量+汇报	准备活动	分	3.000	加工活动	分	5.000
20	华商制造	电池组装中心	一车间		组装	质量+汇报	准备活动	分	3.000	加工活动	分	5.000

图 6-4　工艺路线

（4）分配工艺路线。在工艺路线列表中全选所有工艺路线，单击工具栏中的“业务操作”-“分配”选项，选择“华商制造”，选中“分配后自动显示分配明细”“分配后自动审核”复选框，单击“确定”按钮，由系统自动分配并审核记录。

4．定义排程模型

（1）核对当前组织。确保当前组织为华商集团。

（2）打开排程模型列表。操作路径：【生产制造】-【车间管理】-【车间作业计划】-【排程模型列表】。系统自带“标准正排”排程模型。

（3）分配排程模型。在排程模型列表中选择标准正排排程模型，单击工具栏中的“业务操作”-“分配”选项，选择“华商制造”，选中“分配后自动显示分配明细”“分配后自动审核”复选框，单击“确定”按钮，由系统自动分配并审核记录。

5．定义车间调度汇报权限

（1）将当前组织切换为华商制造。

（2）打开车间调度汇报权限页面。操作路径：【生产制造】-【车间管理】-【车间参数设置】-【车间调度汇报权限】。

（3）授权。在车间调度汇报权限页面单击工具栏中的“角色授权”选项，在打开的页面选择角色“全功能”，选择所有工作中心，单击工具栏中的“授权”选项，如图 6-5 所示。

授权　刷新　退出

加工组织 华商制造　　角色 全功能

☑	部门名称	工作中心编码	工作中心名称
☑	一车间	WC000001	电池加工中心
☑	一车间	WC000002	电池组装中心
☑	二车间	WC000003	平板Ⅰ加工中心
☑	二车间	WC000004	平板Ⅰ组装中心
☑	二车间	WC000005	平板Ⅱ加工中心
☑	二车间	WC000006	平板Ⅱ组装中心

图 6-5　车间调度汇报权限授权

6．新增报废品仓库

（1）核对当前组织。确保当前组织为华商制造。

（2）打开仓库列表。操作路径：【基础管理】-【基础资料】-【供应链】-【仓库列表】。

（3）新增仓库。单击工具栏中的“新增”选项，进入“仓库-新增”页面，仓库名称为“报废品仓”，默认库存状态“待检”，不勾选“允许 MRP 计划”复选框，勾选“不参与可发量统计”复选框，如图 6-6 所示。

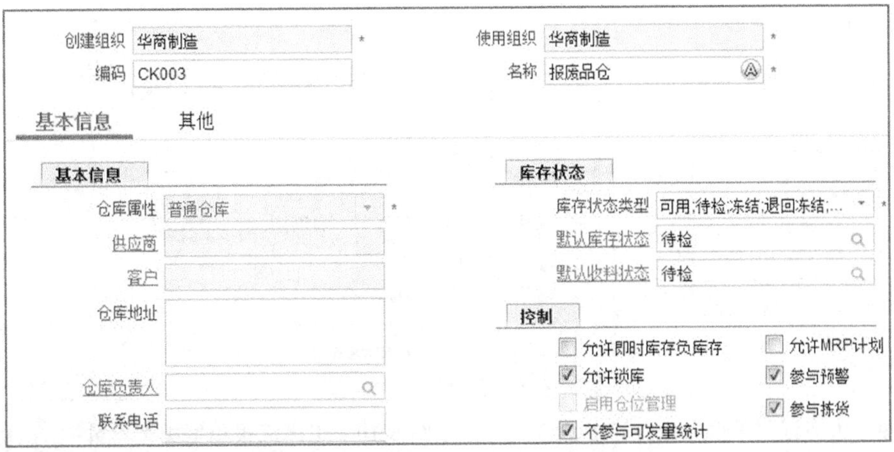

创建组织 华商制造
使用组织 华商制造
编码 CK003
名称 报废品仓
基本信息
其他
基本信息
仓库属性 普通仓库
供应商
客户
仓库地址
仓库负责人
联系电话
库存状态
库存状态类型 可用;待检;冻结;退回冻结;...
默认库存状态 待检
默认收料状态 待检
控制
允许即时库存负库存
允许MRP计划
允许锁库
参与预警
启用仓位管理
参与拣货
不参与可发量统计

图 6-6　报废品仓

7．调整参数

（1）修改生产订单列表选项。操作路径：【生产制造】-【生产管理】-【生产订单】-【生产订单列表】。在生产订单列表状态下，单击工具栏中的“选项”-“选项”选项，将业务参数中的执行日期改为“手工指定”，如图 6-7 所示，单击工具栏中的“保存”选项。

单据控制
下级订单生成方式 生成新订单
执行日期 手工指定
是否自动拆分行
下达时检查未生效的ECN
下达时检查新BOM版本
自动完工 系统日期

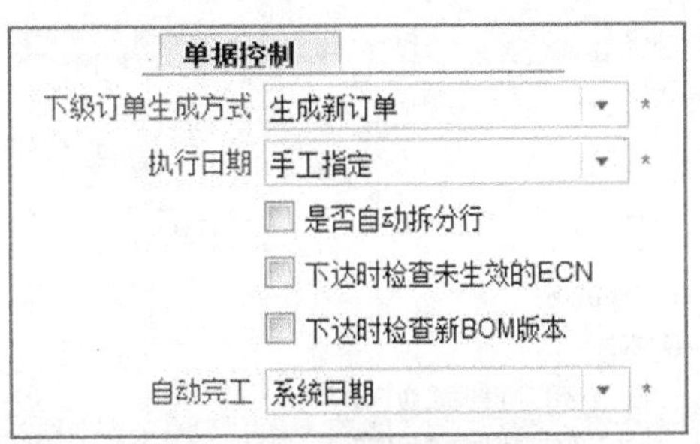

图 6-7　生产订单列表选项

（2）修改工序计划列表选项。操作路径：【生产制造】-【车间管理】-【车间作业计划】-【工序计划列表】。在工序计划列表状态下，单击工具栏中的“选项”-“选项”选项，将业务参数中的下达日期由“系统生成”改为“手工指定”，如图 6-8 所示。

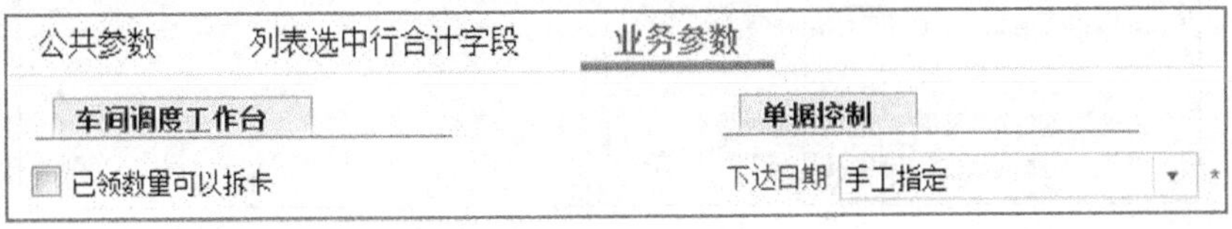

公共参数
列表选中行合计字段
业务参数
车间调度工作台
已领数量可以拆卡
单据控制
下达日期 手工指定

图 6-8　工序计划列表选项

（3）修改生产订单单据参数。操作路径:【基础管理】-【基础资料】-【单据类型】-【单据类型列表】。查找“生产订单”（工序汇报入库-普通生产），双击记录进入相关页面。在【参数设置】页签中的“工序控制”下勾选“启用工序跟踪”复选框，如图 6-9 所示。

（4）修改工序汇报单据参数。操作路径:【基础管理】-【基础资料】-【单据类型】-【单据类型列表】。查找“工序汇报”（工序入库汇报），双击记录进入相关页面。将“汇报日期是否允许在将来”由“严格控制”改为“不控制”，如图 6-10 所示。修改后才能在单据日期中填写未来日期。

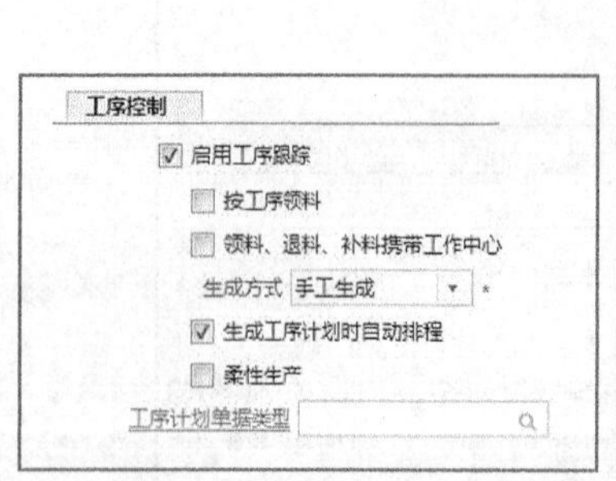

图 6-9 生产订单单据参数

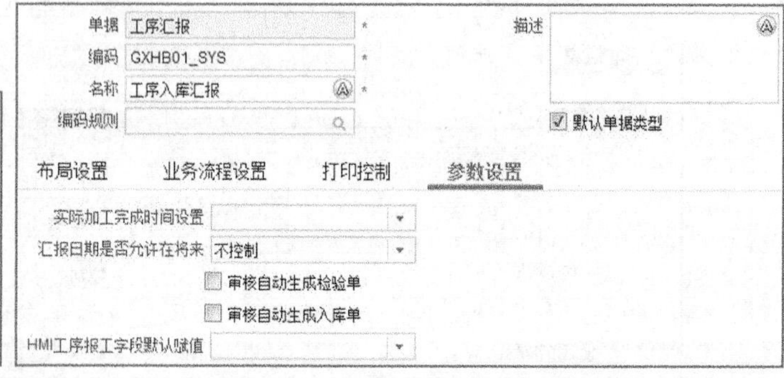

图 6-10 工序汇报单据类型参数

（5）修改工序计划单据参数。操作路径:【基础管理】-【基础资料】-【单据类型】-【单据类型列表】。查找“工序计划”，双击记录进入相关页面。将“相同工作中心”“相同加工车间不同工作中心”由“自动生成转移单”改为“手工生成转移单”，选择“自制首序转入”为“不生成转移单”，如图 6-11 所示。

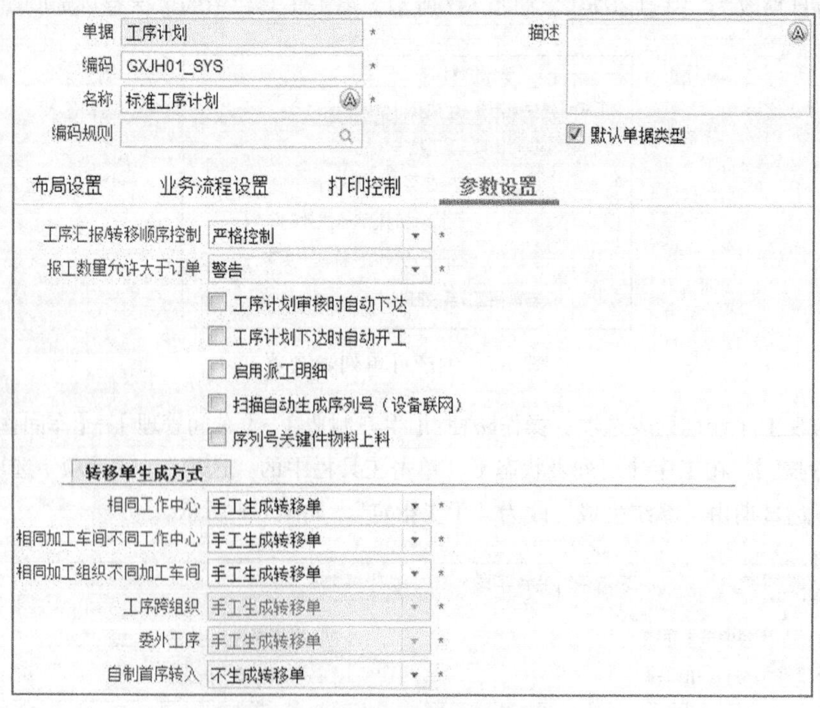

图 6-11 工序计划单据类型参数

友情提示

1. “质量+汇报”是工序控制码的系统自带记录，共享数据，涉及检验方式的定义，如果在生产过程中质检无法通过，则用户可修改工序控制码定义。

2. 填写工艺路线时，务必修改加工组织与工作中心，再执行分配，否则无法进行 MRP 运算。

3. 车间调度汇报权限在工序汇报时调用。

4. 该实验由于模拟未来日期，需要跳过真实日期对系统使用的限制，因此应调整相关单据参数、单据列表设置。

完成本节业务后，请备份数据中心，将备份文件命名为“6-2 基础数据设置”，保存到 U 盘或网盘中。备份方法参照第二章第二节备份数据中心相关操作。

第三节 工序汇报入库生产—直接领料

车间管理系统是基于工序管理级别的生产管理业务，以生产的每一道工序为主线，对生产进行管理。具体应用时，生产车间可以根据计划部门下达的生产指令（产品、数量、要求完成日期等），编排工序作业计划，合理安排生产资源。生产车间根据指令进行生产加工、领料、进度汇报、入库等业务处理。

车间管理系统采用“工序汇报入库”来实现基于车间管理的生产订单业务流程。工序汇报入库生产有两种类型：直接领料和按工序领料，两种类型的主要区别在于领料时机不同。生产订单下达后，领料单可基于生产订单领料，也可依据工序领料。本节主要介绍基于生产订单领料的类型。

一、业务场景

2022 年 12 月 1 日，华商制造二车间新增平板 I 产品生产订单，订单明细如表 6-8 所示，废品数在最后一道工序中产生。二车间根据生产需要，12 月 2 日领取电池以及其他原材料，原材料领料明细如表 6-9 所示。二车间按要求开展各项工序生产工作，进行工序汇报、质量检验，12 月 7 日完工入库。华商制造月末进行存货核算，本批产品完工入库成本计算明细如表 6-10 所示。

表 6-8 生产订单明细

生产日期	完工日期	生产车间	物料名称	数量	生产方式
2022/12/1	2022/12/8	二车间	平板 I	1000	工序汇报入库-普通生产

表 6-9　原材料领料明细

领料日期	领用物料	二车间领料数量
2022/12/2	机板 I	1000
	电池	1000
	外壳	1000
	屏幕	1000

表 6-10　完工入库成本计算明细

产品	合格数量	工废数量	直接材料（元）	直接人工（元）	制造费用（元）	入库成本（元）
平板 I	990	10	1,240,000.00	150,000.00	120,000.00	1,510,000.00

二、业务解析

工序汇报入库生产以工序为主线对生产进行管理，业务流程如图 6-12 所示。生产车间根据计划部门下达的生产指令编排工序计划。工序计划的业务处理包括计划确认、下达、开工、完工、关闭等，对应工序计划的不同业务状态。工序计划可以反映工序生产进度，控制工序生产节奏。

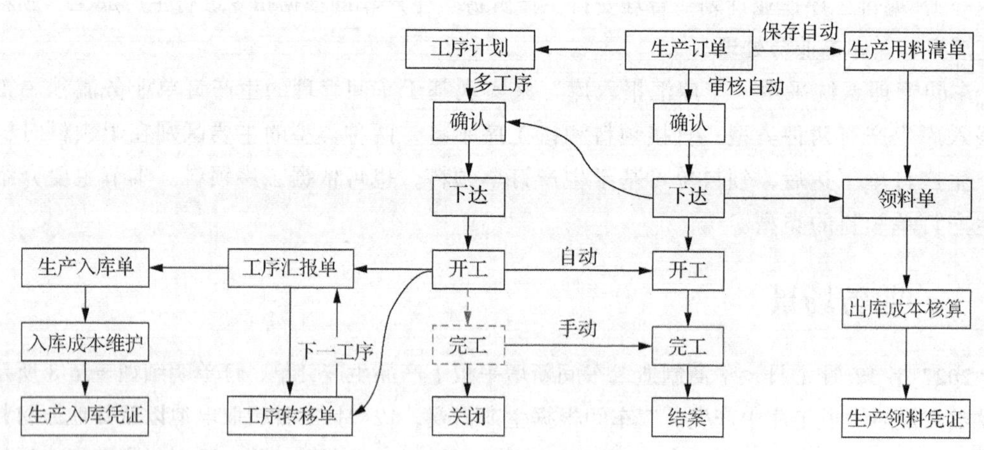

图 6-12　工序汇报-直接领料业务流程

生产用料清单在生产订单保存时自动生成；生产订单审核后，用户手动生成工序计划；生产订单下达生产任务，各工序确认、下达、开工。第一个工序开工时，生产订单自动开工。

本实验采取直接领料方式。生产任务下达后，用户基于生产订单进行领料，完成出库成本核算并生成生产领料凭证。开工后，按工序生成工序汇报单，通过工序转移单将上一工序的已完成情况结转到下一工序，下一工序继续生成工序汇报单，所有工序都完成后，用户通过最后一个工序汇报单生成生产入库单，所有工序自动完工；生产入库后，用户完成入库成本维护并生成生产入库凭证。

三、操作步骤

工序汇报入库
生产–直接领料

1．审核生产订单

（1）打开生产订单列表。操作路径：【生产制造】-【生产管理】-【生产订单】-【生产订单列表】。

（2）新增生产订单。单击工具栏中的“新增”选项，进入“生产订单-新增”页面，单据类型选择“工序汇报入库-普通生产”，修改单据日期；在表体【明细】页签中选择物料编码、生产车间，录入数量，修改计划开工日期和完工日期，依次单击工具栏中的“保存”“提交”“审核”选项，将生产订单业务状态更新为“计划确认”，完成页面如图 6-13 所示。

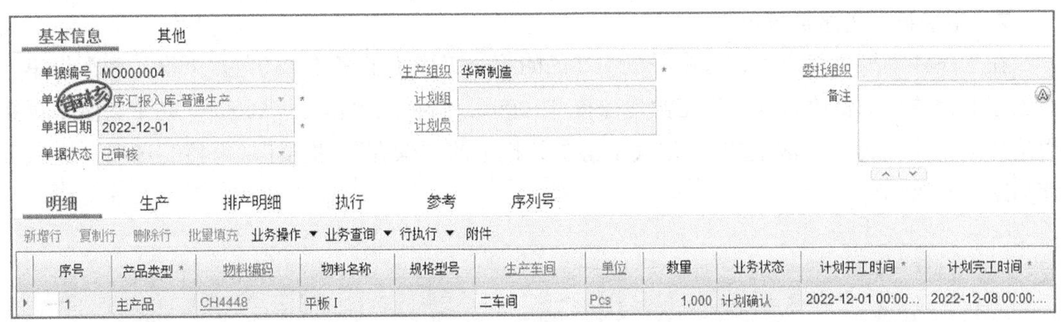

图 6-13　审核生产订单

2．审核生产用料清单

在生产订单页面的【明细】页签选择工具栏中的“业务查询”-“用料清单查询”选项，打开生产用料清单页面，确认无误后，依次单击工具栏中的“保存”“提交”“审核”选项。

3．生产领料

（1）下达生产订单。在生产订单页面的【明细】页签选择工具栏中的“行执行”-“执行至下达”选项。系统自动打开设置执行日期对话框，填写执行日期为“2022-12-01”，单击“确定”按钮，将生产订单的业务状态更新为“下达”。

（2）生成领料单。在生产订单页面单击工具栏中的“下推”选项，选择“生产领料单”单选框，单击“确定”按钮。进入生产领料单页面，修改日期；在表体【明细】页签核对实发数量和仓库，依次单击工具栏中的“保存”“提交”“审核”选项。

4．出库成本核算

操作路径：【成本管理】-【存货核算】-【存货核算】-【出库成本核算】。按提示操作，核算完成后，在结果页面单击“核算单据查询”功能入口，在打开的页面中查看单据“普通生产领料”对应的成本核算结果。

5．生成生产领料凭证

操作路径：【财务会计】-【智能会计平台】-【账务处理】-【凭证生成】。选择账簿，选择来源单据，选择单据范围，找到对应的生产领料单，单击“凭证生成”按钮。

6．工序开工

（1）生成工序计划。返回生产订单页面，在【明细】页签选择工具栏中的“业务操作”-“生成工序计划”选项，自动得到工序计划，可在工序计划列表中查询结果。

（2）审核工序计划。操作路径：【生产制造】-【车间管理】-【车间作业计划】-【工序计划列表】。在工序计划列表中清空过滤条件，批量选择工序计划，单击工具栏中的“提交”“审核”选项。

（3）工序开工。在工序计划列表状态下，选择所有工序，单击工具栏中的“行执行”选项，依次执行至“确认”“下达”“开工”状态，如图 6-14 所示。

	生产车间	生产订单编号	单据状态	产品编码	产品名称	单据编号	计划类型	序列号	工序号	工序数量	合格数量	废品数量	加工车间	状态
☑	二车间	MO0000004	已审核	CH4448	平板 I	OP000001	主计划	0	10	1,000	0	0		开工
☑								0	20	1,000	0	0		开工

图 6-14　工序开工

7．生成第一工序汇报单

在工序计划列表状态下，选中平板 I 产品的第一工序（工序号“10”），下推工序汇报单。在工序汇报单页面修改日期，完工数量保持“1000”，合格数量填写“1000”；在【数量】页签中选择汇报类型为“正常生产”，依次单击工具栏中的“保存”“提交”“审核”选项，完成页面如图 6-15 所示。

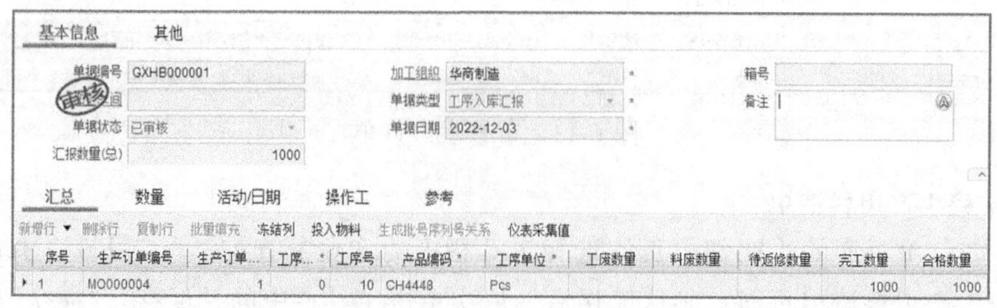

图 6-15　第一工序汇报单

8．生成第一工序转移单

在工序计划列表状态下，选中平板 I 产品的第一工序（工序号“10”），下推工序转移单。在工序转移单页面修改日期，查看转移数量，依次单击工具栏中的“保存”“提交”“审核”选项。完成页面如图 6-16 所示。

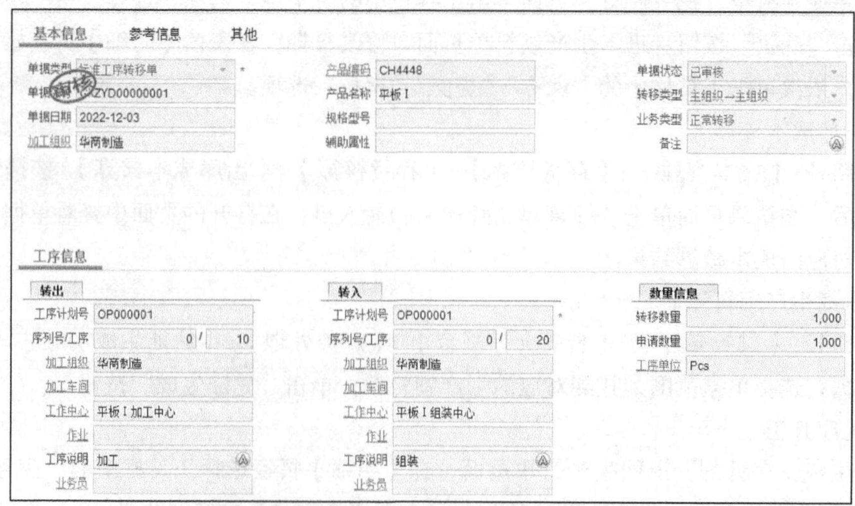

图 6-16　工序转移单

9．生成第二工序汇报单

在工序计划列表状态下，选中平板 I 产品的第二工序（工序号“20”），下推工序汇报单。在工序汇报单页面修改日期，完工数量保持“1000”，工废数量填写“10”，合格数量填写“990”；在【数量】页签中选择汇报类型为“正常生产”，依次单击工具栏中的“保存”“提交”“审核”选项，完成页面如图 6-17 所示。

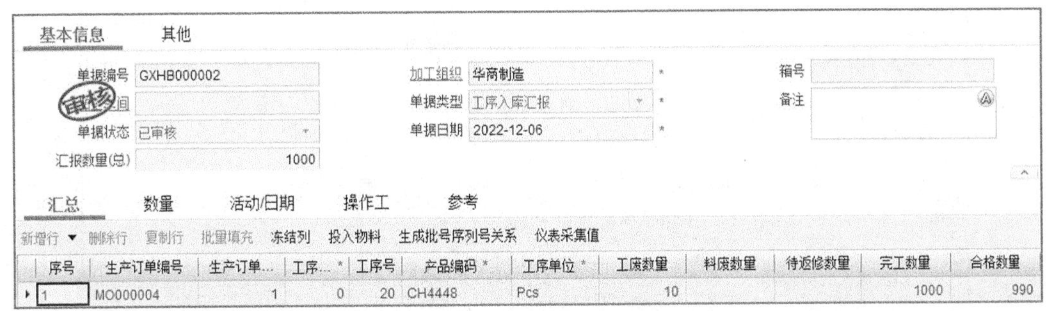

图 6-17　第二工序汇报单

10．生成生产入库单

在第二工序汇报单页面单击工具栏中的“下推”选项，勾选“生产入库单”单选按钮，单击“确定”按钮。进入生产入库单页面，修改日期为“2022-12-07”，报废品选择仓库“报废品仓”，合格品选择仓库“成品仓”，勾选“完工”复选框，依次单击工具栏中的“保存”“提交”“审核”选项，完成页面如图 6-18 所示。

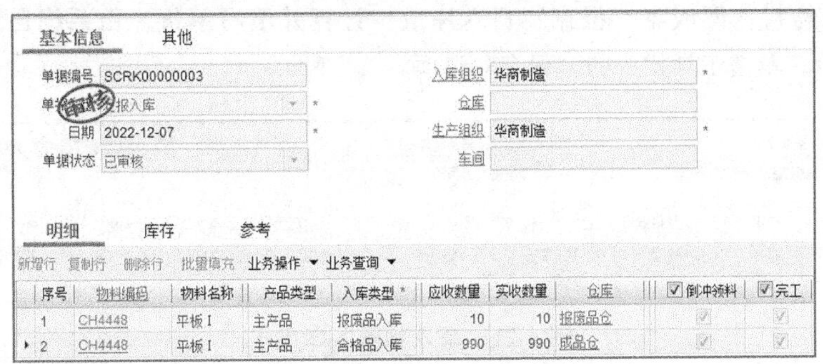

图 6-18　生产入库单

11．生产订单结案

（1）关闭工序计划。在工序计划列表状态下，选中平板 I 产品的工序计划，选择工具栏中的“行执行” - “执行至关闭”选项，将工序计划的业务状态更新为“关闭”，如图 6-19 所示。

快捷过滤 方案: 默认方案 计划时间三周内

生产车间 包含 搜索 保存 重置

生产车间	生产订单编号	单据状态	产品编码	产品名称	单据编号	计划类型	序列号	工序号	工序数量	合格数量	废品数量	状态
二车间	MO000004	已审核	CH4448	平板 I	OP000001	主计划	0	10	1,000	1,000	0	关闭
							0	20	1,000	990	10	关闭

图 6-19　工序计划关闭

（2）生产订单结案。操作路径：【生产制造】-【生产管理】-【生产订单】-【生产订单列表】。在生产订单列表状态下，选择 12 月 1 日开工的平板 I 产品对应的订单，选择工具栏中的“行执行”-“执行至结案”选项，将生产订单的业务状态更新为“结案”，如图 6-20 所示。

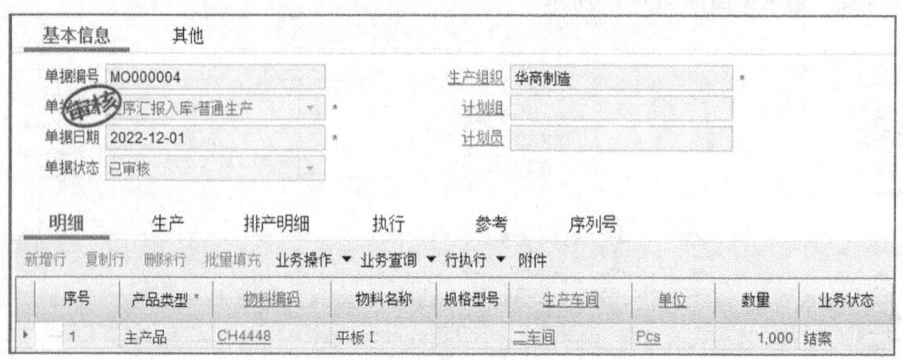

图 6-20　生产订单结案

12．入库成本维护

（1）打开入库成本维护页面。操作路径：【成本管理】-【存货核算】-【存货核算】-【入库成本维护】。

（2）修改入库成本维护过滤条件。在打开的“入库成本维护过滤条件”页面，将单据名称改为“生产入库单”，单击“确定”按钮，打开入库成本维护窗口。

（3）录入物料入库成本。根据物料入库成本计算并填写单价，由系统自动计算金额，如图 6-21 所示，单击工具栏中的“保存”选项。

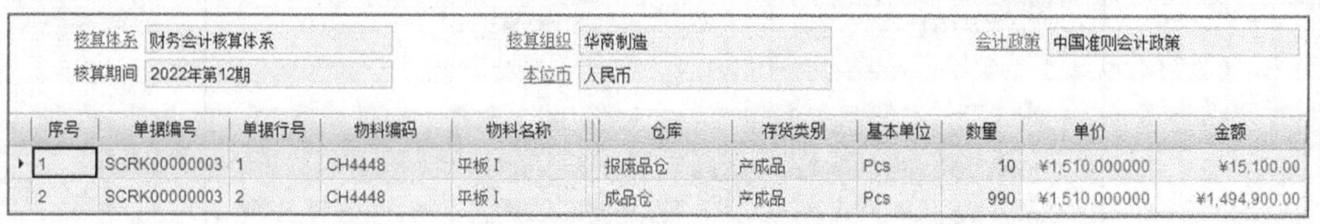
核算体系 财务会计核算体系　核算组织 华商制造　会计政策 中国准则会计政策
核算期间 2022年第12期　本位币 人民币

序号	单据编号	单据行号	物料编码	物料名称	仓库	存货类别	基本单位	数量	单价	金额
1	SCRK00000003	1	CH4448	平板 I	报废品仓	产成品	Pcs	10	¥1,510.000000	¥15,100.00
2	SCRK00000003	2	CH4448	平板 I	成品仓	产成品	Pcs	990	¥1,510.000000	¥1,494,900.00

图 6-21　录入物料入库成本

13．生成入库凭证

操作路径：【财务会计】-【智能会计平台】-【账务处理】-【凭证生成】。选择账簿，选择来源单据，选择单据范围，找到对应的生产入库单，单击“凭证生成”按钮。

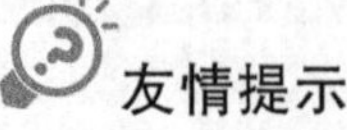

友情提示

1．如果生产工序中存在废工或废料情况，则工序汇报单可以推送工序不良品明细，记录原因与责任方。

2．生产用料清单也可以在工序计划分配得到的生产用料清单中进行修改审核。

3．用户可以进 BOS 系统，修改工序计划到工序转移单的单据转换关系，将日期取工序计划上的开工日期。

4．审核工序计划时，要在工序计划列表中清空过滤条件才能看到相关工序计划。

5. 由于直接人工与制造费用需要到月末才能得到，所以此业务的入库成本维护一般需要在月末进行。

6. 入库成本维护时，如果存在不合格品或工废品，则需要分别填写单价，由系统自动计算金额。

7. 本实验领用的是期初库存物料，可以在领料后直接进行出库成本核算。如果领用的是尚未进行入库成本维护的自制半成品，则该物料的出库成本核算也需要在月末进行入库成本维护后进行。

完成本节业务后，请备份数据中心，将备份文件命名为“6-3 工序汇报入库—直接领料”，保存到U盘或网盘中。备份方法参照第二章第二节备份数据中心相关操作。

第四节 工序汇报入库生产—工序领料

工序汇报入库生产有两种类型：直接领料和按工序领料，本节主要介绍依据工序领料的类型。工序领料是按各个工序进行实际领料的方式。某些行业，如机械装配行业或电子装配行业，由于产品加工周期较长或生产现场场地限制，不能将生产订单所需物料一次性领用到车间，需要按加工工序分别领料，在开始加工前将此工序所需物料领用到现场或将此工序近期加工所需物料领用到现场。

一、业务场景

2022 年 12 月 1 日，华商制造二车间新增平板Ⅱ产品生产订单，订单明细如表 6-11 所示，废品数在最后一道工序中产生。二车间根据生产需要依据工序领料，12 月 2 日为第一工序领取电池和机板Ⅱ进行加工，12 月 5 日为第二工序领取其他原材料进行组装，原材料领料明细如表 6-12 所示。二车间按要求开展各项工序生产工作，进行工序汇报、质量检验，12 月 7 日完工入库。华商制造月末进行存货核算，本批产品完工入库成本计算明细如表 6-13 所示。

表 6-11 生产订单明细

生产日期	完工日期	生产车间	物料名称	数量	生产方式
2022/12/1	2022/12/8	二车间	平板Ⅱ	1000	工序汇报入库-普通生产

表 6-12 原材料领料明细

领料日期	领用工序	领用物料	二车间领料数量
2022/12/2	第一工序（工序 10）	机板Ⅱ	1000
		电池	1000
2022/12/5	第二工序（工序 20）	外壳	1000
		屏幕	1000

表 6-13　完工入库成本计算明细

产品	合格数量	工废数量	直接材料（元）	直接人工（元）	制造费用（元）	入库成本（元）
平板Ⅱ	990	10	1,370,000.00	150,000.00	130,000.00	1,650,000.00

二、业务解析

本业务采取工序领料，需要在工序计划列表中选择工序领料，再进入工序领料平台生成生产领料单，业务流程如图 6-22 所示。生产用料清单在生产订单保存时自动生成；生产订单审核后，用户手动生成工序计划；工序计划审核后，用户手动进行物料分配，反写得到生产用料清单。

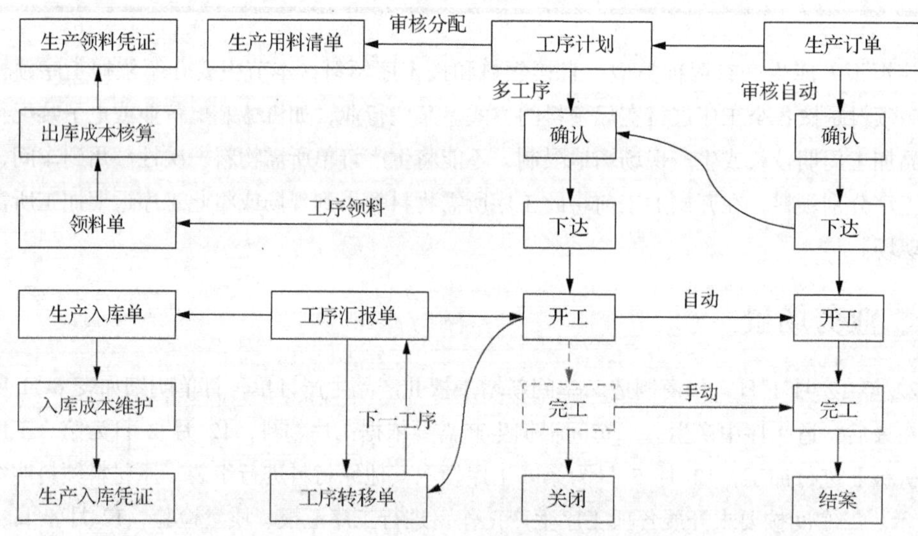

图 6-22　工序汇报-工序领料业务流程

生产任务下达后，第一工序下达，依据工序领料。第一工序开工后，用户手动生成工序汇报单，通过工序转移单将上一工序的已完成情况结转到下一工序；第二工序下达后，依据工序领料，完成出库成本核算并生成生产领料凭证。第二工序开工后，用户继续手工生成工序汇报单；所有工序都完成后，通过最后一个工序汇报单生成生产入库单，所有工序自动完工；生产入库后，完成入库成本维护并生成生产入库凭证。

三、操作步骤

工序汇报入库生产-工序领料

1．调整生产订单单据参数

操作路径：【基础管理】-【基础资料】-【单据类型】-【单据类型列表】。查找“生产订单”（工序汇报入库-普通生产），单击进入相关页面。在【参数设置】页签中，在“工序控制”下勾选“按工序领料”复选框，如图 6-23 所示。

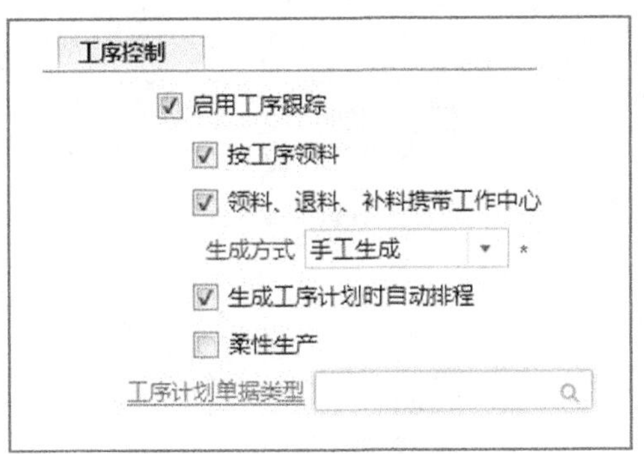

图 6-23　生产订单单据参数

2．审核生产订单

（1）打开生产订单列表。操作路径：【生产制造】-【生产管理】-【生产订单】-【生产订单列表】。

（2）新增生产订单。单击工具栏中的“新增”选项，进入“生产订单-新增”页面，单据类型选择“工序汇报入库-普通生产”，录入生产订单相关数据。依次单击工具栏中的“保存”“提交”“审核”选项，将生产订单业务状态更新为“计划确认”，完成页面如图 6-24 所示。

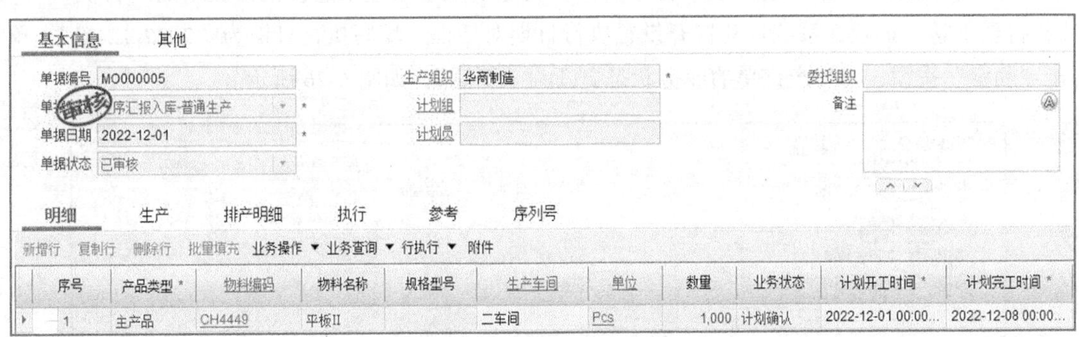

图 6-24　审核生产订单

3．审核工序计划

（1）生成工序计划。在生产订单页面的【明细】页签选择工具栏中的“业务操作”-“生成工序计划”选项，自动得到工序计划，可在工序计划列表中查询结果。

（2）审核工序计划。操作路径：【生产制造】-【车间管理】-【车间作业计划】-【工序计划列表】。在工序计划列表中清空过滤条件，批量选择工序计划，单击工具栏中的“提交”“审核”选项。

4．审核生产用料清单

（1）打开生产用料清单。在工序计划列表状态下，选择当前生产订单的所有工序，单击工具栏中的“业务操作”-“物料分配”选项，打开生产用料清单页面。

（2）核对发料方式。确认【物料控制】页签中的发料方式为“直接领料”。

（3）修改物料对应的领料工序。在【物流控制】页签中的“其他”栏目下，将屏幕的工序修改为“20”。单击工具栏中的“下一行”选项，将外壳的工序也修改为“20”，如图 6-25 所示。全部修改完成后，依次单击工具栏中的“保存”“提交”“审核”选项。

子项明细 物料控制 数量控制 参考

首行 上一行 下一行 末行 业务查询 ▾

物料

序号 3

子项物料编码 CH4446

子项物料名称 屏幕

规格型号

供应组织

BOM版本

计划跟踪号

辅助属性

发料控制

发料方式 直接领料

倒冲时机

超发控制方式 最小发料批量

领料考虑最小发料批量

跳层

是否发损耗

是否关键件

库存

货主类型 业务组织

货主 华商制造

批号

发料组织 华商制造

仓库

仓位

拨出组织

拨出仓库

拨出仓位

库存状态 可用

计划

替代策略

替代方式

替代优先级 0

替代主料 MRP运算

偏置提前期

偏置提前期单位 天

需求日期 2022-12-01 00:00:00

其他

工序序列 0

工序 20

作业

位置号

备注

最后更新人

最后更新时间

图 6-25 修改物料对应的领料工序

5．第一工序领料

（1）下达生产订单。返回生产订单页面，在【明细】页签中选择工具栏中的“行执行”-“执行至下达”选项，系统自动打开设置执行日期对话框，填写执行日期为“2022-12-01”，单击“确定”按钮，将生产订单的业务状态更新为“下达”，如图 6-26 所示。

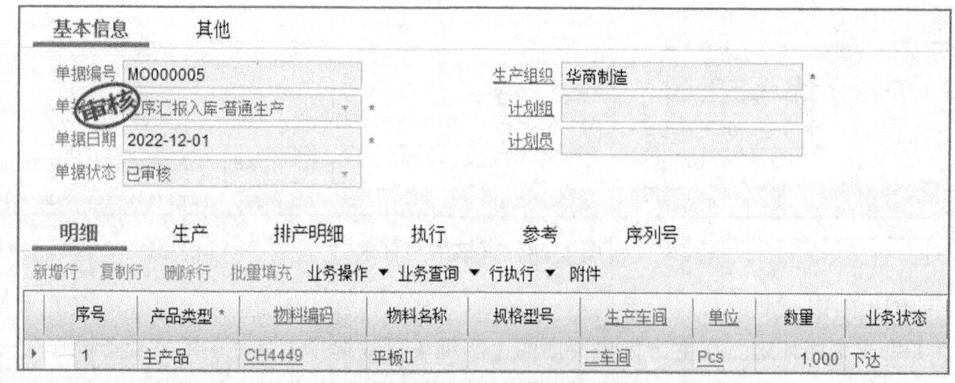

图 6-26 生产订单下达

（2）第一工序下达。在工序计划列表状态下，找到当前工序计划，选中第一工序（工序号“10”），单击工具栏中的“行执行”选项，依次执行至“确认”“下达”状态，如图 6-27 所示。

☐	生产车间	生产订单编号	单据状态	产品编码	产品名称	规格型号	单据编号	计划类型	序列号	工序号	工序数量	合格数量	废品数量	加工车间	作业	状态
☑	二车间	MO000005	已审核	CH4449	平板II		OP000001	主计划	0	10	1,000	0	0			下达
☐									0	20	1,000	0	0			创建

图 6-27 第一工序下达

（3）打开工序领料平台页面。在工序计划列表状态下，单击工具栏中的“业务操作”-“工序领料”选项，打开工序领料平台页面，如图 6-28 所示。

生成领料单　领料单查看　补齐领料　配套领料　工序一致性检查结果查看　关闭

☑	单据编号	序...	工序	工序数量	已领最大套数	领料套数 *
☑	OP000001	0	10	1,000		1,000

序号	☑	工序计划编号	序列号	工序	生产订单/行号	物料编码	物料名称	计量单位	申请数量	实发数量	应发数量
1	☑	OP000001	0	10	MO000005/1	CH4442	机板II	Pcs	1,000	1,000	1,000
2	☑	OP000001	0	10	MO000005/1	CH4410	电池	Pcs	1,000	1,000	1,000

图 6-28　工序领料平台

（4）生成第一工序对应的生产领料单。单击工具栏中的“生成领料单”选项，由系统根据工序序列生成对应的领料单。在领料单页面修改单据日期，依次单击工具栏中的“保存”“提交”“审核”选项，完成页面如图 6-29 所示。

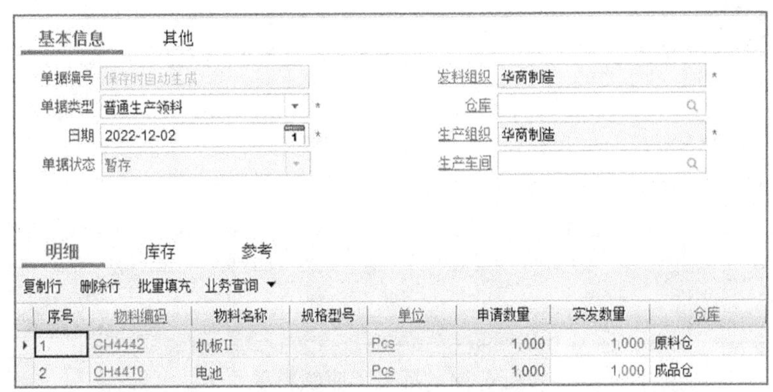

图 6-29　第一工序领料单

6．第一工序开工

在工序计划列表状态下，选择工序 10，单击工具栏中的“行执行”－“执行至开工”选项，将第一工序的状态更新为“开工”，如图 6-30 所示。

☐	生产车间	生产订单编号	单据状态	产品编码	产品名称	规格型号	单据编号	计划类型	序列号	工序号	工序数量	合格数量	废品数量	加工车间	作业	状态
☑	二车间	MO000005	已审核	CH4449	平板II		OP000001	主计划	0	10	1,000	0	0			开工
☐									0	20	1,000	0	0			创建

图 6-30　第一工序开工

7．生成第一工序汇报单

在工序计划列表状态下，选择工序 10，下推工序汇报单。在工序汇报单页面修改日期，使完工数量保持“1000”，在合格数量处填写“1000”；在【数量】页签中选择汇报类型为“正常生产”，依次单击工具栏中的“保存”“提交”“审核”选项。

8．生成第一工序转移单

在工序计划列表状态下，选择工序 10，下推工序转移单。在工序转移单页面修改日期，查看转移数量，依次单击工具栏中的“保存”“提交”“审核”选项。

9．第二工序领料

（1）第二工序下达。在工序计划列表状态下，找到当前工序计划，选中第二工序（工序号“20”），单击工具栏中的“行执行”选项，依次执行至“确认”“下达”状态，如图 6-31 所示。

☐	生产车间	生产订单编号	单据状态	产品编码	产品名称	规格型号	单据编号	计划类型	序列号	工序号	工序数量	合格数量	废品数量	加工车间	作业	状态
☐	二车间	MO000005	已审核	CH4449	平板II		OP000001	主计划	0	10	1,000	1,000	0			完工
☑									0	20	1,000	0	0			下达

图 6-31　第二工序下达

（2）生成第二工序对应的生产领料单。在工序计划列表状态下，单击工具栏中的“业务操作”-“工序领料”选项，打开工序领料平台页面。单击工具栏中的“生成领料单”选项，由系统根据工序序列生成对应的领料单。在领料单页面修改单据日期，依次单击工具栏中的“保存”“提交”“审核”选项，完成页面如图 6-32 所示。

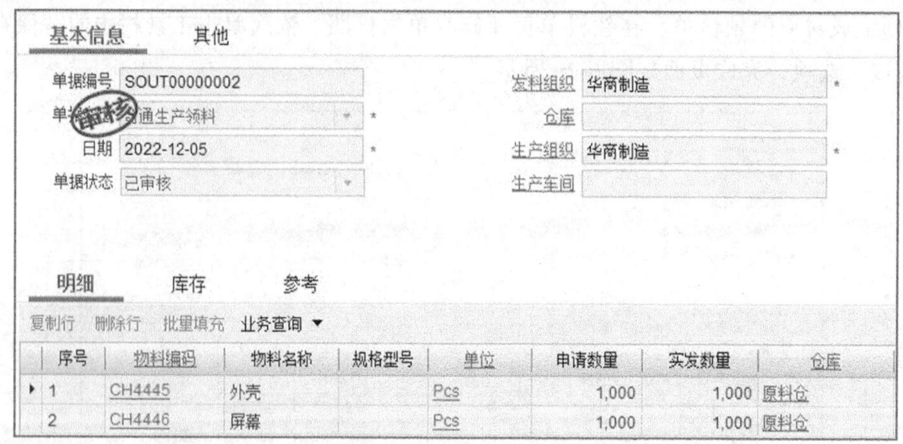

图 6-32　第二工序领料单

10．出库成本核算

操作路径：【成本管理】-【存货核算】-【存货核算】-【出库成本核算】。按提示操作，核算完成后，在结果页面单击“核算单据查询”功能入口，在打开的页面中查看单据“普通生产领料”对应的成本核算结果。

11．生成生产领料凭证

操作路径：【财务会计】-【智能会计平台】-【账务处理】-【凭证生成】。选择账簿，选择来源单据，选择单据范围，找到对应的生产领料单，单击“凭证生成”按钮。

12．第二工序开工

在工序计划列表状态下，选择工序 20，单击工具栏中的“行执行”-“执行至开工”选项，将第二工序的状态更新为“开工”，如图 6-33 所示。

☐	生产车间	生产订单编号	单据状态	产品编码	产品名称	规格型号	单据编号	计划类型	序列号	工序号	工序数量	合格数量	废品数量	加工车间	作业	状态
☐	二车间	MO000005	已审核	CH4449	平板II		OP000001	主计划	0	10	1,000	1,000	0			完工
☑									0	20	1,000	0	0			开工

图 6-33　第二工序开工

13．生成第二工序汇报单

在工序计划列表状态下，选择工序 20，下推工序汇报单。在工序汇报单页面修改日期，使完工数量保持“1000”，在工废数量处填写“10”，在合格数量处填写“990”；在【数量】页签中选择汇报类型为“正常生产”，依次单击工具栏中的“保存”“提交”“审核”选项。

14．生成生产入库单

在第二工序汇报单页面单击工具栏中的“下推”选项，勾选“生产入库单”单选按钮，单击“确定”按钮。进入生产入库单页面，修改日期为“2022-12-07”，为报废品选择仓库“报废品仓”，为合格品选择仓库“成品仓”，勾选“完工”复选框，依次单击工具栏中的“保存”“提交”“审核”选项。

15．生产订单结案

（1）关闭工序计划。在工序计划列表状态下，选中平板Ⅱ产品的工序计划，选择工具栏中的“行执行”－“执行至关闭”选项，将工序计划的业务状态更新为“关闭”。

（2）生产订单结案。操作路径:【生产制造】-【生产管理】-【生产订单】-【生产订单列表】。在生产订单列表状态下，选择 12 月 1 日开工的平板Ⅱ产品对应的订单，单击工具栏中的“行执行”－“执行至结案”选项，将生产订单的业务状态更新为“结案”。

16．入库成本维护

（1）打开入库成本维护页面。操作路径:【成本管理】-【存货核算】-【存货核算】-【入库成本维护】。

（2）修改入库成本维护过滤条件。在打开的“入库成本维护过滤条件”页面，将单据名称改为“生产入库单”，单击“确定”按钮，打开入库成本维护窗口。

（3）录入物料入库成本。根据物料入库成本计算并填写单价，由系统自动计算金额，单击工具栏中的“保存”选项。

17．生成入库凭证

操作路径:【财务会计】-【智能会计平台】-【账务处理】-【凭证生成】。选择账簿，选择来源单据，选择单据范围，找到对应的生产入库单，单击“凭证生成”按钮。

友情提示

1. 在生产订单的单据类型中有“按工序领料”选项，只有勾选该选项后才能依据工序领料。

2. 采用工序汇报入库（按工序领料）方式需要在生产用料清单中指定每个子项物料对应的工序序列及工序号。因为系统默认的工序号为“10”，所以只有第一个工序能领料，用户将子项物料工序信息设置准确后就可以按相应工序领料。

3. 由于直接人工与制造费用需要到月末才能得到，所以此业务的入库成本维护一般需要在月末进行。

4. 本实验领用的是期初库存物料，可以在领料后直接进行出库成本核算。如果领用的是尚未进行入库成本维护的自制半成品，则该物料的出库成本核算也需要在月末进行入库成本维护后进行。

完成本节业务后，请备份数据中心，将备份文件命名为“6-4 工序汇报入库—工序领料”，保存到 U 盘或网盘中。备份方法参照第二章第二节备份数据中心相关操作。

第七章　委外管理

本章主要介绍委外管理系统的基本功能，设置委外管理系统的基础数据，在此基础上完成委外生产和受托生产的业务流程。

在开始本章学习之前，需要引入“6-2 基础数据设置”备份数据中心，以保持数据的连续性，引入方法参照第二章第二节恢复数据中心相关操作。

第一节　概述

委外管理系统为企业提供针对制造的有关委外订单，从委外计划、投料与领料、委外检验，到产品入库、委外订单结案全过程监督与控制，协助企业有效掌握各项制造活动信息，管理委外生产进度，提高生产效率。

一、总体介绍

委外加工是一种由外包委外商进行产品外协加工的生产方式。企业选择委外加工，一般是由于本企业生产能力不足，或不具备相应资源、技术，或自制成本高于委外成本等原因，将产品的部分工序或半成品外发加工。委外加工主要有两种加工形式：订单委外和工序委外。

委外管理系统以委外管理的目标为系统目标，以委外管理业务流程为主线，提供了集成的委外业务支持，其主要功能包括：委外订单的全过程管理、灵活有效的委外用料管理、完善的委外领料管理以及全面的委外入库和委外退料管理等。

二、功能结构

委外管理系统包括委外订单、委外领料、收货入库、基础资料、参数设置和报表分析等子模块。

（一）基础数据管理

基础数据为系统应用的前提，委外管理系统的基础数据管理主要通过基础资料和参数设置两个子模块实现，涉及委外供应商、委外仓库、退料原因、补料原因等基础数据的设置。

（二）委外订单

委外订单子模块主要涉及委外订单和委外用料清单的管理和维护。委外订单用于订单的维护及业务处理；委外订单变更单用于委外订单的分录添加和委外订单的变更；委外用料清单主要用于根据材料库存状况及其他生产需求对委外用料进行调整。

（三）委外领料

委外领料子模块主要涉及委外领料、委外退料、委外补料等功能。委外领料主要处理委外生产过程中的正常领料；委外退料主要处理委外生产过程中的退料流程，支持来料不良退料、良品退料和作业不良退料；委外补料主要处理作业不良退料后的委外生产补领、计划外材料的领用、委外生产过程中材料报废的记录等。

（四）收货入库

收货入库是委外管理系统的一个子模块，涉及收料通知单、采购入库单、采购退料单等业务单据的管理，支持从采购部门通知收料到仓库部门产品入库以及退料的完整业务流程。

（五）报表分析

报表分析是委外管理系统的一个子模块，提供包括委外订单执行分析、委外领料分析、委外入库领料查询、委外领料差异分析等功能。

三、委外管理系统与其他系统的关系

委外管理系统与其他业务系统的关系如图 7-1 所示。

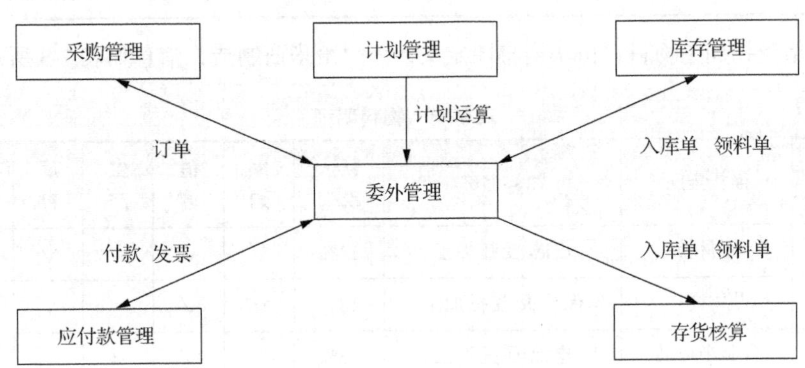

图 7-1　委外管理系统与其他业务系统的关系

四、基本概念

（一）订单委外加工

订单委外加工是指由企业提供加工委外件的材料，委外供应商领料后负责完成委外件的生产，之后结算相应加工费用的一种加工运作模式。本章主要讲解订单委外加工方式。

（二）工序委外加工

工序委外加工是指企业将部分工序外发给加工商进行加工处理的运作模式。

（三）受托（生产）加工

受托生产（加工）是指由委托方提供原料，受托方按其规定的花色品种、数量进行加工，并向对方收取约定的加工费用。

第二节 基础数据设置

华商制造为了合理组织委外生产及受托生产业务，需要对委外管理系统相关基础数据进行设置。本节基础数据的录入工作，未做特别说明的，均由华商制造完成。

一、基础数据

（1）新增委外供应商，由华商集团创建，分配给华商制造，供应商信息如表 7-1 所示。

表 7-1 供应商明细

供应商名称	简称	供应类别
江苏宏威制造有限公司	江苏宏威	委外

（2）新增客户，由华商集团创建，分配给华商制造，客户信息如表 7-2 所示。

表 7-2 客户明细

客户名称	简称	客户类别
湖北藏龙商贸有限公司	湖北藏龙	普通销售客户

（3）新增受托加工物料，由华商集团定义，分配给华商制造，信息如表 7-3 所示。

表 7-3 物料明细

物料属性	存货类别	物料名称	默认税率	采购	销售	生产	库存	委外	资产
外购	原材料	电芯-受托加工	13%	√	√		√		
	原材料	保护板-受托加工	13%	√	√		√		
自制	自制半成品	电池-受托加工	13%		√	√	√		

（4）新增物料清单，由华商集团定义，分配给华商制造，信息如表 7-4 所示。

表 7-4 物料清单明细

BOM 简称	父项物料名称	子项物料名称	分子	分母
电池-受托加工	电池-受托加工	电芯-受托加工	1	1
		保护板-受托加工	1	1

（5）新增受托加工仓库，信息如表 7-5 所示。

表 7-5 仓库明细

仓库名称	仓库属性
受托加工仓	客户仓库

（6）调整工序控制码，将检验方式修改为“车间检验”（见表 7-6）。

表 7-6　工序控制码

名称	检验方式	参与工序排程	加工方式
委外+质量	车间检验	√	委外加工

（7）委外订单选项设置，将选项中的执行日期由“系统生成”改为“手工指定”。

二、操作解析

基础数据为系统应用的前提，一般先设置好基础数据，然后才能进行业务应用。委外管理系统的基础数据包括设置供应商、仓库、工序控制码以及委外相关参数等。

三、操作步骤

基础数据设置

1．定义委外供应商

（1）核对当前组织。确保当前组织为华商集团。

（2）打开供应商列表。操作路径：【基础管理】-【基础资料】-【主数据】-【供应商列表】。

（3）新增供应商。单击工具栏中的“新增”选项，进入“供应商-新增”页面，录入名称，核对供应类别，依次单击工具栏中的“保存”“提交”“审核”选项。

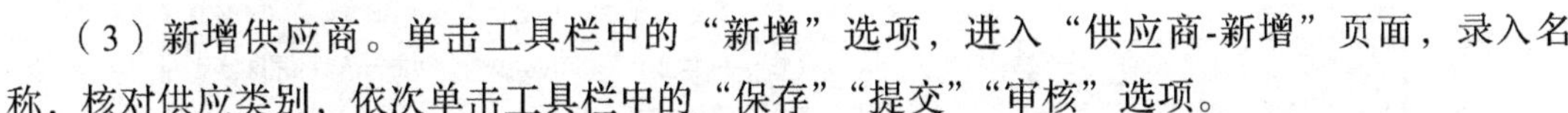

（4）分配供应商。在供应商列表中勾选相应供应商，单击工具栏中的“业务操作”-“分配”选项，选择“华商制造”，选中“分配后自动显示分配明细”“分配后自动审核”复选框，单击“确定”按钮，由系统自动分配并审核记录。

2．定义客户

（1）核对当前组织。确保当前组织为华商集团。

（2）打开客户列表。操作路径：【基础管理】-【基础资料】-【主数据】-【客户列表】。

（3）新增客户。单击工具栏中的“新增”选项，进入“客户-新增”页面，录入名称，选择客户类别，依次单击工具栏中的“保存”“提交”“审核”选项。

（4）分配客户。在客户列表中勾选相应客户，单击工具栏中的“业务操作”-“分配”选项，选择“华商制造”，选中“分配后自动显示分配明细”“分配后自动审核”复选框，单击“确定”按钮，由系统自动分配并审核记录。

3．定义物料

（1）核对当前组织。确保当前组织为华商集团。

（2）打开物料列表。操作路径：【基础管理】-【基础资料】-【主数据】-【物料列表】。

（3）新增物料。单击工具栏中的“新增”选项，进入“物料-新增”页面，录入名称，选择物料属性，核对 6 项控制内容，核对默认税率，核对存货类别，依次单击工具栏中的“保存”“提交”“审核”选项；反复增加，直到所有物料录入完毕。

（4）分配物料。在物料列表中勾选相应物料，单击工具栏中的“业务操作”-“分配”选项，选择“华商制造”，选中“分配后自动显示分配明细”“分配后自动审核”复选框，单击“确定”按钮，由系统自动分配并审核记录。

4．定义物料清单

（1）核对当前组织。确保当前组织为华商集团。

（2）打开物料清单列表。操作路径：【生产制造】-【工程数据】-【物料清单】-【物料清单列表】。

（3）新增物料清单。单击工具栏中的“新增”选项，进入“物料清单-新增”页面，录入 BOM 简称，在主产品中选择父项物料编码，在子项明细中批量选择子项物料编码，核对分子与分母用量，依次单击工具栏中的“保存”“提交”“审核”选项，完成页面如图 7-2 所示。

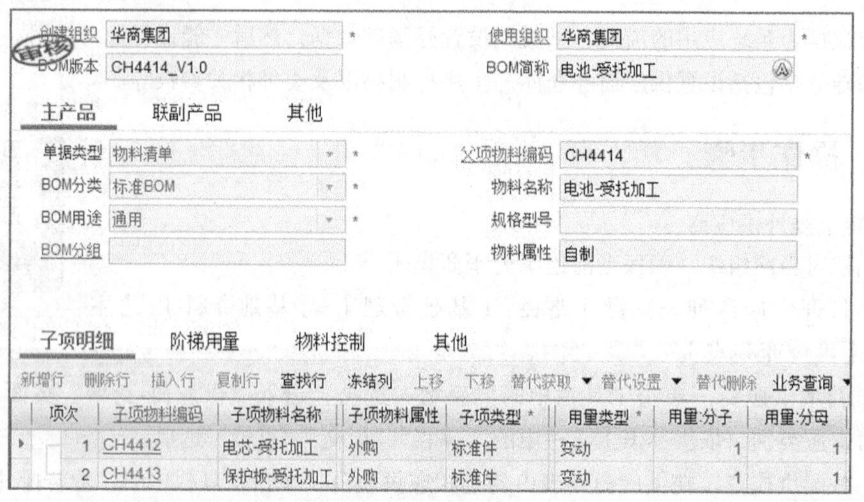

图 7-2　物料清单

（4）分配物料清单。在物料清单列表中勾选相应物料清单，单击工具栏中的“业务操作”-“分配”选项，选择“华商制造”，选中“分配后自动显示分配明细”“分配后自动审核”复选框，单击“下一步”按钮，执行分配，由系统自动分配并审核记录。

5．定义仓库

（1）切换当前组织。确保当前组织为华商制造。

（2）打开仓库列表。操作路径：【基础管理】-【基础资料】-【供应链】-【仓库列表】。

（3）新增仓库。单击工具栏中的“新增”选项，进入“仓库-新增”页面，核对组织机构，录入仓库名称，核对仓库属性，依次单击工具栏中的“保存”“提交”“审核”选项。

6．调整工序控制码

（1）打开工序控制码列表。操作路径：【生产制造】-【车间管理】-【工艺建模】-【工序控制码列表】。

（2）修改工序控制码。将系统自带的第二条记录取消审核，修改记录，将检验方式改为“车间检验”，如图 7-3 所示，依次单击工具栏中的“保存”“提交”“审核”选项。

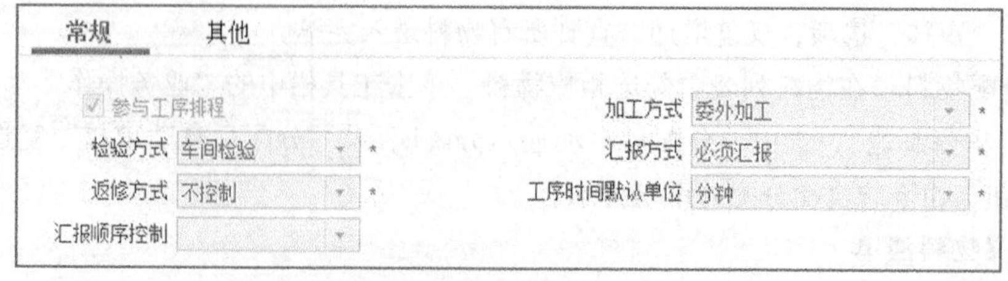

图 7-3　修改工序控制码

7．委外订单选项设置

（1）核对当前组织。确保当前组织为华商制造。

（2）打开委外订单列表。操作路径：【生产制造】-【委外管理】-【委外订单】-【委外订单列表】。

（3）修改委外订单选项。在委外订单列表状态下，单击工具栏中的“选项”－“选项”选项，将业务参数中的执行日期改为“手工指定”，如图 7-4 所示。单击工具栏中的“保存”选项。

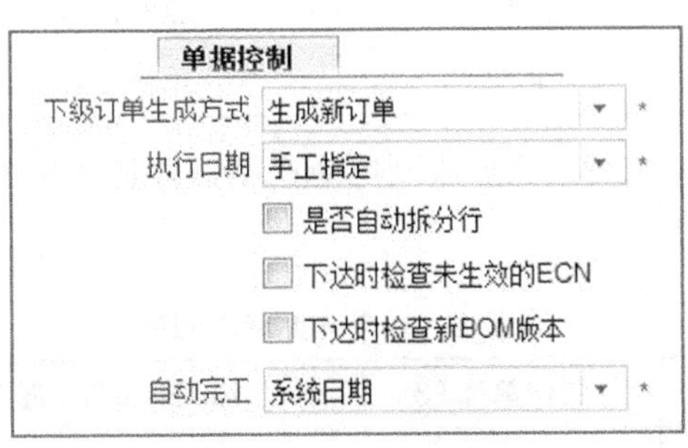

图 7-4　委外订单选项

友情提示

1. 供应商、客户、物料及物料清单属于分配数据，由华商集团创建，分配给华商制造使用。

2. 委外供应商的供应类别可以选择“委外”或“综合”。

3. 如果不修改委外订单选项，则委外订单的执行日期会自动取当前“系统日期”，跟业务场景时间存在冲突。

完成本节业务后，请备份数据中心，将备份文件命名为“7-2 基础数据设置”，保存到 U 盘或网盘中。备份方法参照第二章第二节备份数据中心相关操作。

第三节　委外生产

委外订单是委外组织（车间）发起的委外生产申请单。采购组织（采购部门）依据委外订单的要求选择合适的供应商进行委外业务采购；委外组织（车间）依据委外订单安排生产所需材料的发放。委外业务由委外组织、采购组织（或者车间、采购部门）协同完成。

一、业务场景

华商制造委托江苏宏威进行电池生产，原材料由华商制造提供，商定 2022 年 12 月 1 日发货。电池加工费用按订单上的数量计算，每个合格品按不含税价 30 元支付加工费用。委外订单及委外领料明细如表 7-7 和表 7-8 所示。

表 7-7 委外订单明细

物料	数量	开工时间	完工时间	完工入库	合格数
电池	1,000	2022/12/1	2022/12/8	成品仓	990

表 7-8 委外领料明细

领料时间	物料	仓库	数量
2022/12/2	电芯	原料仓	1,000
	保护板	原料仓	1,000

12 月 7 日，江苏宏威交货。仓库收到电池产品，合格品入成品仓，不合格品入报废品仓，入库成本如表 7-9 所示。

表 7-9 委外入库成本明细

入库物料	数量	材料单价（元）	加工费单价（元）	单价（元）
电池	990	80.00	30.00	110.00
电池	10	80.00		80.00

12 月 29 日，财务部用转账支票支付江苏宏威加工费用 33,561.00 元，收到对方开具的增值税发票。

二、业务解析

委外订单模块支持计划确认、下达、完工、结案等业务处理，用户可以根据委外订单的业务状态，手动下推不同的业务单据。委外生产业务流程如图 7-5 所示。

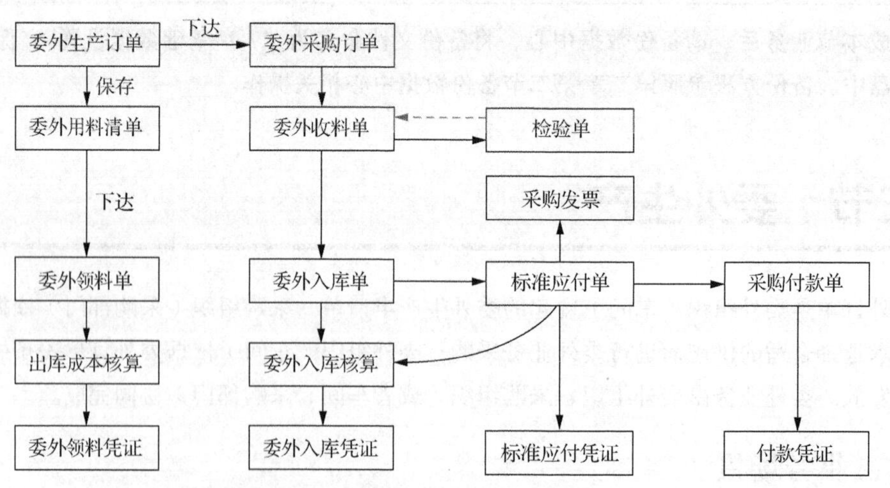

图 7-5 委外生产业务流程

委外生产订单保存后，系统自动生成未审核的委外用料清单。委外生产订单下达后，用户手动下推委外采购订单。委外采购订单审核后，用户基于委外订单进行委外领料，完成出库成本核算，生成委外领料凭证。

委外采购订单审核后，用户基于委外采购订单下推委外收料单，委外收料单审核后，用户下推检验单，更新合格品及不合格品信息。用户基于委外采购订单下推委外完工入库单。委外完工入库单审核后，系统自动生成标准应付单。用户根据标准应付单的金额结合委外入库单的数量，手工录入出库成本核算中得到的材料金额，即可完成委外入库核算。

委外入库核算包含材料金额与加工费金额。材料金额是指消耗委外发出物料的材料成本，加工费金额是指支付给加工厂商的加工费用。其中，加工费在采购订单中录入，委外入库单下推生成应付单时自动核算。

三、操作步骤

委外生产

1．审核并下达委外订单

（1）新增委外订单。操作路径：【生产制造】-【委外管理】-【委外订单】-【委外订单列表】。单击工具栏中的“新增”选项，进入“委外订单-新增”页面，修改单据日期；在表体【明细】页签中选择物料编码，录入数量，修改计划开工日期和完工日期，依次单击工具栏中的“保存”“提交”“审核”选项，将委外订单业务状态更新为“计划确认”，完成页面如图 7-6 所示。

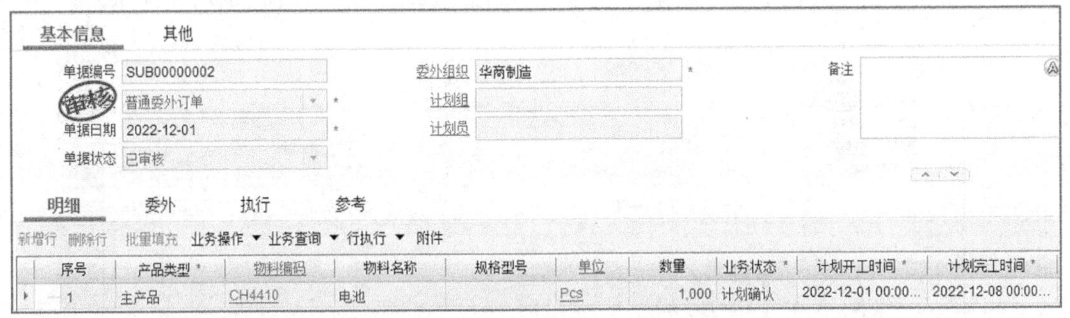

图 7-6 审核委外订单

（2）审核委外用料清单。在委外订单页面的【明细】页签选择工具栏中的“业务查询”-“用料清单查询”选项，打开生产用料清单页面，确认无误后，依次单击工具栏中的“保存”“提交”“审核”选项，完成页面如图 7-7 所示。

基本信息 其他

单据编号 SUBBOM00000002　委外组织 华商制造　委外订单状态 计划确认
产品编码 CH4410　供应商　委外订单行号 1
产品名称 电池　单位 Pcs　单据状态 已审核
规格型号　数量 1,000　备注
BOM版本 CH4410_V1.0　委外订单类型 普通委外订单
辅助属性　委外订单编号 SUB00000002

子项明细 物料控制 数量控制 参考

复制行 新增行 删除行 展开行 查找行 批量填充 冻结列 业务查询 附件 应发修改 替代设置 替代删除

序号	项次	子项物料编码	子项物料名称	子项类型	使用比例(%)	分子	分母	变动损耗...	固定损耗	应发数量
1	1	CH4443	电芯	标准件	100.0000	1	1			1,000
2	2	CH4444	保护板	标准件	100.0000	1	1			1,000

图 7-7 生产用料清单

（3）下达委外订单。在委外订单页面的【明细】页签选择工具栏中的“行执行”-“执行至下达”选项，系统自动打开设置执行日期对话框，填写执行日期为“2022-12-01”，单击“确定”按钮，将委外订单的业务状态更新为“下达”，如图 7-8 所示。

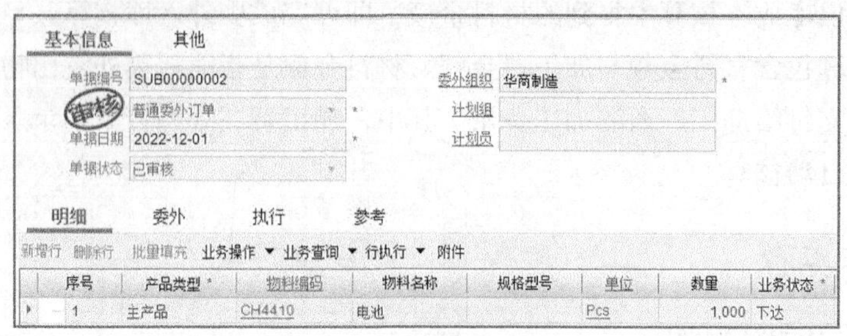

图 7-8 委外订单下达

2．填写委外采购订单

在委外订单页面单击工具栏中的“下推”选项，勾选“采购订单”单选按钮，单击“确定”按钮。进入采购订单页面，在表头【基本信息】页签中修改采购日期，选择供应商；在【财务信息】页签中取消勾选“含税”复选框；在表体【明细信息】页签中核对采购数量，填写单价，依次单击工具栏中的“保存”“提交”“审核”选项，完成页面如图 7-9 所示。

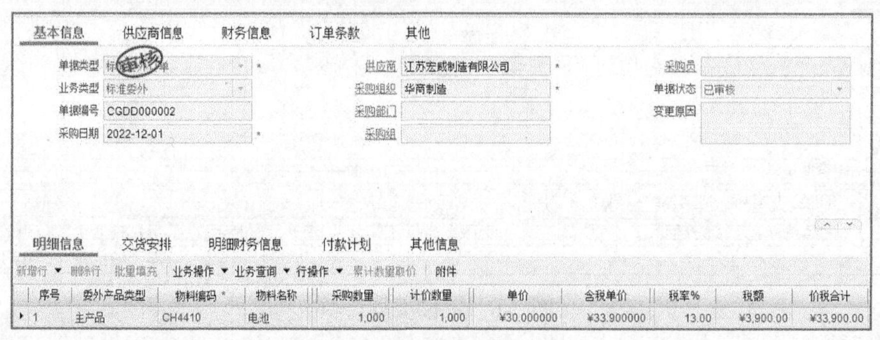

图 7-9 委外采购订单

3．填写委外领料单

在委外订单页面单击工具栏中的“下推”选项，勾选“委外领料单”单选按钮，单击“确定”按钮。进入委外领料单页面，将领料单日期修改为“2022-12-02”，依次单击工具栏中的“保存”“提交”“审核”选项，完成页面如图 7-10 所示。

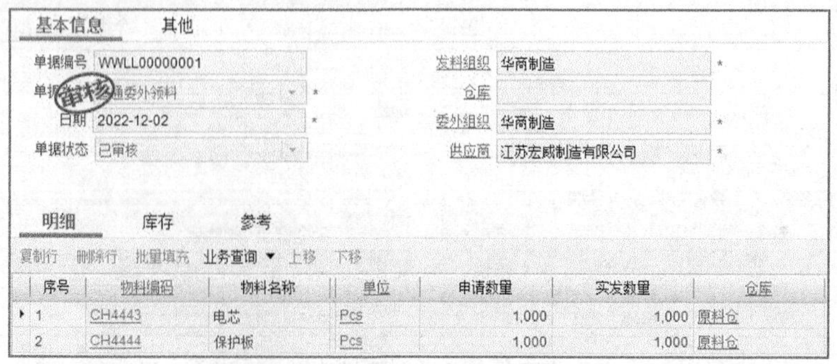

图 7-10 委外领料单

4．出库成本核算

操作路径:【成本管理】-【存货核算】-【存货核算】-【出库成本核算】。进入出库成本核算页面，按提示操作。在结果页面单击“核算单据查询”功能入口，在打开的页面中查看单据“普通委外领料”对应的成本核算结果。

5．填写委外收料单

在委外采购订单页面单击工具栏中的“下推”选项，勾选“收料通知单”单选按钮，单击“确定”按钮。进入收料通知单页面，将收料日期修改为“2022-12-07”。在【明细信息】页签中修改预计到货日期为“2022-12-07”，在【交货入库】页签中勾选“来料检验”复选框，如图 7-11 所示，依次单击工具栏中的“保存”“提交”“审核”选项。

质量检验

紧急放行　否

检验关联数量

检验数量

样本破坏数量

合格数量

判退数量

让步接收数量

工废数量

料废数量

☑ 来料检验

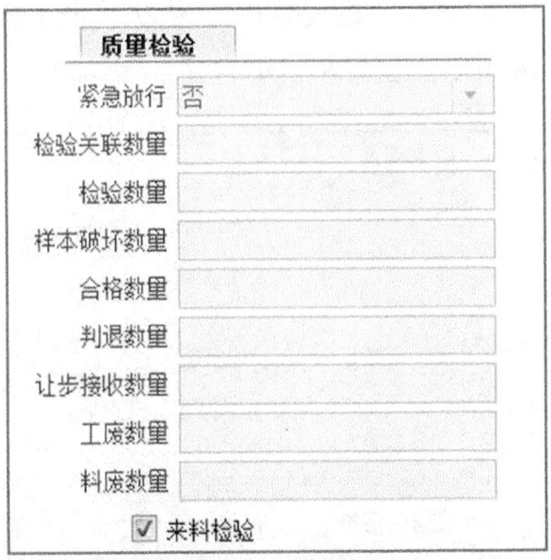

图 7-11　来料检验

6．填写检验单

在收料通知单页面单击工具栏中的“下推”选项，勾选“检验单”单选按钮，单击“确定”按钮。进入检验单页面，根据业务场景中的数据填写合格数与不合格数，如图 7-12 所示；在【检验结果】明细页签，使用决策选择“工废”，依次单击工具栏中的“保存”“提交”“审核”选项，完成页面如图 7-13 所示。

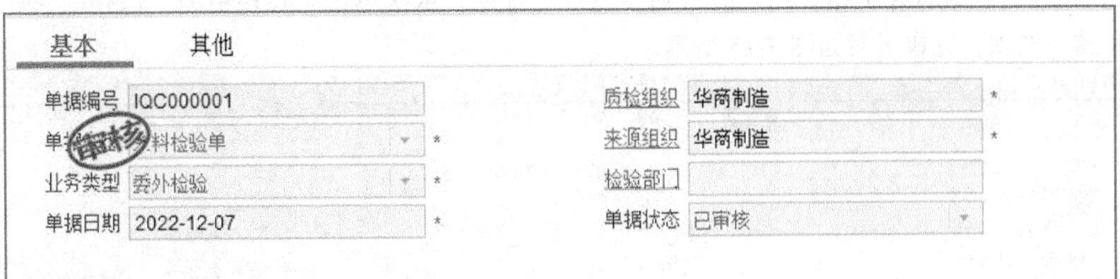

基本　其他

单据编号　IQC000001　　质检组织　华商制造 *

单据类型　来料检验单 *　　来源组织　华商制造 *

业务类型　委外检验 *　　检验部门

单据日期　2022-12-07 *　　单据状态　已审核

已审核

分录明细　检验结果　参考

新增行 ▾　删除行　批量填充　拆分行　行执行 ▾　技术文档

序号	物料编码	物料名称	单位	检验数量	合格数	不合格数	检验结果 *
1	CH4410	电池	Pcs	1,000	990	10	合格

图 7-12　检验单

使用决策

新增行　删除行　插入行　复制行　批量填充　刷新

序号	状态 *	数量	使用决策 *
1	合格	990	接收
2	不合格	10	工废

图 7-13　使用决策

7．填写采购入库单（委外入库单）

在收料通知单页面单击工具栏中的“下推”选项，勾选“采购入库单”单选按钮，单击“确定”按钮。进入采购入库单（委外入库单）页面，填写入库单日期为“2022-12-07”，为合格品选择“成品仓”，为不合格品选择“报废品仓”，依次单击工具栏中的“保存”“提交”“审核”选项，完成页面如图 7-14 所示。应付单自动暂存。

基本信息　供应商信息　财务信息　其他

单据类型　委外入库单 *　　收料组织　华商制造 *

审核　标准委外　　收料部门

单据编号　CGRK00002　　库存组

入库日期　2022-12-07 *　　仓管员

单据状态　已审核　　需求组织　华商制造

明细信息　物料数据　明细财务信息　其他信息

新增行 ▼　删除行　批量填充　获取批号　批号序列号关系　业务查询 ▼　附件

序号	物料编码 *	物料名称	库存... *	应收数量	实收数量	计价数量	仓库	库存状态
1	CH4410	电池	Pcs	990	990	990	成品仓	可用
2	CH4410	电池	Pcs	10	10	10	报废品仓	待检

图 7-14　委外入库单

8．审核标准应付单

操作路径：【财务会计】-【应付款管理】-【采购应付】-【应付单列表】。打开应付单列表，找到对应的暂存单据，双击打开后修改业务日期，依次单击工具栏中的“保存”“提交”“审核”选项，完成页面如图 7-15 所示。

基本　供应商　财务　收票信息　其他

单据类型　标准应付单 *　　供应商　江苏宏威制造有限公司 *　　采购员

审核　AP00000005　　币别　人民币 *　　结算组织　华商制造 *

业务日期　2022-12-07 *　　价税合计　¥33,561.00　　付款组织　华商制造 *

到期日　2022-12-07 *　　付款条件　　采购组织　华商制造

单据状态　已审核 *　　采购部门　　立账类型　业务应付

价外税　按含税单价录入　税额计入成本

明细　量价信息　付款计划

新增行 ▼　复制行　删除行　批量填充

序号	物料编码	物料名称	计价单位	单价	计价数量	含税单价	税率(%)	折扣率(%)	折扣额	不含税金额	税额	价税合计
1	CH4410	电池	Pcs	30.0000	990	33.900000	13.00			¥29,700.00	¥3,861.00	¥33,561.00
2	CH4410	电池	Pcs		10		13.00					

图 7-15　应付单

9．委外入库核算

操作路径：【成本管理】-【存货核算】-【存货核算】-【委外入库核算】。在委外入库核算页面，根据表 7-9 的内容录入相关数据，如图 7-16 所示，单击工具栏中的“保存”选项。

核算体系 财务会计核算体系　核算组织 华商制造　会计政策 中国准则会计政策

会计期间 2022年第12期　本位币 人民币

序号	单据编号	单据行号	物料编码	基本单位	基本单位数量	材料单价	材料金额	加工费单价	加工费金额	单价	金额
1	CGRK00002	1	CH4410	Pcs	990	¥80.000000	¥79,200.00	¥30.000000	¥29,700.00	¥110.00000	¥108,900.00
2	CGRK00002	2	CH4410	Pcs	10	¥80.000000	¥800.00	¥0.000000	¥0.00	¥80.000000	¥800.00

图 7-16　委外入库核算

10．委外订单结案

在委外订单页面的【明细】页签选择工具栏中的“行执行”-“执行至结案”选项。系统自动打开设置执行日期对话框，填写执行日期为“2022-12-08”，单击“确定”按钮，将委外订单的业务状态更新为“结案”，如图 7-17 所示。

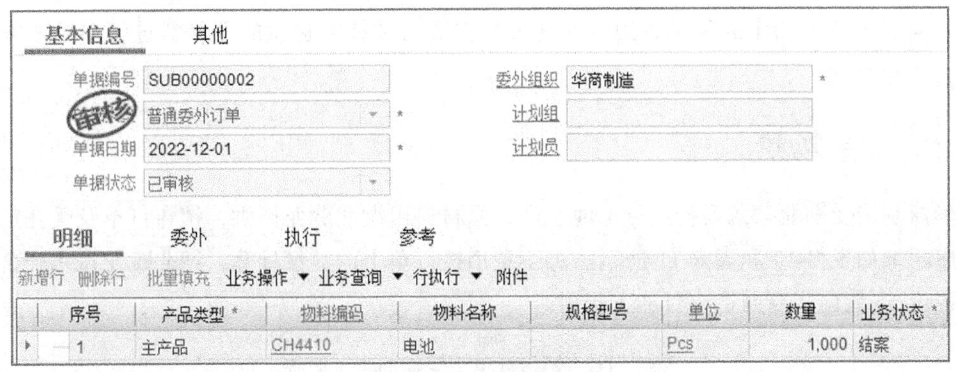

图 7-17　委外订单结案

11．委外订单结算

（1）填写采购付款单。操作路径：【财务会计】-【应付款管理】-【采购应付】-【应付单列表】。勾选江苏宏威对应的应付单，单击工具栏中的“下推”选项，生成付款单。在付款单页面修改业务日期，依次单击工具栏中的“保存”“提交”“审核”选项。

（2）填写发票。操作路径：【财务会计】-【应付款管理】-【采购应付】-【应付单列表】。勾选相应应付单，单击工具栏中的“下推”选项，生成采购增值税专用发票（选择分录不合并）。在发票页面修改业务日期和发票日期，依次单击工具栏中的“保存”“提交”“审核”选项。

（3）生成凭证。操作路径：【财务会计】-【智能会计平台】-【账务处理】-【凭证生成】。选择账簿和业务单据，生成委外领料凭证、委外入库凭证、标准应付凭证、付款凭证。

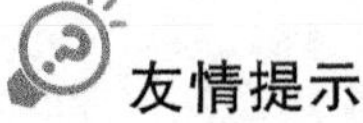

友情提示

1. 委外订单生成方式支持手工新增、关联销售订单、委外订单中拆分行以及计划订单投放等方式。

2. 委外订单的业务状态支持反向变更：反计划确认、反下达、反完工以及反结案，选择"行执行"-"反执行"选项的相应操作即可。

3. 委外用料清单既可以在委外订单页面查询，也可以通过委外用料清单列表查询。操作路径：【生产制造】-【委外管理】-【委外订单】-【委外用料清单列表】。

4. 在收料通知单页面勾选【交货入库】页签中的"来料检验"复选框，才能下推检验单。

完成本节业务后，请备份数据中心，将备份文件命名为"7-3 委外生产"，保存到 U 盘或网盘中。备份方法参照第二章第二节备份数据中心相关操作。

第四节　受托生产

受托生产（加工）是指由委托方提供原材料，受托方按其规定的花色品种、数量进行加工，并向对方收取约定的加工费用。受托方不需要对委托方提供的原材料进行单独核算，但需进行备查登记。

一、业务场景

华商制造受湖北藏龙委托进行电池生产，原材料由湖北藏龙提供，销售订单及受托加工材料入库明细如表 7-10 和表 7-11 所示。加工费用按订单上的数量计算，湖北藏龙按每个合格品不含税价 55 元向华商制造支付加工费用。

表 7-10　销售订单（受托加工）明细

客户	物料	数量	要货日期	单价（不含税）
湖北藏龙	电池-受托加工	1,000	2022/12/15	55.00

表 7-11　受托加工材料入库明细

入库时间	物料	仓库	实收数量
2022/12/1	电芯-受托加工	受托加工仓	1,000
	保护板-受托加工	受托加工仓	1,000

华商制造一车间新增电池生产订单，订单信息和领料信息如表 7-12 和表 7-13 所示。12 月 7 日，一车间完成生产入库。华商制造月末进行存货核算，本批产品入库成本计算明细如表 7-14 所示。

12 月 13 日，华商制造按期交货，向湖北藏龙发出电池商品。12 月 29 日，财务部收到湖北藏龙转账支票，系对方支付加工费用 62,150.00 元。

表 7-12　生产订单明细

生产日期	入库日期	生产车间	物料名称	数量	生产方式
2022/12/1	2022/12/7	一车间	电池-受托加工	1000	直接入库-普通生产

表 7-13　原材料领料明细

领料日期	领用物料	一车间领料数量
2022/12/2	电芯-受托加工	1000
	保护板-受托加工	1000

表 7-14　完工入库成本计算明细

产品	合格入库数量	直接人工（元）	制造费用（元）	入库成本（元）
电池-受托加工	1000	25,000.00	10,000.00	35,000.00

二、业务解析

受托加工业务流程如图 7-18 所示。

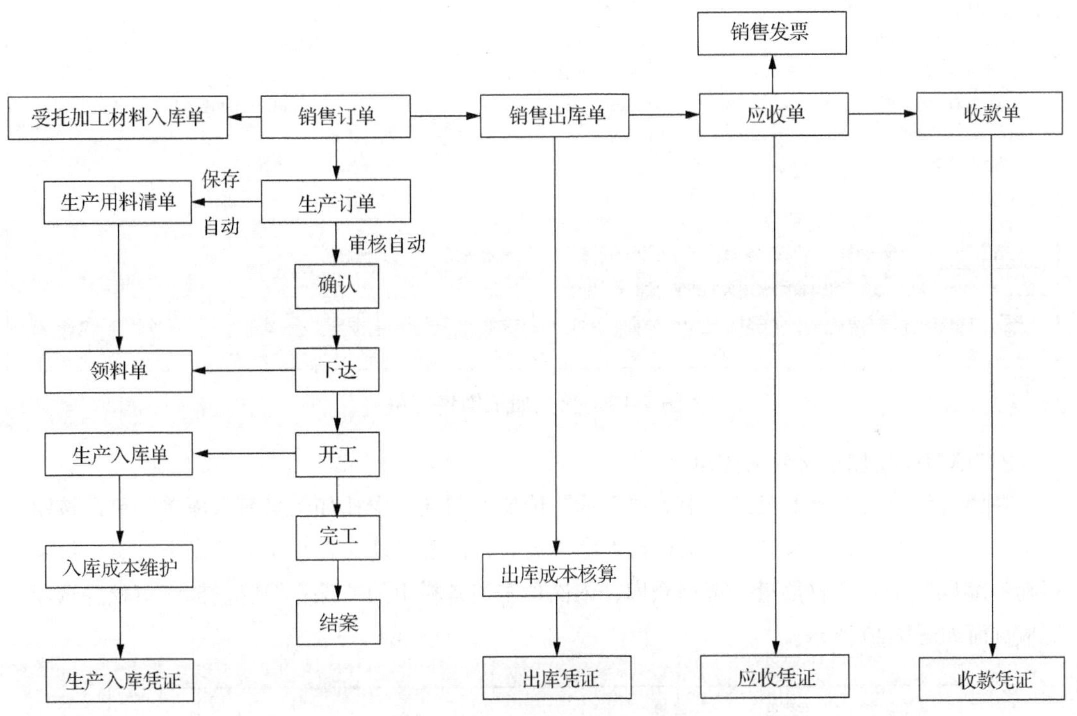

图 7-18　受托加工业务流程

受托加工流程在发货给客户的环节使用正常的销售流程进行处理：销售订单、销售出库单、应收单及收款单。受托加工销售订单可下推受托加工材料入库单和生产订单。

受托加工材料入库单需要将客户发过来的材料进行入库，货主为客户，仓库可以选择客户仓库。该单据因为货主并非本组织，不参与本组织的核算。

用户基于受托加工销售订单下推生产订单，生产订单需要经过下达、开工、完工、结案等业务处理环节。生产订单下达后，用户手动下推生产领料单。生产订单开工后，用户手动下推生产入库单。月末完成入库成本维护。

生产入库后，用户可以继续使用正常的销售流程进行处理，陆续完成销售出库单、应收单及收款单等单据的业务处理。

三、操作步骤

受托生产

1．填写销售订单

（1）核对当前组织。确保当前组织为华商制造。

（2）打开销售订单列表。操作路径：【供应链】-【销售管理】-【订单处理】-【销售订单列表】。

（3）新增销售订单。单击工具栏中的“新增”选项，进入“销售订单-新增”页面，单据类型选择“受托加工销售”，修改日期、选择客户、选择销售员，取消勾选“是否含税”复选框；在表体【明细信息】页签中选择物料编码，录入销售数量、单价，修改要货日期，依次单击工具栏中的“保存”“提交”“审核”选项，完成页面如图 7-19 所示。

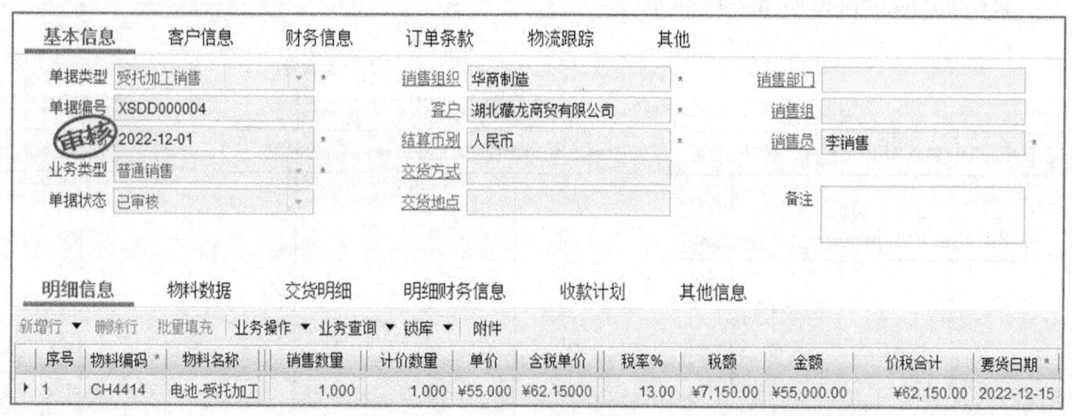

基本信息　客户信息　财务信息　订单条款　物流跟踪　其他

单据类型 受托加工销售 *　销售组织 华商制造 *　销售部门
单据编号 XSDD000004　客户 湖北藏龙商贸有限公司 *　销售组
审核 2022-12-01 *　结算币别 人民币 *　销售员 李销售 *
业务类型 普通销售 *　交货方式
单据状态 已审核　交货地点　备注

明细信息　物料数据　交货明细　明细财务信息　收款计划　其他信息

新增行 ▼　删除行　批量填充　业务操作 ▼　业务查询 ▼　锁库 ▼　附件

序号	物料编码 *	物料名称	销售数量	计价数量	单价	含税单价	税率%	税额	金额	价税合计	要货日期 *
1	CH4414	电池-受托加工	1,000	1,000	¥55.000	¥62.15000	13.00	¥7,150.00	¥55,000.00	¥62,150.00	2022-12-15

图 7-19　受托加工销售订单

2．填写受托加工材料入库单

在销售订单页面单击工具栏中的“下推”选项，勾选“受托加工材料入库单”单选按钮，单击“确定”按钮。进入受托加工材料入库单页面，修改日期，在【明细信息】页签中批量选择物料编码，录入实收数量，选择仓库，依次单击工具栏中的“保存”“提交”“审核”选项，完成页面如图 7-20 所示。

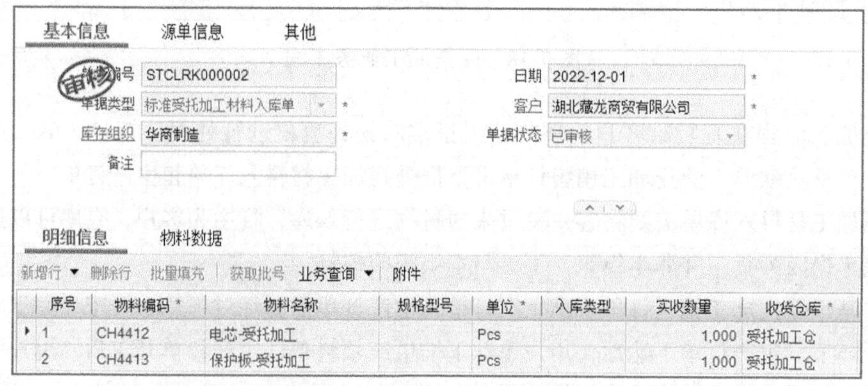

基本信息　源单信息　其他

审核 编号 STCLRK000002　日期 2022-12-01 *
单据类型 标准受托加工材料入库单 *　客户 湖北藏龙商贸有限公司 *
库存组织 华商制造 *　单据状态 已审核
备注

明细信息　物料数据

新增行 ▼　删除行　批量填充　获取批号　业务查询 ▼　附件

序号	物料编码 *	物料名称	规格型号	单位 *	入库类型	实收数量	收货仓库 *
1	CH4412	电芯-受托加工		Pcs		1,000	受托加工仓
2	CH4413	保护板-受托加工		Pcs		1,000	受托加工仓

图 7-20　受托加工材料入库单

3. 填写生产订单

在销售订单页面单击工具栏中的“下推”选项，勾选“生产订单”单选按钮，单击“确定”按钮。进入生产订单页面，单据类型选择“直接入库-普通生产”（默认），修改单据日期；在表体【明细】页签中选择生产车间，修改计划开工时间和计划完工时间，依次单击工具栏中的“保存”“提交”“审核”选项，将生产订单的业务状态更新为“计划确认”。

4. 审核生产用料清单

（1）打开生产用料清单。在生产订单页面的【明细】页签选择工具栏中的“业务查询”-“用料清单查询”选项。

（2）修改货主类型。在生产用料清单页面的表体【物料控制】页签中，货主类型选择“客户”，货主选择“湖北藏龙商贸有限公司”，如图 7-21 所示。对所有物料都进行修改，确认无误后，依次单击工具栏中的“保存”“提交”“审核”选项。

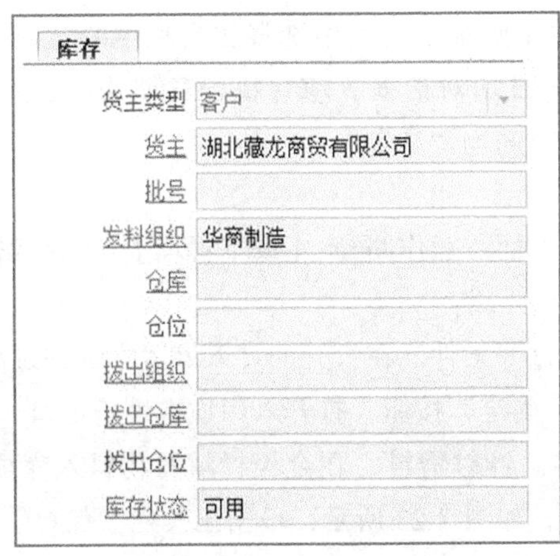

图 7-21 修改货主类型

5. 生产领料

（1）下达生产订单。在生产订单页面的【明细】页签选择工具栏中的“行执行”-“执行至下达”选项。系统自动打开设置执行日期对话框，填写执行日期为“2022-12-01”，单击“确定”按钮，将生产订单的业务状态更新为“下达”。

（2）生成领料单。在生产订单页面单击工具栏中的“下推”选项，勾选“生产领料单”单选框，单击“确定”按钮。进入生产领料单页面，修改日期，核对数量和仓库，依次单击工具栏中的“保存”“提交”“审核”选项。

6. 填写生产入库单

（1）生产订单开工。返回生产订单页面，在【明细】页签中选择工具栏中的“行执行”-“执行至开工”选项，系统自动打开设置执行日期对话框，填写执行日期为“2022-12-01”，单击“确定”按钮，将生产订单的业务状态更新为“开工”。

（2）生成生产入库单。在生产订单页面单击工具栏中的“下推”选项，勾选“生产入库单”单选按钮，单击“确定”按钮。进入生产入库单页面，修改日期，选择仓库“成品仓”，勾选“完工”复选框，依次单击工具栏中的“保存”“提交”“审核”选项，完成页面如图 7-22 所示。

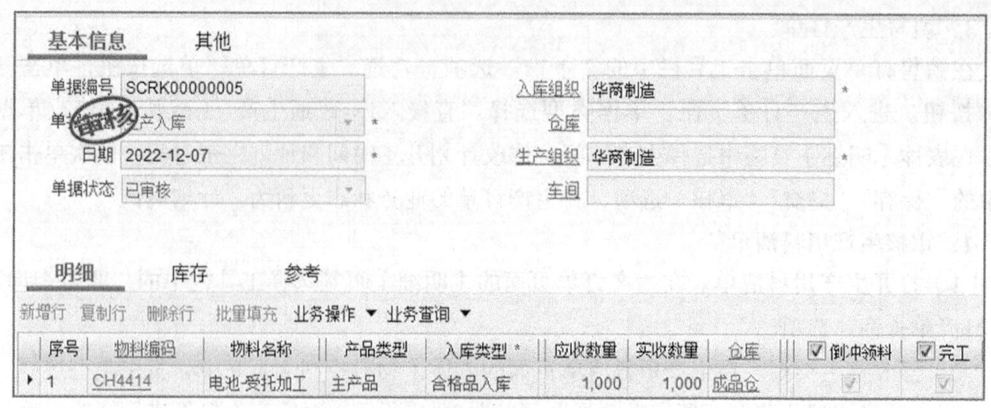

图 7-22　生产入库单

7．生产订单结案

返回生产订单页面，在【明细】页签中选择工具栏中的“行执行”-“执行至结案”选项，系统自动打开设置执行日期对话框，填写执行日期为“2022-12-08”，单击“确定”按钮，将生产订单的业务状态更新为“结案”。

8．入库成本维护

（1）打开入库成本维护页面。操作路径：【成本管理】-【存货核算】-【存货核算】-【入库成本维护】。

（2）修改入库成本维护过滤条件。在打开的“入库成本维护过滤条件”页面，将单据名称改为“生产入库单”，单击“确定”按钮，打开入库成本维护窗口。

（3）录入物料入库成本。针对物料，在金额栏填写物料入库成本，含直接人工、制造费用，由系统自动反算出单价，如图 7-23 所示，单击工具栏“保存”选项。

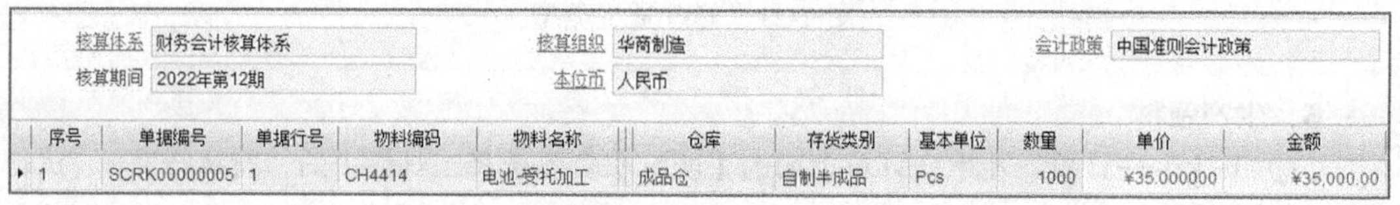

图 7-23　入库成本维护

9．填写销售出库单

在销售订单页面单击工具栏中的“下推”选项，勾选“销售出库单”单选按钮，单击“确定”按钮。进入销售出库单页面，修改日期，在【明细信息】页签中选择仓库，依次单击工具栏中的“保存”“提交”“审核”选项。

10．填写应收单

操作路径：【财务会计】-【应收款管理】-【销售应收】-【应收单列表】。在应收单列表页面找到暂存的应收单，双击打开后修改业务日期，核对相关数据，依次单击工具栏中的“保存”“提交”“审核”选项。

11．填写销售发票

在应收单页面单击工具栏中的“下推”选项，勾选“销售增值税专用发票”单选按钮，单击“确定”按钮。进入销售增值税专用发票页面，修改业务日期，核对相关数据，依次单击工具栏中的“保存”“提交”“审核”选项。

12．填写收款单

在应收单页面单击工具栏中的“下推”选项，勾选“收款单”单选按钮，单击“确定”按钮。进入收款单页面，修改日期，核对相关数据，依次单击工具栏中的“保存”“提交”“审核”选项。

13．出库成本核算

操作路径:【成本管理】-【存货核算】-【存货核算】-【出库成本核算】。进入出库成本核算页面，按提示操作。在结果页面单击“核算单据查询”功能入口，在打开的页面中查看单据“标准销售出库单”对应的成本核算结果。

14．生成凭证

生成入库凭证、出库凭证、应收凭证和收款凭证。操作路径:【财务会计】-【智能会计平台】-【账务处理】-【凭证生成】。选择账簿，选择来源单据（生产入库单、销售出库单、应收单和收款单），选择单据范围，找到相应单据，单击“凭证生成”按钮。

友情提示

1. 受托方不需要对委托方提供的原材料进行单独核算，但需进行备查登记。

2. 用户可以通过受托加工销售订单下推受托加工材料收料单，对委托方发来的受托加工材料进行来料检验。

3. 受托加工材料入库单可以通过销售订单下推，也可以手工新增。

4. 本实验中的生产业务流程可以根据企业管理需要选择简单生产、直接入库生产、汇报入库生产或工序汇报入库生产等。

5. 生产订单可以通过销售订单下推，也可以手工新增。

6. 如果受托方在加工过程中使用了本企业的物料，则在入库成本维护时，受托加工物料的入库成本应包含该物料的材料成本。

7. 生产订单执行至开工时，系统会提示报错“不能从开工执行至开工”，原因在于生产订单的参数设置为“生产订单领料时自动开工”，忽略报错即可。

完成本节业务后，请备份数据中心，将备份文件命名为“7-4 受托生产”，保存到 U 盘或网盘中。备份方法参照第二章第二节备份数据中心相关操作。

第八章　计划管理

本章主要介绍计划管理系统的基本功能，设置计划管理系统的基础数据，在此基础上完成物料需求计划的编制与投放。

在开始本章的学习之前，需要引入“6-2 基础数据设置”备份数据中心，以保持数据的连续性，引入方法参照第二章第二节恢复数据中心相关操作。

第一节　概述

物料需求计划（Material Requirements Planning，MRP）由美国库存协会在 20 世纪 60 年代初提出。这一管理思想把企业生产中涉及的所有产品、半成品、零部件、原材料等统一视为物料，并将这些物料分为独立需求和相关需求来进行管理。企业根据独立需求确定产成品的生产计划，再根据物料清单、库存信息等确定半成品、原材料的需求数量和需求时间，尽量用最少的物料和最短的时间实现产品的生产和交付，加速企业资金周转，提升管理效率。

一、总体介绍

计划管理系统以物料需求计划的编制为主线，提供了集成的计划管理业务支持，为企业提供预测冲销、计划方案编制、计划运算、计划订单调整、审核、投放以及报表分析等各项功能。系统在底层铺设了强大的物料预留网络，在真正意义上支持净改变计划。计划员可根据需求的重要性决定物料供给的分配顺序并全程跟踪物料供给的完成状况。

二、功能结构

计划管理系统包括基础资料、参数设置、物料需求计划、预测冲销和报表分析等子模块。

（一）基础数据管理

基础数据为系统应用的前提，计划管理系统的基础数据管理主要通过基础资料和参数设置两个子模块实现，涉及安全库存、优先级计算参数、制造策略、计划管理参数等基础数据的设置。

（二）物料需求计划

物料需求计划子模块主要涉及计划方案、计划运算向导、计划订单、计划订单批量维护以及预留单等功能。计划方案为 MRP 计算提供基础参数设置，通过建立计划方案以适应不同企业的计划体系；计划运算向导支持用户选择计划方案和需求来源，启动 MRP 运算；计划运算的结果是以计划订单的形式存在的，用户可以对计划订单进行相应的维护、调整；计划订单批量维护为计划员提供了批量新增、修改、删除计划订单的功能；企业可以通过手工维护预留单，来完成对库存/预计入库的预留操作。

（三）预测冲销

预测冲销子模块主要涉及预测冲销方案、预测单、预测冲销、预测冲销结果查询等功能。预测单主要用来设置企业未来的生产计划；预测冲销功能可以将预测单与现有的销售订单、组织间需求单进行关联冲销，修正预测单的需求数量；冲销完成后，企业可以通过预测冲销结果表查询冲销情况；预测冲销方案、多组织预测冲销以及多组织预测冲销结果表一般适用于多组织预测冲销的场景。

（四）报表分析

报表分析是计划管理系统的一个子模块，提供包括运算日志查询、物料供需分析、MRP运算结果分析等功能。

三、计划管理系统与其他系统的关系

计划管理系统与其他系统的关系如图 8-1 所示。

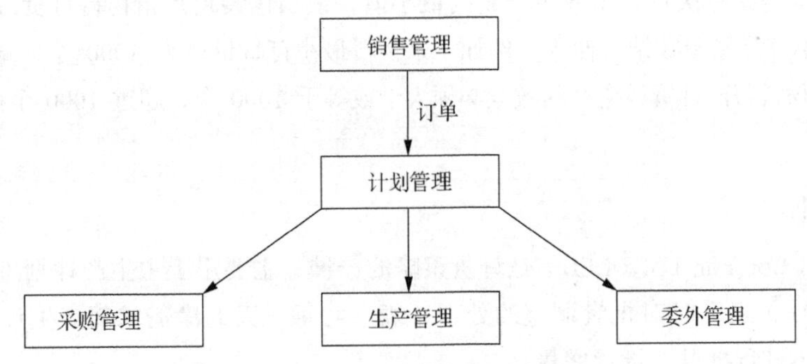

图 8-1　计划管理系统与其他系统的关系

四、基本概念

（一）主生产计划（Master Production Schedule，MPS）

主生产计划一般按时间分段计划企业应生产的最终产品的数量和交货期。主生产计划主要关注在企业现有资源限制下，在一定时间段内生产什么，生产多少，在什么时间生产的问题。

（二）物料需求计划（MRP）

物料需求计划根据主生产计划中最终产品的需求量和交货期，推导出构成产品的零部件及原材料的需求数量和需求日期，并下达相应的生产作业计划和采购供应计划。

（三）毛需求

毛需求是指某一时间点对某种物料的总需求。

（四）净需求

净需求是指在毛需求的基础上，考虑在现有库存、预计量、安全库存等因素的影响下某一时间点对某种物料的需求。

（五）提前期（Lead Time，LT）

提前期是指完成某项任务所需的时间，如对于采购业务来说，提前期是指从下达采购到供应商送货过来所耗用的天数或时间；对于生产业务来说，提前期是指从下达生产到生产完工或结案所耗用的天数或时间。

（六）计划展望期

计划展望期是计划管理中的基本概念，用来说明安排计划的时间跨度。设定计划展望期的目的是控制产品生产的全过程，提高计划的预见性。

（七）安全库存

安全库存是指为了防止不确定性因素（如大量突发性订货、交货期突然延期、临时用量增加、交货误期等特殊原因）而预计的保险储备量（缓冲库存）。

（八）最小订货量、最小包装量

最小订货量是指每次订货量或生产量的最小值。最小包装量是指物料订货或生产的批量增量，一般与最小订货量参数结合使用。例如，某物料最小订货量设为 1000 个，最小包装量设为 1000 个，则该物料每次订货或生产的数量必须大于或等于 1000 个，超过 1000 个按照 1000 的整数倍数递增。

（九）LFL

批对批法（Lot For Lot，LFL）是订货策略的一种，主要用于主生产计划（MPS）或物料需求计划（MRP）运算时对批量调整的处理，表示对每一天的净需求都产生计划订单。批对批法会考虑最小订货批量、批量增量。

（十）预测单

预测单是指企业为了满足市场和销售需要，根据企业的历史生产数据和市场、销售预测等资料，制订在未来一段时间内需要安排生产什么、生产多少、什么时候生产等的一种生产计划。

（十一）预测冲销

预测冲销可以将预测单与现有的销售订单、组织间需求单进行关联冲销，修正预测单的需求数量。

五、物料需求计划编制的基本原理

物料需求计划编制的基本逻辑是：企业根据独立需求确定产成品的生产计划，再根据物料清单、库存信息等确定半成品、原材料的需求数量和需求时间，并下达相应的生产计划和采购计划。物料需求计划编制逻辑流程如图 8-2 所示。

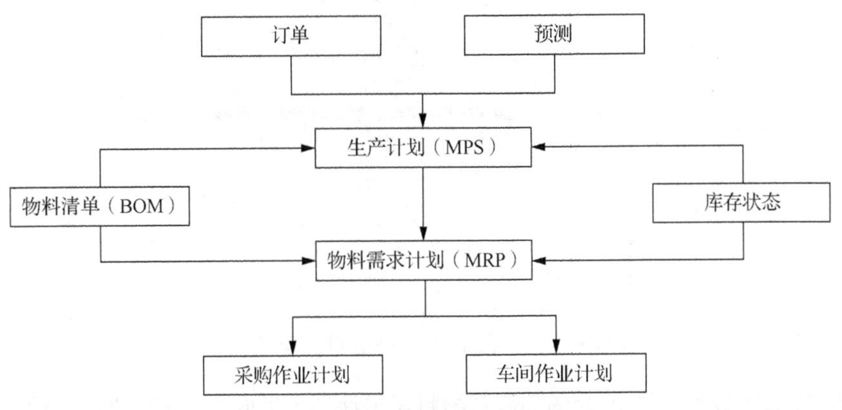

图 8-2 物料需求计划编制逻辑流程

1．制订主生产计划（MPS）

制订主生产计划（MPS）是编制物料需求计划（MRP）的前提条件。主生产计划主要针对独立需求，其计划对象是最终产品（End Item），也称为“产成品”。产成品的生产量主要由外部需求决定，包括客户订单或产品的未来销售预测。

以产品 X 为例制订其某年 2 月上旬的主生产计划。产品 X 的毛需求属于独立需求，由客户订单（销售预测）决定，假设现有制造策略为 LFL，则其 2 月上旬的每日毛需求与客户订单保持一致。根据净需求公式计算每日净需求，净需求公式如下。

净需求=毛需求-现有库存-预计入库量+已分配数量+安全库存

假设预计入库量、已分配数量和安全库存均为 0。产品 X 的生产提前期为 1 天，则其计划下单时间要往前倒排一天。产品 X 的每日计划下单情况如表 8-1 所示。

表 8-1 产品 X 的 MPS 编制（单位：万件）

产品 X，生产提前期 1 天，期初库存量 20 万件

日期	1日	2日	3日	4日	5日	6日	7日	8日	9日	10日
客户订单			12	8	5	2	7	6	10	8
毛需求			12	8	5	2	7	6	10	8
期初库存量			20	8	0	0	0	0	0	0
净需求			0	0	5	2	7	6	10	8
计划下单量				5	2	7	6	10	8	

2．制订物料需求计划（MRP）

物料需求计划由主生产计划驱动，目的是更有效地实施企业的主生产计划。物料需求计划是在主生产计划的基础上根据物料清单（BOM）层级展开所有物料的需求计划。

产品 X 的 BOM 如图 8-3 所示。BOM 展现三个关键信息：产品层次关系，即各层级零部件、最终产品之间的关系；提前期（LT），生产或采购各种零部件所需周期长度；数量，生产一件父级组件需要各种子组件的数量。

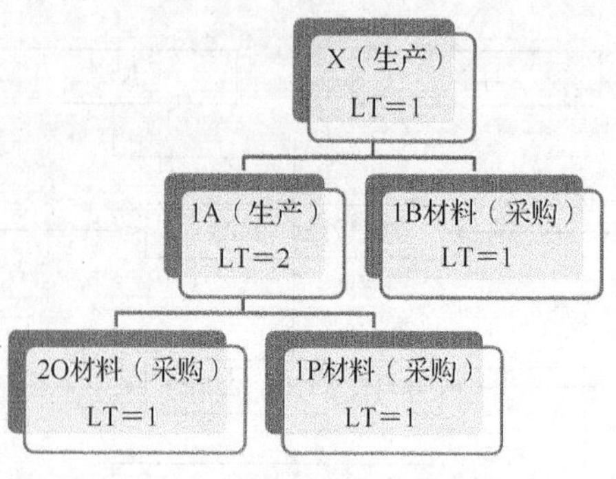

图 8-3　产成品 X 物料清单（BOM）

以产品 X 的下级半成品 A 为例编制其物料需求计划。半成品 A 的毛需求属于相关需求，由产品 X 的计划下单情况决定。假设现有制造策略为 LFL，根据 BOM（X=1A+1B），则其 2 月上旬的每日毛需求与产品 X 的计划下单量保持一致。再根据净需求公式计算半成品 A 的每日净需求。产品 X 的生产提前期为 2 天，则其计划下单时间要往前倒排两天。半成品 A 的每日计划下单情况如表 8-2 所示。

表 8-2　半成品 A 的 MRP 计算（单位：万件）

半成品 A，生产提前期 2 天，期初库存量 0

日期	1日	2日	3日	4日	5日	6日	7日	8日	9日	10日
毛需求				5	2	7	6	10	8	
期初库存量				0	0	0	0	0	0	
净需求				5	2	7	6	10	8	
计划下单量		5	2	7	6	10	8			

依据 BOM 继续展开，编制半成品 A 的下级原材料 O 的物料需求计划。原材料 O 的毛需求属于相关需求，由半成品 A 的计划下单情况决定。假设现有制造策略为 LFL，根据 BOM（A=2O+1P），则其 2 月上旬的每日毛需求是半成品 A 的计划下单量的两倍。再根据净需求公式计算原材料 O 的每日净需求。原材料 O 的采购提前期为 1 天，则其计划下单时间要往前倒排一天。原材料 O 的每日计划下单情况如表 8-3 所示。

表 8-3　原材料 O 的 MRP 计算（单位：万件）

原材料 O，采购提前期 1 天，期初库存量 10 万件，2 日预计入库 2 万件

日期	1日	2日	3日	4日	5日	6日	7日	8日	9日	10日
毛需求		10	4	14	12	20	16			
预计入库量		2								
期初库存量		10	2	0	0	0	0			
净需求		0	2	14	12	20	16			
计划下单量		2	14	12	20	16				

同理，可继续编制原材料 B 和原材料 P 的物料需求计划。

3．物料需求计划的执行

物料需求计划编制完成之后，如果是自制半成品，就需要制订生产计划，包括半成品的需求数量、开工日期和完工日期等信息。如果是原材料，就需要制订采购供应计划，包括原材料的需求数量、订货日期和到货日期等信息。在上面的例子中，物料 A 属于半成品，企业需要根据生产提前期和净需求情况制订其生产计划；物料 O 属于原材料，企业需要根据采购提前期和净需求情况制订其采购计划。

第二节　基础数据设置

华商制造为了合理编制物料需求计划，需要对计划管理相关基础数据进行设置。本节基础数据的录入工作，未做特别说明的，均由华商制造完成。

一、基础数据

华商制造进行物料需求计划的编制，需要对基础数据进行设置，具体信息如下。

（1）修改相关物料的物料属性，由华商集团修改，信息如表 8-4 所示。

表 8-4　物料属性信息

物料名称	生产/采购类型	固定提前期	安全库存	最小订货量	最小包装量
机板Ⅰ	标准采购申请	7	1000	1000	1000
机板Ⅱ		7	1000	1000	1000
电芯		7	1000	1000	1000
保护板		7	1000	1000	1000
外壳		7	1000	1000	1000
屏幕		7	1000	1000	1000
电池	工序汇报入库-普通生产	7	1000	1000	1000
平板Ⅰ		7	1000	1000	1000
平板Ⅱ		7	1000	1000	1000

（2）新增 MRP 计划方案（一阶段法），信息如表 8-5 所示。

表 8-5　计划方案明细

方案编码	001	
方案名称	12 月 MRP 计划（一阶段）	
计划展望期单位	年	系统时间往后计算，时间跨度要包含销售订单的要货日期
计划展望期	1	

续表

需求组织	华商制造	
供应组织	华商制造	不含华商商贸
运算范围	全部销售订单和全部预测单	
运算参数	强制覆盖运算参数	√
	预计入库交期允许提前天数	30
	预计入库交期允许推后天数	30
仓库参数	原料仓、成品仓	华商制造的仓库
其他参数	运算前自动维护低位码	√
	自动运算优先级	√

（3）新增 MPS 计划方案，信息如表 8-6 所示。

表 8-6　计划方案明细

方案编码	002	
方案名称	12 月 MPS 计划	
计划展望期单位	年	系统时间往后计算，时间跨度要包含销售订单的要货日期
计划展望期	1	
需求组织	华商制造	
供应组织	华商制造	不含华商商贸
运算范围	全部销售订单和全部预测单	
运算参数	强制覆盖运算参数	√
	预计入库交期允许提前天数	30
	预计入库交期允许推后天数	30
仓库参数	原料仓、成品仓	华商制造的仓库
其他参数	运算前自动维护低位码	√
	自动运算优先级	√

（4）新增 MRP 计划方案（两阶段法），信息如表 8-7 所示。

表 8-7　计划方案明细

方案编码	003	
方案名称	12 月 MRP 计划（两阶段）	
计划展望期单位	年	系统时间往后计算，时间跨度要包含销售订单的要货日期
计划展望期	1	

续表

需求组织	华商制造	
供应组织	华商制造	不含华商商贸
运算范围	计划订单（MPS 计划订单）	
运算参数	强制覆盖运算参数	√
	预计入库交期允许提前天数	30
	预计入库交期允许推后天数	30
仓库参数	原料仓、成品仓	华商制造的仓库
其他参数	运算前自动维护低位码	√
	自动运算优先级	√

二、操作解析

基础数据为系统应用的前提。企业一般先设置好基础数据，然后才进行业务应用。计划管理系统的基础数据包括计划方案以及物料属性等。

三、操作步骤

基础数据设置

1. 物料属性设置

（1）切换当前组织。确保为华商集团。

（2）打开物料列表。操作路径：【基础管理】-【基础资料】-【主数据】-【物料列表】。

（3）修改物料属性。在物料列表页面勾选相应物料，打开物料页面，单击工具栏中的“审核”-“反审核”选项。在【采购】页签中核对采购类型；在【生产】页签中核对生产类型，自制物料选择“工序汇报入库-普通生产”；在【计划属性】页签中填写固定提前期、最小订货量、最小包装量及安全库存，如图 8-4 所示，依次单击工具栏中的“保存”“提交”“审核”选项。对其他物料重复执行上述操作，直到所有物料信息修改完毕。

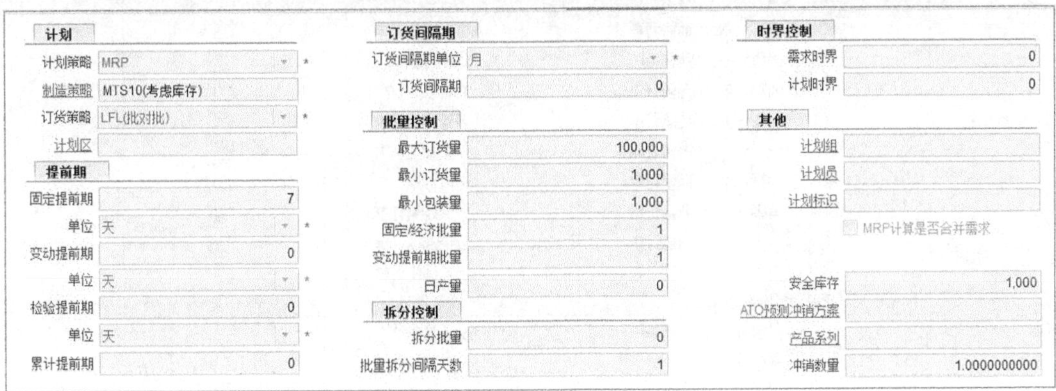

图 8-4　物料属性设置

2．增加 MRP 计划方案（一阶段法）

（1）切换当前组织。确保为华商制造。

（2）新增计划方案。操作路径：【生产制造】-【计划管理】-【物料需求计划】-【计划方案】。单击工具栏中的“新增”选项，新增华商制造 12 月 MRP 计划方案，方案编码为“001”，名称为“12 月 MRP 计划（一阶段）”，计划展望期单位选择“年”，计划展望期设置为“1”，如图 8-5 所示。

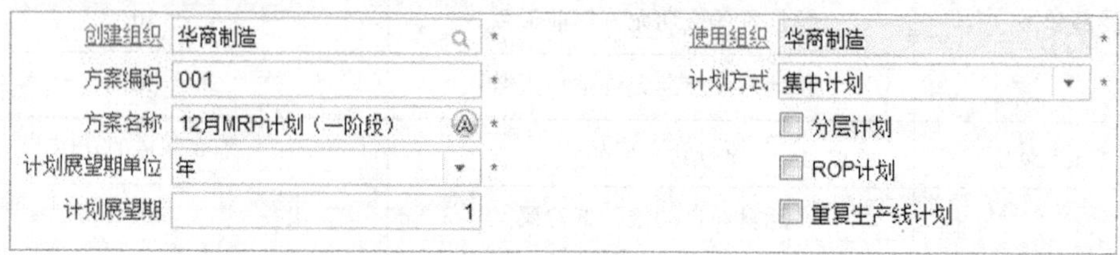

图 8-5　计划方案设置

（3）调整组织参数。单击【组织范围】中的“新增行”，选择需求组织为“华商制造”，供应组织为“华商制造”，如图 8-6 所示。

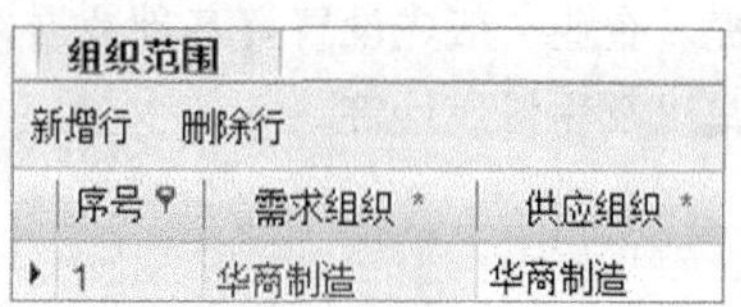

图 8-6　组织参数

（4）调整运算范围。在【运算范围】中选中所有的销售订单与预测单，如图 8-7 所示。

组织参数　运算范围　需求参数　供给参数　运算参数　合并参数

计划运算范围

☐ 是否考虑需求时界和计划时界

选择	需求…	需求名称	单据类型	计划状态单据参与运算
⊞ 需求来源:冲销结果				
⊞ 需求来源:计划订单				
⊞ 需求来源:生产订单				
⊞ 需求来源:委外订单				
⊟ 需求来源:销售订单				
☑	销售订单	销售订单	寄售销售订单	☐
☑	销售订单	销售订单	现销订单	☐
☑	销售订单	销售订单	VMI销售订单	☐
☑	销售订单	销售订单	直运销售订单	☐
☑	销售订单	销售订单	受托加工销售	☐
☑	销售订单	销售订单	退货订单	☐
☑	销售订单	销售订单	分销购销订单	☐
☑	销售订单	销售订单	分销调拨订单	☐
☑	销售订单	销售订单	标准销售订单	☐
⊟ 需求来源:预测单				
☑	预测单	预测单	普通预测单	☐
☑	预测单	预测单	ATO预测单	☐

图 8-7　运算范围

（5）调整运算参数。在【运算参数】中勾选“强制覆盖运算参数”复选框，将“预计入库交期允许提前天数”与“预计入库交期允许推后天数”均改为 30 天，如图 8-8 所示。

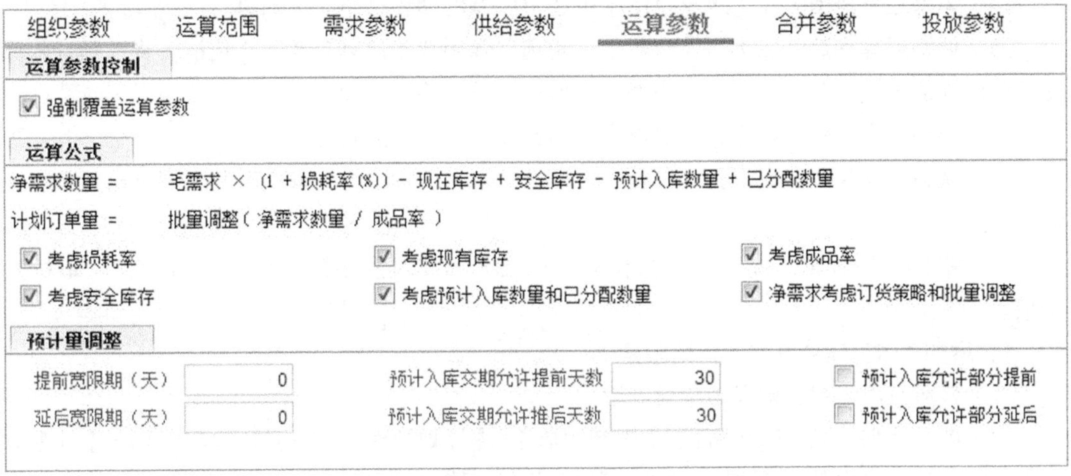

组织参数　运算范围　需求参数　供给参数　运算参数　合并参数　投放参数

运算参数控制

☑ 强制覆盖运算参数

运算公式

净需求数量 = 毛需求 × (1 + 损耗率(%)) - 现在库存 + 安全库存 - 预计入库数量 + 已分配数量

计划订单量 = 批量调整(净需求数量 / 成品率)

☑ 考虑损耗率　☑ 考虑现有库存　☑ 考虑成品率

☑ 考虑安全库存　☑ 考虑预计入库数量和已分配数量　☑ 净需求考虑订货策略和批量调整

预计量调整

提前宽限期（天） 0　预计入库交期允许提前天数 30　☐ 预计入库允许部分提前

延后宽限期（天） 0　预计入库交期允许推后天数 30　☐ 预计入库允许部分延后

图 8-8　运算参数

（6）调整仓库参数。在【仓库参数】中勾选原料仓和成品仓，如图 8-9 所示。

组织	仓库编码	仓库名称	仓库属性	☑ 本次运算MPS/MRP可用仓
华商制造	CK001	原料仓	普通仓库	☑
华商制造	CK002	成品仓	普通仓库	☑

图 8-9　仓库参数

（7）调整其他参数。在【其他参数】中勾选“运算前自动维护低位码”与“自动运算优先级”复选框，如图 8-10 所示。

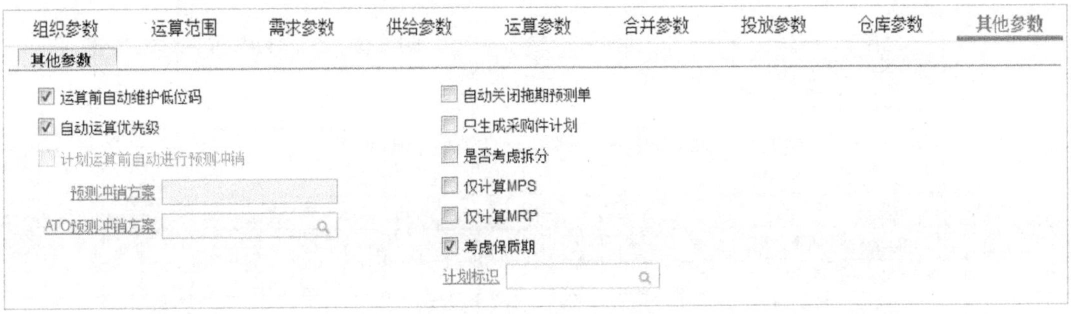

组织参数　运算范围　需求参数　供给参数　运算参数　合并参数　投放参数　仓库参数　其他参数

其他参数

☑ 运算前自动维护低位码　☐ 自动关闭拖期预测单

☑ 自动运算优先级　☐ 只生成采购件计划

☐ 计划运算前自动进行预测冲销　☐ 是否考虑拆分

预测冲销方案　☐ 仅计算MPS

ATO预测冲销方案　☐ 仅计算MRP

☑ 考虑保质期

计划标识

图 8-10　其他参数

（8）审核计划方案。完成上述操作后，依次单击工具栏中的“保存”“提交”“审核”选项。

3．增加 MPS 计划方案

（1）核对当前组织。确保为华商制造。

（2）新增计划方案。操作路径：【生产制造】-【计划管理】-【物料需求计划】-【计划方案】。单击工具栏中的“新增”选项，新增华商制造 12 月 MPS 计划方案，方案编码为“002”，名称为“12 月 MPS 计划”，计划展望期单位选择“年”，计划展望期设置为“1”。

（3）调整组织参数。单击【组织范围】中的“新增行”，选择需求组织为“华商制造”，供应组织为“华商制造”。

（4）调整运算范围。在【运算范围】中选中所有的销售订单与预测单。

（5）调整运算参数。在【运算参数】中勾选“强制覆盖运算参数”复选框，将“预计入库交期允许提前天数”与“预计入库交期允许推后天数”均改为 30 天。

（6）调整仓库参数。在【仓库参数】中勾选原料仓和成品仓。

（7）调整其他参数。在【其他参数】中勾选“运算前自动维护低位码”与“自动运算优先级”复选框。

（8）审核计划方案。完成上述操作后，依次单击工具栏中的“保存”“提交”“审核”选项。

4．增加 MRP 计划方案（两阶段法）

（1）核对当前组织。确保为华商制造。

（2）新增计划方案。操作路径：【生产制造】-【计划管理】-【物料需求计划】-【计划方案】。单击工具栏中的“新增”选项，新增华商制造 12 月 MRP 计划方案，方案编码为“003”，名称为“12 月 MRP 计划（两阶段）”，计划展望期单位选择“年”，计划展望期设置为“1”。

（3）调整组织参数。单击【组织范围】中的“新增行”，选择需求组织为“华商制造”，供应组织为“华商制造”。

（4）调整运算范围。在【运算范围】中选中计划订单（MPS 计划订单），勾选“计划状态单据参与运算”复选框，如图 8-11 所示。

图 8-11　运算范围

（5）调整运算参数。在【运算参数】中勾选“强制覆盖运算参数”复选框，将“预计入库交期允许提前天数”与“预计入库交期允许推后天数”均改为 30 天。

（6）调整仓库参数。在【仓库参数】中勾选原料仓和成品仓。

（7）调整其他参数。在【其他参数】中勾选“运算前自动维护低位码”与“自动运算优先级”复选框。

（8）审核计划方案。完成上述操作后，依次单击工具栏中的“保存”“提交”“审核”选项。

友情提示

1. 计划方案为私有基础资料，不可修改策略类型。建议为每个时间段创建专用的计划方案。

2. 计划方案中的运算参数可使用默认值，不需要修改，如发现计算异常，则可强制覆盖。

3. 计划展望期表明计划运算的有效时间范围，MRP 运算时所取的最大需求日期为系统时间+计划展望期长度。

4. 可区分需求组织和供应组织，实现跨组织生产。

5. 可设置运算前自动维护低位码。MRP 计算前自动调用低位码计算程序，刷新系统中所有参与 MRP 计算的物料的低位码。

6. 设置自动运算优先级后，MRP 计算前自动调用需求优先级计算程序，刷新系统中所有独立需求的需求优先级。

完成本节业务后，请备份数据中心，将备份文件命名为“8-2 基础数据设置”，保存到 U 盘或网盘中。备份方法参照第二章第二节备份数据中心相关操作。

第三节　物料需求计划编制（一阶段法）

编制物料需求计划可采用一阶段法（MRP）和两阶段法（MPS/MRP）。生产模式简单，产品较少，生产比较稳定的企业可以采用一阶段法。本节主要介绍一阶段法。

一、业务场景

2022 年 12 月 1 日，华商制造收到北京丰缘销售订单，达成平板Ⅰ、平板Ⅱ出货意向，平板Ⅰ不含税报价 2000 元，平板Ⅱ不含税报价 2500 元，具体订单明细如表 8-8 所示。

12 月 1 日，生产部根据销售订单进行计划运算。计划员采用一阶段法，订单明细如表 8-9 所示。计划运算完成后，计划员将全部计划进行投放。

表 8-8　客户订单明细

客户	平板Ⅰ数量	平板Ⅱ数量	要货日期
北京丰缘	1000	1000	2022-12-28

表 8-9　计划订单明细

物料	投放类型	订单量	采购/生产日期	到货/完工日期	投放单据类型
机板Ⅰ	采购申请类	1,000	2022/12/14	2022/12/21	标准采购申请
机板Ⅱ	采购申请类	1,000	2022/12/14	2022/12/21	标准采购申请

续表

物料	投放类型	订单量	采购/生产日期	到货/完工日期	投放单据类型
屏幕	采购申请类	1,000	2022/12/14	2022/12/21	标准采购申请
外壳	采购申请类	1,000	2022/12/14	2022/12/21	标准采购申请
电池	生产订单类	1,000	2022/12/14	2022/12/21	工序汇报入库-普通生产
平板Ⅰ	生产订单类	1,000	2022/12/21	2022/12/28	工序汇报入库-普通生产
平板Ⅱ	生产订单类	1,000	2022/12/21	2022/12/28	工序汇报入库-普通生产

二、业务解析

本业务属于计划运算业务，业务处理流程如图 8-12 所示。在计划运算前，企业需要定义计划方案，以指定计划运算相关参数。本实验采用一阶段法，省略 MPS 计划步骤，将独立需求和相关需求合并在 MRP 中进行运算。MRP 计划运算范围选择“销售订单”。

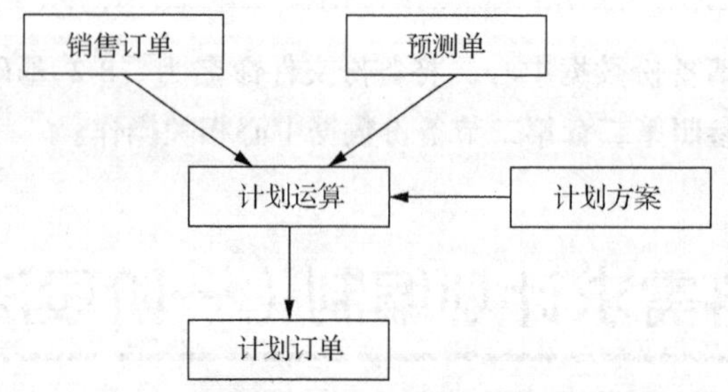

图 8-12　计划运算（一阶段法）业务流程

三、操作步骤

1．录入销售订单

（1）核对当前组织。确保当前组织为华商制造。

（2）打开销售订单列表。操作路径：【供应链】-【销售管理】-【订单处理】-【销售订单列表】。

（3）新增销售订单。单击工具栏中的“新增”选项，进入“销售订单-新增”页面，修改日期、选择客户、选择销售员、取消勾选“是否含税”复选框；在【明细信息】中批量选择物料编码，录入各物料的销售数量、单价，修改要货日期，依次单击工具栏中的“保存”“提交”“审核”选项，完成页面如图 8-13 所示。

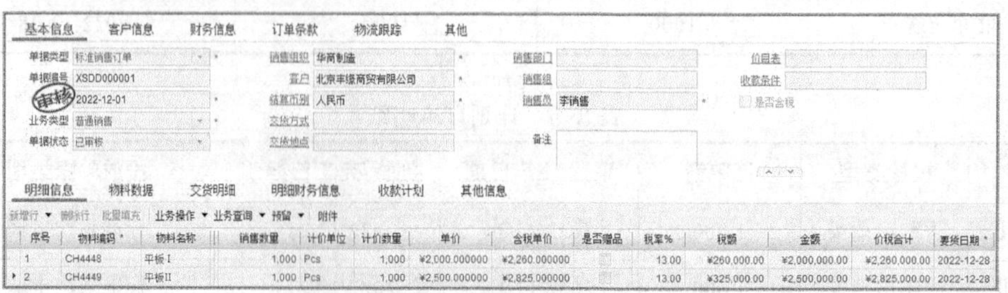

图 8-13　销售订单

2．计划运算

（1）打开计划运算向导。操作路径：【生产制造】-【计划管理】-【物料需求计划】-【计划运算向导】。

（2）数据准备。选择计划方案为“12 月 MRP 计划（一阶段）”，勾选“MRP 计划”复选框。需求范围选择之前录入的销售订单。操作界面如图 8-14 所示。

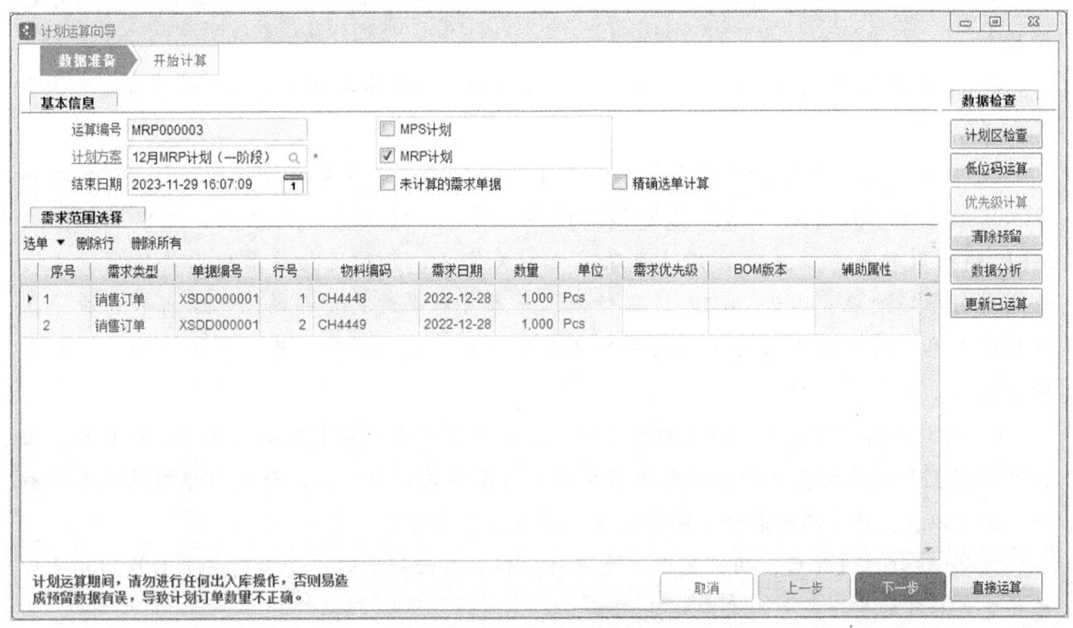

图 8-14　需求范围选择

（3）计划运算。在计划运算向导页面，单击“直接运算”按钮。运算完成后，单击“完成”按钮。

3．查询计划运算结果

操作路径：【生产制造】-【计划管理】-【物料需求计划】-【计划订单列表】。在计划订单列表页面查看计划订单信息，如图 8-15 所示。

业务状态	单据类型	单据编号	单据状态	投放类型	投放单据类型	物料编码	物料名称	单位	确认订单量	确认采购/生产日期	确认到货/完工日期
计划	MRP计划订单	MRP00000107	创建	采购申请类	标准采购申请	CH4442	机板II	Pcs	1,000	2022/12/14 00:00:00	2022/12/21 00:00:00
计划	MRP计划订单	MRP00000105	创建	采购申请类	标准采购申请	CH4446	屏幕	Pcs	1,000	2022/12/14 00:00:00	2022/12/21 00:00:00
计划	MRP计划订单	MRP00000104	创建	采购申请类	标准采购申请	CH4445	外壳	Pcs	1,000	2022/12/14 00:00:00	2022/12/21 00:00:00
计划	MRP计划订单	MRP00000103	创建	采购申请类	标准采购申请	CH4441	机板I	Pcs	1,000	2022/12/14 00:00:00	2022/12/21 00:00:00
计划	MRP计划订单	MRP00000106	创建	生产订单类	工序汇报入库-普通生产	CH4410	电池	Pcs	1,000	2022/12/14 00:00:00	2022/12/21 00:00:00
计划	MRP计划订单	MRP00000102	创建	生产订单类	工序汇报入库-普通生产	CH4449	平板II	Pcs	1,000	2022/12/21 00:00:00	2022/12/28 00:00:00
计划	MRP计划订单	MRP00000101	创建	生产订单类	工序汇报入库-普通生产	CH4448	平板I	Pcs	1,000	2022/12/21 00:00:00	2022/12/28 00:00:00

图 8-15　计划订单列表

4．投放计划订单

（1）审核计划订单。在计划订单列表页面查看计划订单，确认无误后单击工具栏中的“提交”“审核”选项。将计划订单业务状态更新为“供应确认”。

（2）投放计划订单。在计划订单列表页面单击工具栏中的“投放”选项。

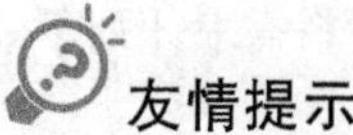

友情提示

1. 本实验中物料的计划策略均选择“MRP”，默认采用一阶段法。

2. 在计划运算前，先清空计划订单列表，否则，历史计划订单有可能残留，影响判断。

3. 计划方案中的运算参数可使用默认值，不需要修改，如发现计算异常，则可强制覆盖。

4. 如果需求组织没有设置工作日历，则将作为例外不参与计划运算，计算日志查询中显示例外信息。

5. 计划运算完成后，可以在报表分析子模块中使用运算日志查询功能和 MRP 运算结果汇总表等功能查看计划运算的相关信息。用户通过运算日志查询，可以了解每次 MRP 运行时的参数设置、运行过程及其他相关信息，并对运行结果中需要特别注意的信息进行跟踪处理；通过 MRP 运算结果汇总表可以查看某物料的汇总需求和在途、在计划的信息，还可以查看为了该物料的生产对应的下级物料的在途和计划生产、计划采购等信息。

6. 对计划订单在确认后进行提交、审核、投放是计划处理最重要的工作。投放后，用户可以在生产订单列表页面和采购申请单列表页面查询投放结果。计划订单投放后无法撤销，但可以在生产订单列表和采购申请单列表页面进行删除。

7. 计划订单投放后，用户可以在生产订单列表页面和采购申请单列表页面找到相关订单并完成后续的生产业务和采购业务流程。

8. 本实验的需求范围只选择了销售订单，如果存在预测单，则也可将预测单纳入运算范围。

完成本节业务后，请备份数据中心，将备份文件命名为“8-3 物料需求计划（一阶段法）”，保存到 U 盘或网盘中。备份方法参照第二章第二节备份数据中心相关操作。

第四节　物料需求计划编制（两阶段法）

生产过程复杂、生产能力平衡困难的企业，一般建议采用两阶段法。MPS 阶段主要对产成品进行计划，该计划一般会经过计划人员结合生产产能和实际要求进行审核与调整。MRP 阶段在 MPS 计划的基础上再对生产产成品所需的半成品和原料进行计划。本节主要介绍两阶段法。

在开始本节的学习之前，需要引入“8-2 基础数据设置”备份数据中心，以保持数据的连续性，引入方法参照第二章第二节恢复数据中心相关操作。

一、业务场景

2022 年 12 月 1 日，华商制造收到北京丰缘销售订单，达成平板Ⅰ、平板Ⅱ出货意向，平板Ⅰ不含税报价 2000 元，平板Ⅱ不含税报价 2500 元，具体订单明细如表 8-8 所示。

12 月 1 日，生产部根据销售订单进行计划运算。计划员采用两阶段法，首先进行 MPS 计划运算，计划订单明细如表 8-10 所示。然后进行 MRP 计划运算，计划订单明细如表 8-11 所示。计划运算完成后，计划员将全部计划进行投放。

表 8-10　计划订单明细

物料	投放类型	订单量	采购/生产日期	到货/完工日期	投放单据类型
平板Ⅰ	生产订单类	1,000	2022/12/21	2022/12/28	工序汇报入库-普通生产
平板Ⅱ	生产订单类	1,000	2022/12/21	2022/12/28	工序汇报入库-普通生产

表 8-11　计划订单明细

物料	投放类型	订单量	采购/生产日期	到货/完工日期	投放单据类型
机板Ⅰ	采购申请类	1,000	2022/12/14	2022/12/21	标准采购申请
机板Ⅱ	采购申请类	1,000	2022/12/14	2022/12/21	标准采购申请
屏幕	采购申请类	1,000	2022/12/14	2022/12/21	标准采购申请
外壳	采购申请类	1,000	2022/12/14	2022/12/21	标准采购申请
电池	生产订单类	1,000	2022/12/14	2022/12/21	工序汇报入库-普通生产

二、业务解析

本业务属于计划运算业务，业务处理流程如图 8-16 所示。在计划运算前，企业需要定义计划方案，以指定计划运算相关参数。本实验采用两阶段法，MPS 阶段主要对产成品进行计划，MPS 计划运算范围选择“销售订单”。MRP 阶段对生产产成品所需的半成品和原料进行计划，MRP 计划运算范围选择“主生产计划”。

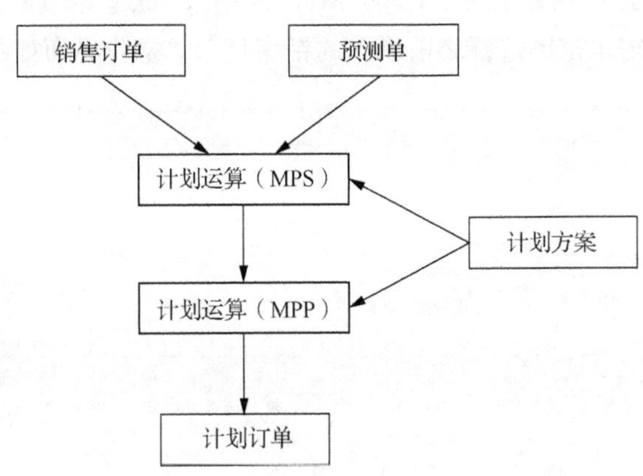

图 8-16　计划运算（两阶段法）业务流程

三、操作步骤

1．修改物料计划策略

（1）切换当前组织。确保当前组织为华商集团。

（2）打开物料列表。操作路径：【基础管理】-【基础资料】-【主数据】-【物料列表】。

（3）修改平板Ⅰ计划策略。打开“平板Ⅰ”对应的物料页面，单击工具栏中的“审核”-“反审核”选项。在【计划属性】页签中将计划策略修改为“MPS”，如图 8-17 所示。重复上述操作，修改“平板Ⅱ”物料的计划策略。

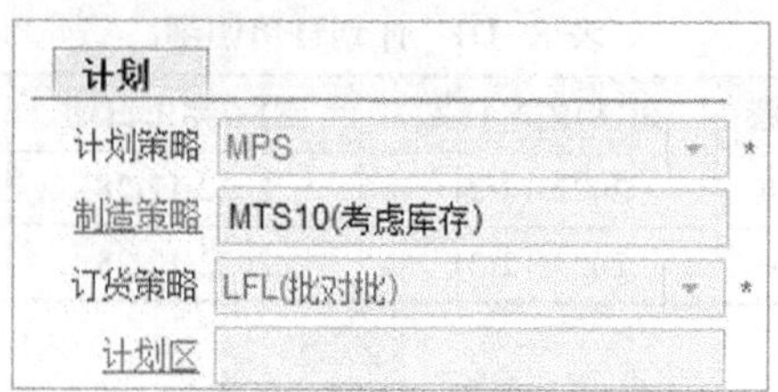

图 8-17　计划运算业务处理流程

2．录入销售订单

（1）切换当前组织。确保当前组织为华商制造。

（2）打开销售订单列表。操作路径：【供应链】-【销售管理】-【订单处理】-【销售订单列表】。

（3）新增销售订单。单击工具栏中的“新增”选项，进入“销售订单-新增”页面，修改日期、选择客户、选择销售员、取消勾选“含税”复选框；在【明细信息】中批量选择物料编码，录入各物料的销售数量、单价，修改要货日期，依次单击工具栏中的“保存”“提交”“审核”选项。

3．MPS 计划运算

（1）打开计划运算向导。操作路径：【生产制造】-【计划管理】-【物料需求计划】-【计划运算向导】。

（2）数据准备。选择计划方案为“12 月 MPS 计划”，勾选“MPS 计划”复选框，不勾选“MRP 计划”复选框。需求范围选择之前录入的销售订单。操作界面如图 8-18 所示。

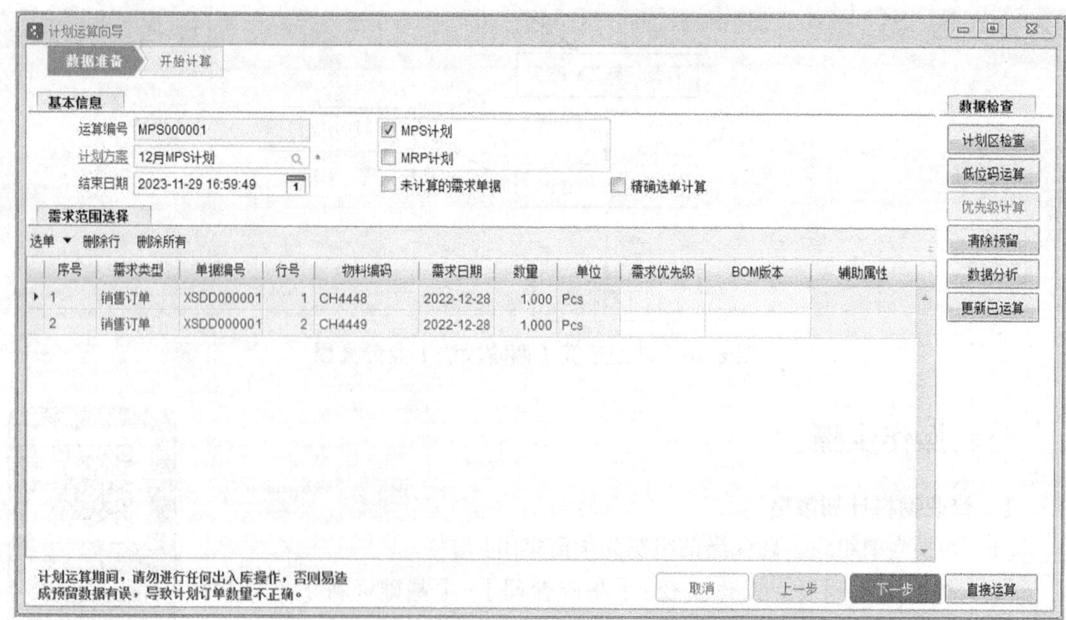

图 8-18　需求范围选择

（3）计划运算。在计划运算向导页面单击“直接运算”按钮。运算完成后，单击“完成”按钮。

4．查询计划运算结果

操作路径：【生产制造】-【计划管理】-【物料需求计划】-【计划订单列表】。在计划订单列表页面查看计划订单信息，如图 8-19 所示。

业务状态	单据类型	单据编号	单据状态	投放类型	投放单据类型	物料编码	物料名称	单位	确认订单量	确认采购/生产日期	确认到货/完工日期
计划	MPS计划订单	MPS00000002	创建	生产订单类	工序汇报入库-普通生产	CH4449	平板II	Pcs	1,000	2022/12/21 00:00:00	2022/12/28 00:00:00
计划	MPS计划订单	MPS00000001	创建	生产订单类	工序汇报入库-普通生产	CH4448	平板I	Pcs	1,000	2022/12/21 00:00:00	2022/12/28 00:00:00

图 8-19 计划订单列表

5．MRP 计划运算

（1）打开计划运算向导。操作路径：【生产制造】-【计划管理】-【物料需求计划】-【计划运算向导】。

（2）数据准备。计划方案选择“12 月 MRP 计划（两阶段）”，系统默认勾选“MRP 计划”复选框。需求范围选择上一步生成的 MPS 计划订单。操作界面如图 8-20 所示。

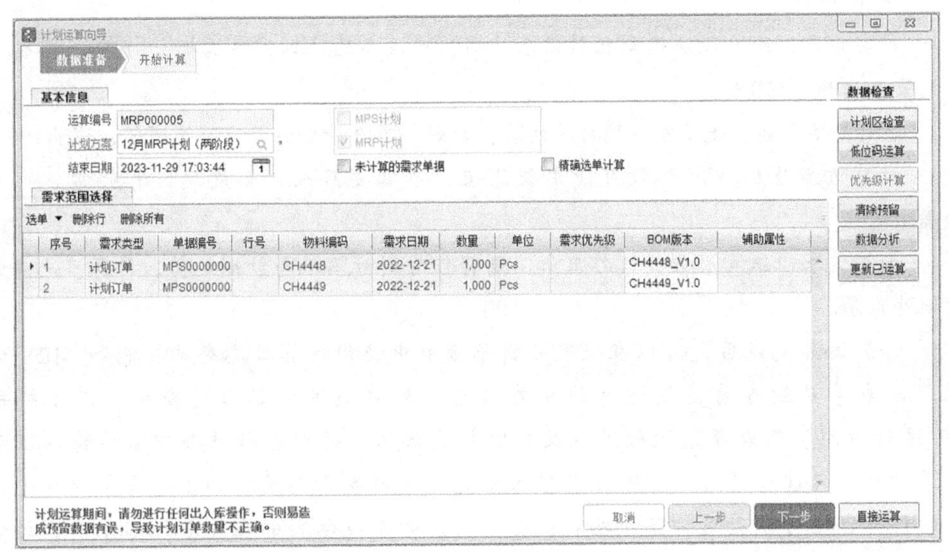

图 8-20 需求范围选择

（3）计划运算。在计划运算向导页面单击“直接运算”按钮。运算完成后，单击“完成”按钮。

6．查询计划运算结果

操作路径：【生产制造】-【计划管理】-【物料需求计划】-【计划订单列表】。在计划订单列表页面单击快捷过滤栏目中的“最新结果”选项，查看计划订单信息，如图 8-21 所示。

业务状态	单据类型	单据编号	单据状态	投放类型	投放单据类型	物料编码	物料名称	单位	确认订单量	确认采购/生产日期	确认到货/完工日期
计划	MRP计划订单	MRP00000204	创建	采购申请类	标准采购申请	CH4446	屏幕	Pcs	1,000	2022/12/14 00:00:00	2022/12/21 00:00:00
计划	MRP计划订单	MRP00000203	创建	采购申请类	标准采购申请	CH4445	外壳	Pcs	1,000	2022/12/14 00:00:00	2022/12/21 00:00:00
计划	MRP计划订单	MRP00000202	创建	采购申请类	标准采购申请	CH4442	机板II	Pcs	1,000	2022/12/14 00:00:00	2022/12/21 00:00:00
计划	MRP计划订单	MRP00000201	创建	采购申请类	标准采购申请	CH4441	机板I	Pcs	1,000	2022/12/14 00:00:00	2022/12/21 00:00:00
计划	MRP计划订单	MRP00000205	创建	生产订单类	工序汇报入库-普通	CH4410	电池	Pcs	1,000	2022/12/14 00:00:00	2022/12/21 00:00:00

图 8-21 计划订单列表

7. 投放计划订单

（1）审核计划订单。在计划订单列表页面单击快捷过滤栏目中的“默认方案”选项，查看全部计划订单，确认无误后单击工具栏中的“提交”“审核”选项。将计划订单业务状态更新为“供应确认”，如图 8-22 所示。

业务状态	单据类型	单据编号	单据状态	投放类型	投放单据类型	物料编码	物料名称	单位	确认订单量	确认采购/生产日期	确认到货/完工日期
供应确认	MRP计划订单	MRP00000205	已审核	生产订单类	工序汇报入库-普通生产	CH4410	电池	Pcs	1,000	2022/12/14 00:00:00	2022/12/21 00:00:00
供应确认	MRP计划订单	MRP00000204	已审核	采购申请类	标准采购申请	CH4446	屏幕	Pcs	1,000	2022/12/14 00:00:00	2022/12/21 00:00:00
供应确认	MRP计划订单	MRP00000203	已审核	采购申请类	标准采购申请	CH4445	外壳	Pcs	1,000	2022/12/14 00:00:00	2022/12/21 00:00:00
供应确认	MRP计划订单	MRP00000202	已审核	采购申请类	标准采购申请	CH4442	机板II	Pcs	1,000	2022/12/14 00:00:00	2022/12/21 00:00:00
供应确认	MRP计划订单	MRP00000201	已审核	采购申请类	标准采购申请	CH4441	机板 I	Pcs	1,000	2022/12/14 00:00:00	2022/12/21 00:00:00
供应确认	MPS计划订单	MPS00000002	已审核	生产订单类	工序汇报入库-普通生产	CH4449	平板II	Pcs	1,000	2022/12/21 00:00:00	2022/12/28 00:00:00
供应确认	MPS计划订单	MPS00000001	已审核	生产订单类	工序汇报入库-普通生产	CH4448	平板 I	Pcs	1,000	2022/12/21 00:00:00	2022/12/28 00:00:00

图 8-22 审核计划订单

（2）投放计划订单。在计划订单列表页面单击工具栏中的“投放”选项。

友情提示

1. 本实验采用两阶段法编制物料需求计划，产成品的计划策略选择“MPS”，其他物料的计划策略选择“MRP”。

2. 在计划运算前，先清空计划订单列表，否则，历史计划订单有可能残留，影响判断。

3. 计划方案中的运算参数可使用默认值，不需要修改，如发现计算异常，则可强制覆盖。

4. 如果需求组织没有设置工作日历，则将作为例外不参与计划运算，计算日志查询中显示例外信息。

5. 计划运算完成后，可以在报表分析子模块中使用运算日志查询功能和 MRP 运算结果汇总表等功能查看计划运算的相关信息。用户通过运算日志查询可以了解每次 MRP 运行时的参数设置、运行过程及其他相关信息，并对运行结果中需要特别注意的信息进行跟踪处理；通过 MRP 运算结果汇总表可以查看某物料的汇总需求和在途、在计划的信息，还可以查看为了该物料的生产对应的下级物料的在途和计划生产、计划采购等信息。

6. 对计划订单确认后进行提交、审核、投放是计划处理最重要的工作。投放后用户可以在生产订单列表页面和采购申请单列表页面查询投放结果。计划订单投放后无法撤销，但可以在生产订单列表和采购申请单列表页面进行删除。

7. 计划订单投放后，用户可以在生产订单列表页面和采购申请单列表页面找到相关订单并完成后续的生产业务和采购业务流程。

8. 本实验的需求范围只选择了销售订单，如果存在预测单，则也可将预测单纳入运算范围。

完成本节业务后，请备份数据中心，将备份文件命名为“8-4 物料需求计划（两阶段法）”，保存到 U 盘或网盘中。备份方法参照第二章第二节备份数据中心相关操作。

第五节 预测冲销

企业一般通过预测来提前进行生产计划，尽可能按稳定的计划生产，确保资源有效利用。但在实际业务中，客户需求往往是多变和随机的，这就要求企业要保证客户的需求尽可能体现在预测中，预测要基本满足需求。当预测已经实现，计划管理系统要避免 MPS 计划运算时，预测数量与销售订单数量在同一个时间范围内重复产生需求。

计划管理系统支持预测冲销功能，可以针对预测冲销结果进行 MPS 运算。该功能适用于以“预测+订单”模式进行 MPS 计算的企业。是否预测冲销决定了 MPS 毛需求量的计算。执行预测冲销可以避免预测重复产生计划，保证计划的准确和可信度。

在开始本节的学习之前，需要引入“8-2 基础数据设置”备份数据中心，以保持数据的连续性，引入方法参照第二章第二节恢复数据中心相关操作。

一、业务场景

2022 年 12 月 1 日，华商制造根据历史销售记录，预测西宁天友在当月存在要货需求，具体预测单明细如表 8-12 所示。12 月 5 日，华商制造收到西宁天友的销售订单，达成平板 I 出货意向，平板 I 不含税报价 2000 元，具体订单明细如表 8-13 所示。

12 月 5 日，为了保证主生产计划的准确性和及时性，计划员在系统中对平板 I 产品做了预测冲销，预测冲销范围及策略如表 8-14 所示。

计划员按照冲销后的结果进行 MPS 运算，计划方案、计划订单明细信息如表 8-15、表 8-16 所示。

表 8-12 预测单明细

预测组织	客户	开始日期	平板 I 数量
华商制造	西宁天友	2022 年 12 月 15 日	1000
华商制造	西宁天友	2022 年 12 月 22 日	500

表 8-13 客户订单明细

客户	平板 I 数量	要货日期
西宁天友	800	2022-12-18

表 8-14 预测冲销范围及策略

冲销开始日期	冲销结束日期	冲销策略	向前天数
2022 年 12 月 5 日	2022 年 12 月 31 日	向前冲销	10

表 8-15 计划方案明细

方案编码	004	
方案名称	12 月 MPS 计划（预测冲销）	
计划展望期单位	年	系统时间往后计算，时间跨度要包含销售订单和预测单

续表

计划展望期	1	
需求组织	华商制造	
供应组织	华商制造	不含华商商贸
运算范围	冲销结果	
运算参数	强制覆盖运算参数	√
	预计入库交期允许提前天数	30
	预计入库交期允许推后天数	30
仓库参数	原料仓、成品仓	华商制造的仓库
其他参数	运算前自动维护低位码	√
	自动运算优先级	√

表 8-16　计划订单明细

物料	投放类型	订单量	采购/生产日期	到货/完工日期	投放单据类型
平板 I	生产订单类	1,000	2022/12/15	2022/12/22	工序汇报入库-普通生产
平板 I	生产订单类	1,000	2022/12/11	2022/12/18	工序汇报入库-普通生产

二、业务解析

本业务属于预测冲销业务，用实际的销售订单数量冲减预测单的需求数量，业务处理流程如图 8-23 所示。当参与 MPS 计划的运算时，要避免预测数量与销售订单数量在同一个时间范围内重复产生需求。金蝶云星空预测冲销模块提供四种冲销策略。

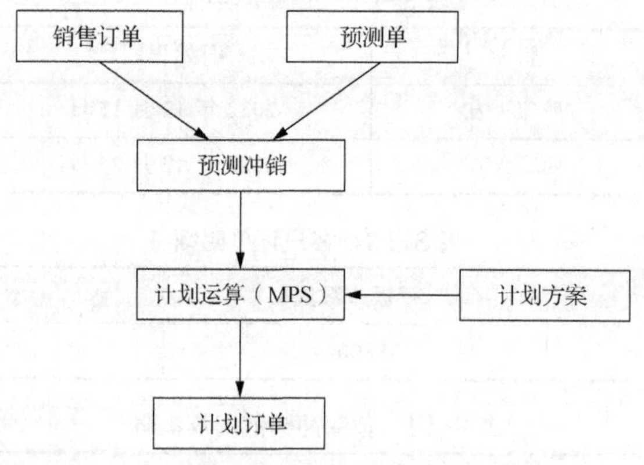

图 8-23　预测冲销及计划运算业务处理流程

向前冲销：以销售订单的需求日期为起点（包含需求日期当天），以指定的向前冲销的天数为终点，向前冲销产品预测单的需求。

向后冲销：以销售订单的需求日期为起点（包含需求日期当天），以指定的向后天数为终点，向后冲销产品预测单的需求。

先向前再向后冲销：以销售订单的需求日期为起点（包含需求日期当天），先向前冲销到指定向前天数，再向后冲销到指定的向后天数内的产品预测单需求。

先向后再向前冲销：以销售订单的需求日期为起点（包含需求日期当天），先向后冲销到指定向后天数，再向前冲销到指定的向前天数内的产品预测单需求。

本实验选择向前冲销策略。销售订单数量为 800，要货日期为 12 月 18 日，向前冲销 10 天。该销售订单冲销 12 月 15 日预测单的数量为 800，未冲销数量为 200。12 月 22 日预测单不在向前冲销的时间范围内，未冲销数量为 500。所以参与 MPS 运算的毛需求数量是 12 月 15 日预测单未冲销数量 200，12 月 18 日销售订单数量 800，与 12 月 22 日预测单未冲销数量 500，避免了计划的重复性。

三、操作步骤

预测冲销

1．修改物料计划策略

（1）切换当前组织。确保当前组织为华商集团。

（2）打开物料列表。操作路径：【基础管理】-【基础资料】-【主数据】-【物料列表】。

（3）修改平板 I 计划策略。打开“平板 I”对应的物料页面，单击工具栏中的“审核”-“反审核”选项。在【计划属性】页签将计划策略修改为“MPS”。

2．录入销售订单

（1）切换当前组织。确保当前组织为华商制造。

（2）打开销售订单列表。操作路径：【供应链】-【销售管理】-【订单处理】-【销售订单列表】。

（3）新增销售订单。单击工具栏中的“新增”选项，进入“销售订单-新增”页面，修改日期、选择客户、选择销售员、取消勾选“是否含税”复选框；在【明细信息】中选择物料编码，录入物料的销售数量、单价，修改要货日期，依次单击工具栏中的“保存”“提交”“审核”选项。

3．录入预测单

（1）打开预测单列表。操作路径：【生产制造】-【计划管理】-【预测冲销】-【预测单列表】。

（2）新增预测单。单击工具栏中的“新增”选项，进入“预测单-新增”页面，修改日期，在【明细信息】中选择客户，选择物料编码，录入物料的数量，修改预测开始日期，依次单击工具栏中的“保存”“提交”“审核”选项，完成页面如图 8-24 所示。

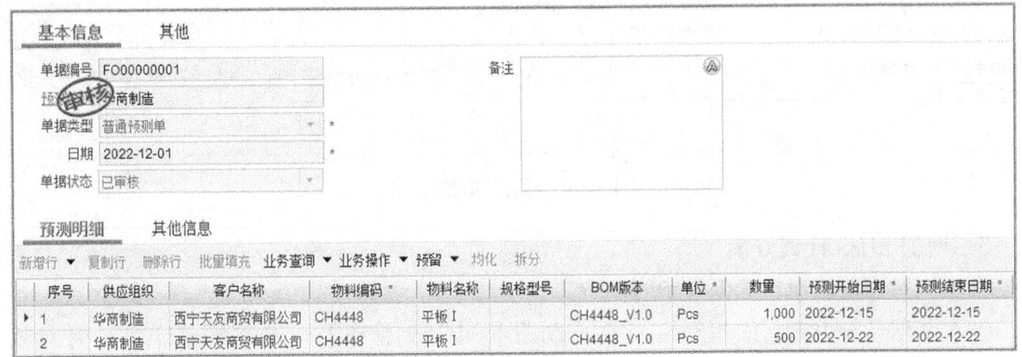

序号	供应组织	客户名称	物料编码 *	物料名称	规格型号	BOM版本	单位 *	数量	预测开始日期 *	预测结束日期 *
1	华商制造	西宁天友商贸有限公司	CH4448	平板 I		CH4448_V1.0	Pcs	1,000	2022-12-15	2022-12-15
2	华商制造	西宁天友商贸有限公司	CH4448	平板 I		CH4448_V1.0	Pcs	500	2022-12-22	2022-12-22

图 8-24 预测单

4．预测冲销

（1）打开预测冲销页面。操作路径：【生产制造】-【计划管理】-【预测冲销】-【预测冲销】。

（2）设置冲销范围和冲销策略。根据实验数据填写冲销开始日期和结束日期。选择“向前冲销”策略，填写向前天数。填写完毕后，单击“下一步”按钮，操作界面如图 8-25 所示。

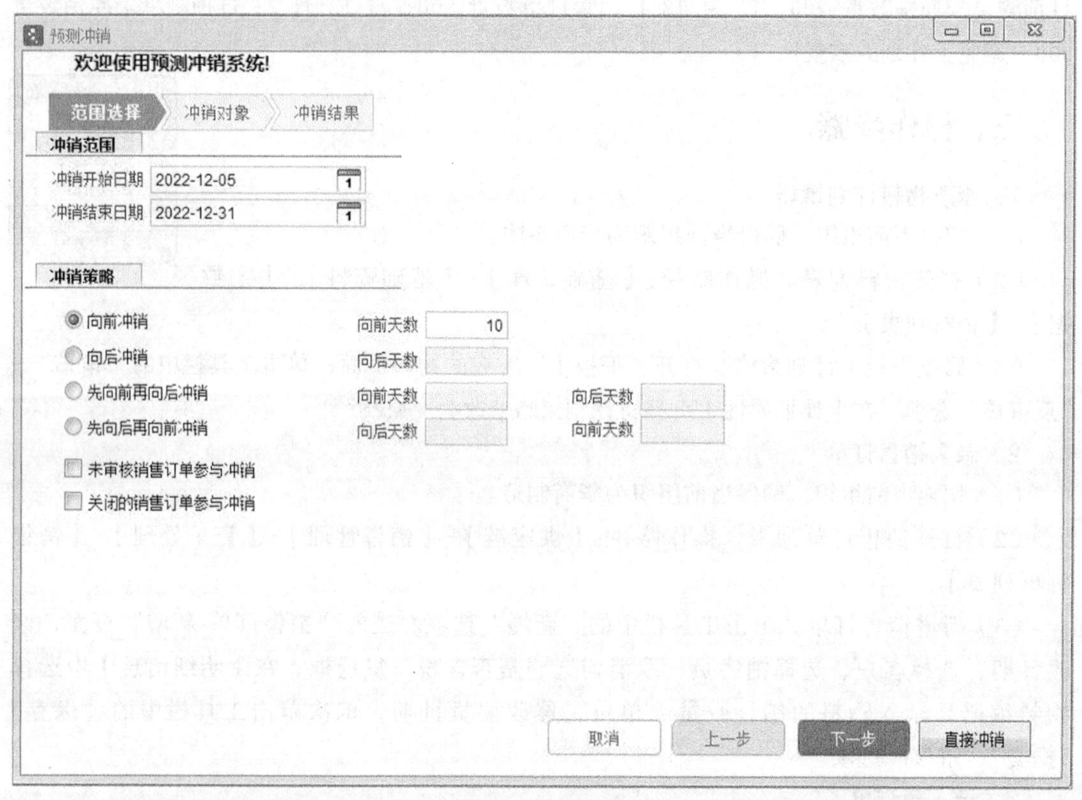

图 8-25　冲销策略

（3）冲销计算。核对并选择相应销售订单及预测单，确认无误后单击“冲销”按钮。

（4）查看预测冲销结果。操作路径：【生产制造】-【计划管理】-【预测冲销】-【预测冲销结果表】。在打开的页面查中看预测冲销结果，如图 8-26 所示。

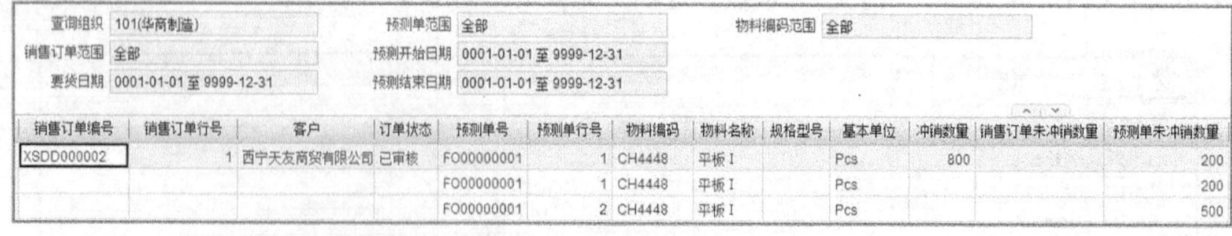

查询组织	101(华商制造)	预测单范围	全部	物料编码范围	全部
销售订单范围	全部	预测开始日期	0001-01-01 至 9999-12-31		
要货日期	0001-01-01 至 9999-12-31	预测结束日期	0001-01-01 至 9999-12-31		

销售订单编号	销售订单行号	客户	订单状态	预测单号	预测单行号	物料编码	物料名称	规格型号	基本单位	冲销数量	销售订单未冲销数量	预测单未冲销数量
XSDD000002	1	西宁天友商贸有限公司	已审核	FO00000001	1	CH4448	平板 I		Pcs	800		200
				FO00000001	1	CH4448	平板 I		Pcs			200
				FO00000001	2	CH4448	平板 I		Pcs			500

图 8-26　预测冲销结果

5．增加 MPS 计划方案

（1）核对当前组织，确保为华商制造。

（2）新增计划方案。操作路径：【生产制造】-【计划管理】-【物料需求计划】-【计划方案】。单击工具栏中的“新增”选项，新增华商制造 12 月 MPS 计划方案，方案编码为

“004”，名称为“12 月 MPS 计划（预测冲销）”，计划展望期单位选择“年”，计划展望期设置为“1”。

（3）调整组织参数。单击【组织范围】中的“新增行”，选择需求组织为“华商制造”，供应组织为“华商制造”。

（4）调整运算范围。在需求来源处勾选“冲销结果”复选框，如图 8-27 所示。

组织参数　运算范围　需求参数　供给参数　运算参数　合并参数

计划运算范围

是否考虑需求时界和计划时界

选择	需求…	需求名称	单据类型	计划状态单据参与运算
需求来源:冲销结果				
☑	冲销结果	预测销售冲销结果		☐

图 8-27　运算范围

（5）调整运算参数。在【运算参数】中勾选“强制覆盖运算参数”复选框，将“预计入库交期允许提前天数”与“预计入库交期允许推后天数”均改为 30 天。

（6）调整仓库参数。在【仓库参数】中勾选原料仓和成品仓。

（7）调整其他参数。在【其他参数】中勾选“运算前自动维护低位码”与“自动运算优先级”复选框。

（8）审核计划方案。完成上述操作后，依次单击工具栏中的“保存”“提交”“审核”选项。

6．计划运算

（1）打开计划运算向导。操作路径：【生产制造】-【计划管理】-【物料需求计划】-【计划运算向导】。

（2）数据准备。计划方案选择“12 月 MPS 计划（预测冲销）”，勾选“MPS 计划”复选框，不勾选“MRP 计划”复选框，如图 8-28 所示。

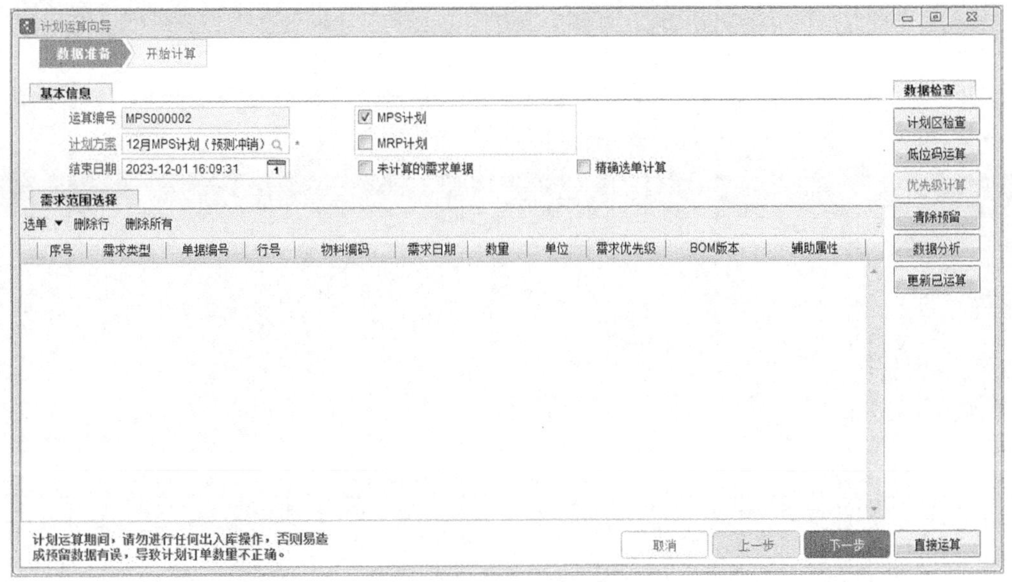

图 8-28　计划运算向导

（3）计划运算。在计划运算向导页面单击“直接运算”按钮。运算完成后，单击“完成”按钮。

7. 查询计划运算结果

操作路径：【生产制造】-【计划管理】-【物料需求计划】-【计划订单列表】。在计划订单列表页面查看计划订单信息，如图 8-29 所示。

业务状态	单据类型	单据编号	单据状态	投放类型	投放单据类型	物料编码	物料名称	单位	确认订单量	确认采购/生产日期	确认到货/完工日期	数据来源
计划	MPS计划订单	MPS00000102	创建	生产订单类	工序汇报入库-普通生产	CH4448	平板 I	Pcs	1,000	2022/12/15 00:00:00	2022/12/22 00:00:00	运算生成
计划	MPS计划订单	MPS00000101	创建	生产订单类	工序汇报入库-普通生产	CH4448	平板 I	Pcs	1,000	2022/12/11 00:00:00	2022/12/18 00:00:00	运算生成

图 8-29　计划订单列表

友情提示

1. 预测冲销要求相应物料需求的计划策略为“MPS”。

2. 预测冲销是指销售订单冲产品预测，用销售订单的建议交货日期冲销产品预测单的预测开始日期，且必须满足销售订单和预测单的需求日期需在执行预测的时间范围内。

3. 本实验选择向前冲销，读者可以选择其他三种策略对比冲销结果。

4. 根据冲销结果进行计划运算时，不需要进行选单操作，单击“直接运算”按钮即可。

5. 系统提供多组织预测冲销功能。如果需要使用该功能，则以管理员 administrator 身份登录系统，在参数设置中找到计划管理，然后启用多组织预测冲销即可。

完成本节业务后，请备份数据中心，将备份文件命名为“8-5 预测冲销”，保存到 U 盘或网盘中。备份方法参照第二章第二节备份数据中心相关操作。